L'AIGLE

COMPAGNIE ANONYME D'ASSURANCES A PRIMES FIXES

Contre l'Incendie et contre l'explosion du gaz,

AUTORISÉE PAR ORDONNANCE ROYALE DU 18 MAI 1843 ET PAR DÉCRET DU 18 SEPTEMBRE 1849.

A PARIS, RUE DU HELDER, N° 13.

INSTRUCTIONS GÉNÉRALES.

« MM. les Agents-Généraux chercheront à s'attirer les préférences
« du public par une conduite régulière et une probité scrupuleuse.
« Ils repousseront les moyens de concurrence et de persuasion qui
« s'appuieraient sur la calomnie ou des indications inexactes.

« L'Administration ne peut trop leur recommander de se priver
« immédiatement et sans réserve du concours des intermédiaires qui
« n'opéreraient pas honnêtement, régulièrement, quel que fût d'ailleurs
« le nombre des affaires qu'ils procureraient. »

(Instructions générales, art. 48, page 45.)

PARIS,

IMPRIMERIE D'ADOLPHE BLONDEAU, RUE DU PETIT-CARREAU, 26.

1853.

INSTRUCTIONS GÉNÉRALES

A

MM. les Agents-Généraux

DE LA COMPAGNIE L'AIGLE.

———————

AVIS.

Les présentes Instructions sont confidentielles : elles font partie du matériel de l'Agence, et doivent être remises, en cas de cessation de fonctions, soit au successeur, soit à l'Inspecteur muni des pouvoirs de l'Administration.

Elles sont exécutoires dans tout leur contenu; à cet effet, chacun de MM. les Agents délivrera, en échange de l'exemplaire qu'il recevra, un récépissé conçu en ces termes :

« *Je soussigné, Agent-Général de la Compagnie* L'AIGLE, *assurance contre l'incendie,*
« *à la résidence de   , reconnais avoir reçu un exemplaire*
« *des Instructions générales de la Compagnie, auxquelles j'adhère, et que je m'oblige*
« *de suivre et exécuter dans tout leur contenu.* »

A   , le   18

1

OBSERVATIONS.

S'il se présente des cas qui n'aient pas été prévus et traités par les présentes Instructions, MM. les Agents devront en référer à la Compagnie et attendre sa réponse.

MM. les Agents prendront note et feront mention en marge des articles modifiés, des changements que la Compagnie jugerait utile par la suite d'apporter aux présentes Instructions, lesquelles abrogent et remplacent toutes les instructions antérieures et les circulaires qui y seraient contraires.

INSTRUCTIONS GÉNÉRALES

A

MM. les Agents-Généraux

DE LA COMPAGNIE L'AIGLE.

(Nota. — Lorsqu'un article renvoie à un autre article, à une instruction spéciale ou à un modèle, MM. les Agents doivent s'y reporter, afin de compléter de suite dans leur esprit les éclaircissements qu'ils recherchent.)

CHAPITRE PREMIER.

De l'assurance en général; — sa destination; — ses règles; — explication des termes employés.

Article 1er. — L'assurance est une convention par laquelle l'une des parties prend à sa charge, moyennant un prix convenu que l'on nomme *prime*, les risques ou sinistres auxquels est exposée la propriété de l'autre contractant.

Art. 2. — On ne peut être assuré que de ce qu'on risque de perdre. L'assurance ne doit procurer à l'assuré qu'une indemnité et jamais un bénéfice.

Hors de ces deux règles fondamentales, l'assurance dégénérerait en une spéculation, une gageure, dont l'effet serait d'exciter les assurés de mauvaise foi à incendier eux-mêmes leurs propriétés.

Art. 5. — De ce qu'on ne peut faire assurer que ce qu'on risque de perdre, il suit qu'on ne peut faire assurer deux fois la même chose, car ce serait un moyen de se procurer une double indemnité.

Art. 4. — On ne peut non plus, après avoir reçu de l'assureur le montant de la perte, en demander une seconde fois le remboursement aux personnes responsables, telles que locataires, voisins, etc., puisque ce serait obtenir un bénéfice par l'effet de l'incendie : d'un autre côté, l'assurance ne peut profiter qu'à celui qui en a supporté les charges ; elle ne libère point les personnes qui y sont demeurées étrangères. C'est pourquoi les assureurs doivent être subrogés aux droits des assurés auxquels ils ont payé un sinistre.

Valeur vénale.

Art. 5. — Il résulte encore des deux règles ci-dessus que, nonobstant les sommes et quantités énoncées dans la Police, l'indemnité due par l'assureur ne peut, en aucun cas, excéder la valeur et le nombre des objets existant au moment du sinistre ; s'il en était autrement, l'assuré pourrait récupérer la dépréciation ou la diminution que le temps ou les circonstances auraient fait éprouver à sa maison, à son mobilier, à ses marchandises, ce qui lui ferait trouver un avantage réel dans l'incendie de sa propriété.

Appréciation des risques.

Art. 6. — L'assureur a besoin de connaître exactement les risques dont on lui propose de se charger. Ne point lui déclarer ou lui dissimuler, avant ou pendant l'assurance, des circonstances qui pourraient modifier l'opinion qu'il a de ces risques, ce serait lui faire supporter des chances qu'il n'aurait peut-être pas voulu garantir, ou pour lesquelles il eût exigé des conditions différentes ; ce serait, en un mot, le tromper. Dès-lors, le consentement réciproque, qui peut seul animer un contrat, venant à manquer, l'assurance deviendrait nulle (*voyez* art. 348 du Code de Commerce).

Règle proportionnelle.

Art. 7. — L'assuré qui n'a fait garantir qu'une partie de la valeur de sa propriété, reste son propre assureur pour ce qu'il a laissé à découvert, et il en supporte la perte si la chose périt en entier. Par une conséquence nécessaire, il est tenu également de contribuer aux pertes partielles, dans la proportion de son découvert.

En effet, dans ce cas, l'assuré se trouve le co-assureur de son assureur ; leurs risques sont indivisibles, et la partie conservée ne peut être attribuée exclusivement à l'un pour mettre en entier la partie détruite à la charge de l'autre.

Obligation de l'assuré.

Art. 8. — Le payement de la prime étant la principale obligation que contracte l'assuré, s'il n'a point rempli cette obligation, il ne peut exiger de son assureur l'accomplissement de la sienne, et par conséquent il n'a droit, en cas d'incendie, à aucune indemnité.

Police.

Art. 9. — C'est d'après les principes ci-dessus, qu'ont été conçues et rédigées les conditions générales du contrat d'assurance qu'on appelle Police.

Explication des termes employés en assurance.

Art. 10. — Le contrat constitutif qui lie la Compagnie et l'assuré se nomme *Police.*

La Police est divisée en deux parties : les conditions générales qui, étant communes à tous les contrats, sont imprimées, et les conditions particulières ou spéciales, qui se règlent suivant les circonstances.

Avenant.

L'avenant est un acte qui sert à constater les modifications apportées à la Police.

On appelle :

Prime.

Prime, le prix que l'assuré paye à l'assureur pour être garanti ;

Ristourne.

Ristourne, la restitution du montant intégral ou partiel d'une prime perçue par la Compagnie ;

Risque, la chance courue par l'assureur; mais ce terme est plus usité pour désigner
l'objet assuré;

Plein, la somme que la Compagnie assure *au maximum* sur un risque;

Sinistre, la perte résultant de l'incendie.

CHAPITRE II.

Des divers systèmes d'assurances contre l'incendie.

Art. 11. — Il existe deux systèmes d'assurances contre l'incendie : les assurances
mutuelles et les assurances à primes fixes.

Art. 12. — L'assurance mutuelle est l'association d'un certain nombre de propriétaires, qui se réunissent dans le but de se garantir les uns les autres. Ces propriétaires,
en *s'associant*, deviennent à la fois assurés et assureurs.

Objet de spéculation personnelle, une compagnie mutuelle est exploitée au profit
d'un seul homme, qui la constitue, l'organise, et prélève sur chaque assuré un droit
pour frais : c'est ce prélèvement qui constitue le bénéfice de l'exploitation.

Art. 13. — Le propriétaire engagé dans une société mutuelle est tenu, en sa qualité
d'assureur :

De verser une somme à titre de dépôt, pour répondre du payement de ses cotisations,
c'est-à-dire des sommes qui lui seront réclamées pour faire face aux sinistres;

De payer lesdites cotisations, qui varient chaque année suivant l'importance des sinistres.

En sa qualité d'assuré, il aura en outre à payer :

Les frais d'une expertise préalable, ou plutôt d'un simulacre d'expertise; car, en cas
de sinistre, il y a toujours une expertise très-détaillée à faire.

Il devra, en outre, payer chaque année les frais d'administration.

Art. 14. — L'assurance mutuelle offre des inconvénients sérieux (1) :

Si l'on envisage la position du sociétaire comme assureur, il se trouve, si les sinistres
sont importants, obligé, sans avoir été atteint, de perdre un ou deux pour cent de son
capital assuré, pour indemniser les sociétaires incendiés.

Comme assuré, le sociétaire est exposé à ne recevoir son indemnité, en cas de sinistre,
qu'après une année d'attente; car les sociétés mutuelles, n'ayant point de fonds social,
ne peuvent payer les pertes qu'après avoir connu les sinistres survenus dans l'année,
pour en faire la répartition, et avoir touché le montant des cotisations résultant de cette
répartition.

Indépendamment de ces inconvénients, il en existe un autre qui rend la garantie des
sociétés mutuelles incomplète.

(1) Par une circulaire du 21 octobre 1826, rappelée dans une autre du 10 août 1836, n° 41, M. le
Ministre de l'Intérieur a formellement interdit aux établissements publics de bienfaisance de faire assurer
leurs bâtiments par les compagnies mutuelles, et autrement que par les compagnies à prime fixe.

Pour limiter les pertes des sociétaires comme assureurs, elles ont été forcées d'établir un *maximum* de contribution ; il en résulte que lorsque les sinistres dépassent ce *maximum*, les incendiés ne sont remboursés que pour une partie de leurs pertes, et l'excédant reste à leur charge.

Assurance à primes fixes. **Art. 15.** — Les compagnies à primes fixes, au contraire, offrent à l'assuré la garantie d'un capital considérable et spécial, et ce, moyennant un prix unique, convenu à l'avance, et qui ne subit aucune modification pendant toute la durée de l'assurance, quel que soit le nombre des sinistres.

Ses avantages. On comprend facilement la supériorité de ce dernier système et surtout sa simplicité : le propriétaire, moyennant une prime fixe, est certain d'être remboursé de ses dommages aussitôt après l'incendie.

Art. 16. — Pour l'exploitation des assurances à primes fixes, il peut y avoir deux genres de compagnies :

Compagnies anonymes. Les compagnies anonymes, dont les statuts, examinés et approuvés par le Conseil d'État, reçoivent la sanction du Gouvernement et sont soumises à sa surveillance;

Sociétés en commandite. Les sociétés en commandite, qui s'établissent en dehors de tout contrôle de la part du Gouvernement ; aussi ces sociétés n'ont eu qu'une existence éphémère : tombées depuis longtemps dans le discrédit public, elles ont cessé d'exister.

CHAPITRE III.

Organisation de la Compagnie l'*Aigle*.

Constitution de la Compagnie l'*Aigle*. **Art. 17.** — La Compagnie l'*Aigle* est constituée en société anonyme par ordonnance royale en date du 18 mai 1843, et par décret du Président de la République en date du 18 septembre 1849.

Elle assure contre l'incendie, lors même que l'incendie est causé par le feu du ciel, toutes les valeurs périssables mobilières et immobilières (art. 1er de la Police).

Elle assure en outre, suivant les conditions exprimées à l'article 1er de ses Polices, les risques d'incendie des locataires et des voisins, ceux d'explosion des chaudières et ceux occasionnés par l'explosion du gaz.

Son fonds social. **Art. 18.** — La Compagnie l'*Aigle* est constituée au capital de DEUX MILLIONS : elle est administrée par un Conseil d'administration, composé de neuf administrateurs nommés par l'assemblée générale des actionnaires, et les opérations de la Compagnie sont dirigées par le Directeur général, sous la surveillance du Conseil d'administration.

Un Comité spécial est en outre institué pour l'examen et la vérification de tous les comptes de la Compagnie. Il porte le nom de Comité des Censeurs.

Sa manière d'opérer. **Art. 19.** — Dans le mois d'avril de chaque année, il est rendu compte en assemblée générale des actionnaires des opérations de l'année écoulée ; ce compte-rendu est imprimé, distribué, et il en est déposé un exemplaire certifié au Ministère de l'Intérieur, à la Préfecture de la Seine, à la Préfecture de Police, à la Chambre de Commerce, et au greffe du Tribunal de Commerce de la Seine.

Afin de pouvoir accepter l'assurance des établissements les plus considérables, sans dépasser les limites qu'elle s'est imposées par prudence, la Compagnie l'*Aigle* s'est mise en rapport avec les principales compagnies tant françaises qu'étrangères, auxquelles elle déverse, par un contrat particulier et sous sa responsabilité, l'excédant de son *plein*.

La Compagnie l'*Aigle* offre donc au public, outre la garantie matérielle de son fonds social et de son fonds de primes, qui s'accroît chaque année, des garanties morales d'ordre et de régularité, auxquelles vient s'ajouter la prompte et loyale exécution de ses engagements dans les règlements de sinistres(1).

CHAPITRE IV.

Des objets qu'assure la Compagnie, et de ceux qu'elle excepte ou qu'elle n'assure qu'à des conditions particulières.

Art. 20. — La Compagnie assure les propriétés mobilières et immobilières ci-après désignées, savoir :

IMMEUBLES.

1° Les *maisons et bâtiments* de toute nature. Les maisons et bâtiments se divisent en deux classes, et chaque classe en plusieurs risques, selon la nature des constructions et des couvertures (*voir* au bas de la première page du Tarif).

2° Les *bois et forêts* qui se divisent en taillis et en bois de haute futaie.

MEUBLES.

3° Le *mobilier personnel*, qui comprend les meubles meublants, lits, linge, effets d'habillement, ustensiles, et les provisions de ménage.

4° Le *mobilier industriel*, qui se compose de tous les objets servant à l'exploitation d'un commerce ou d'une profession, comme outils, métiers, ustensiles, machines, etc.

5° Le *mobilier aratoire*, qui s'entend de tous les objets servant à une exploitation rurale.

6° Les *produits des récoltes*, c'est-à-dire les grains, foins, pailles, fourrages en granges et en meules.

(1) En 1848, la Compagnie l'*Aigle* et la Compagnie du *Soleil* ont fait un traité d'association et de réassurance, afin de diminuer réciproquement leurs frais généraux.

Chaque Compagnie n'en conserve pas moins ses directeurs, son conseil d'administration, ses agents, son fonds social, enfin son individualité aussi distinctement que par le passé.

La concurrence, en dénaturant les faits, s'est efforcée d'exploiter cette sage combinaison à son profit; elle a répandu dans le public le bruit que la Compagnie l'*Aigle* avait été absorbée par la Compagnie du *Soleil*; mais la fausseté de ces insinuations malveillantes était facile à prouver, et c'est à peine si quelques sous-agents mal famés se servent encore de ce moyen pour chercher à nuire à la Compagnie l'*Aigle*.

7° Les *bestiaux*, c'est-à-dire les troupeaux, chevaux, bêtes à cornes, et tous les animaux attachés à l'exploitation d'une ferme.

8° Les *marchandises* en magasin ou en route (1) qui se divisent, suivant leur nature plus ou moins inflammable, savoir :

Marchandises ordinaires ;
Marchandises faciles à endommager ;
Marchandises hasardeuses ;
Marchandises doublement hasardeuses.

voir le Tarif.

Art. 21. — La Compagnie assure, en outre :

1° Les *bateaux* dans les ports ou sur les rivières (risque d'incendie seulement);

2° Les *créances hypothécaires*.

Cette assurance garantit au créancier inscrit en ordre utile, et jusqu'à concurrence déterminée, le paiement de la somme dont il peut se trouver à découvert par suite de l'incendie de l'immeuble servant de gage à sa créance.

3° Les *risques locatifs* (art. 1er de la Police).

Cette assurance a pour objet de mettre le locataire à l'abri du recours que le propriétaire peut exercer contre lui, dans les cas prévus par les articles 1733 et 1734 du Code Napoléon (2).

Cette assurance est de deux espèces, savoir :

Risques des maisons déjà assurées aux propriétaires par la Compagnie ;

Risques des maisons qui ne sont point assurées, ou qui le sont par d'autres compagnies.

A l'égard des premières, l'assurance consiste dans la renonciation de la Compagnie, jusqu'à concurrence de la somme assurée et pendant la durée de l'assurance du propriétaire, au recours qu'elle aurait à exercer comme subrogée aux droits de celui-ci contre le locataire.

Dans le second cas, l'assurance consiste dans l'engagement que prend la Compagnie de répondre aux lieu et place du locataire, s'il est responsable, et jusqu'à concurrence de la somme assurée, des dommages et réparations auxquels ce dernier peut être tenu ou condamné envers le propriétaire ;

Le tout dans les termes et les conditions indiqués par l'article 22 de la Police.

4° Le *recours des voisins* (art. 1er de la Police).

(1) Voir les instructions spéciales sur l'assurance des marchandises en route, Chapitre XXIII.

(2) Art. 1733. « Le locataire répond de l'incendie, à moins qu'il ne prouve que l'incendie est arrivé « par cas fortuit ou force majeure, ou par vice de construction, ou que le feu a été communiqué par une « maison voisine. »

Art. 1734. « S'il y a plusieurs locataires, tous sont solidairement responsables de l'incendie, à moins « qu'ils ne prouvent que l'incendie a commencé dans l'habitation de l'un d'eux, auquel cas celui-là seul « en est tenu, ou que quelques-uns ne prouvent que l'incendie n'a pu commencer chez eux, auquel cas « ceux-là n'en sont pas tenus. »

Cette assurance consiste à garantir l'assuré, jusqu'à concurrence de la somme déterminée, du recours que l'on pourrait exercer contre lui, en vertu des articles 1382, 1385 et 1384 du Code Napoléon (1), pour toute perte résultant d'un incendie commencé chez lui et qui se serait communiqué à des propriétés voisines.

Art. 22. — La Compagnie n'assure pas :

Les dépôts, magasins et fabriques de poudre à tirer ;

Les titres de toute nature, les pierreries et les perles fines, les lingots et les monnaies d'or et d'argent ;

Les fabriques d'allumettes chimiques.

Elle ne répond pas des incendies occasionnés par guerre, invasion, émeute populaire, force militaire quelconque, volcans et tremblements de terre.

En cas d'explosion ou de détonation (autre que celle du gaz ou de la vapeur, lorsque ces risques sont assurés spécialement), elle ne répond pas des dégâts qui en résultent ; elle garantit seulement les dommages d'incendie qui en sont la suite.

Elle ne répond en aucun cas des objets perdus ou volés.

Elle ne répond des tulles, des dentelles, des cachemires, des bijoux, des médailles, de l'argenterie, des tableaux, des statues, et en général de tous les objets rares ou précieux, mobiliers et immobiliers, que lorsqu'ils sont spécialement désignés dans la Police.

Elle ne répond en aucun cas des dégâts résultant de l'ouragan, de la tempête, des trombes, non plus que de tout autre phénomène produit par l'électricité.

Toutes les exceptions ci-dessus sont applicables également à l'assurance du risque locatif ou du recours des voisins.

Art. 23. — Indépendamment des objets désignés ci-dessus, dont l'assurance est prohibée par ses statuts, la Compagnie excepte encore de l'assurance les risques suivants :

1° Allumettes (fabriques d') ;

2° Amidonneries ;

3° Artificiers ;

4° Baraques en champ de foire ;

5° Bâtiments construits sur le terrain d'autrui, ou n'ayant qu'une destination temporaire ;

6° Blanc de céruse (fabriques de) ;

7° Bouchons de liége (d°   ) ;

(1) Art. 1382. « Tout fait quelconque de l'homme, qui cause à autrui un dommage, oblige celui par la « faute duquel il est arrivé à le réparer. »

Art. 1383. « Chacun est responsable du dommage qu'il a causé non-seulement par son fait, mais « encore par sa négligence ou par son imprudence. »

Art. 1384. « On est responsable non-seulement du dommage que l'on cause par son propre fait, mais « encore de celui qui est causé par le fait des personnes dont on doit répondre, ou des choses que l'on « a sous sa garde. »

8° Brai (fabriques de);

9° Chantiers de bois de construction;

10° Charbons de bois ou de terre loin des habitations;

11° Colle-forte (fabriques de);

12° Corderies goudronnées;

13° Créances chirographaires;

14° Cuirs vernis (fabriques de);

15° Fagots et écorces dans les champs ou forêts;

16° Forêts d'essence résineuse ou de chênes-liéges;

17° Fours à chaux, à plâtre;

18° Féculeries;

19° Garance, garancine (fabriques de);

20° Gaz de résine   (d°   ):

21° Goudron   (d°   );

22° Maisons non habitées ou tombant en ruines;

23° Marchandises en route appartenant à des marchands ambulants;

24° Mines (intérieur des);

25° Moulins à vent en bois;

26° Moulins à eau au-dessous d'une valeur de 6,000 francs;

27° Noir de fumée (fabriques de);

28° Ouate   (d°   );

29° Postes aux chevaux;

30° Produits chimiques inflammables;

31° Récoltes sur pied;

32° Scieries de bois;

33° Taffetas gommés (fabriques de);

34° Térébenthine   (d°   );

35° Toiles cirées ou grasses (d°);

36° Tourbes;

37° Triturations de bois de teinture;

38° Tuileries, briqueteries;

39° Vermicelleries;

40° Vernis (fabriques de);

Et en général toutes les fabriques et usines couvertes en bois et celles non portées sur les Tarifs.

L'assurance des objets ci-dessus n'est pas interdite par les statuts; mais la Compagnie s'abstient de les assurer par une mesure prudente que justifie la fréquence des incendies sur ces sortes de risques.

Exceptions. ART. 24. — La Compagnie n'assure :

1° Les *moulins à vent construits en pierres*, les *meules de grains, de paille et de four-rages*, que lorsque ces objets appartiennent à des propriétaires déjà assurés à la Compagnie, ou qui assureraient en même temps leurs immeubles ou mobiliers.

2° *Le linge, les effets d'habillement et les provisions de ménage dans les habitations rurales*, que lorsque ces objets sont répartis dans des maisons construites en *pierres* et couvertes en *tuiles* ou *ardoises*, d'une valeur au moins de 3,000 francs, et lorsque ces maisons sont en même temps assurées à la Compagnie l'*Aigle*.

3° Les *maisons isolées*, c'est-à-dire éloignées de tout village, que lorsqu'elles sont construites en *pierres* et couvertes en *tuiles* ou *ardoises*.

4° Les maisons couvertes en *bois* ou en *chaume*, que lorsqu'elles ne font point partie d'une agglomération de plus de trois maisons, de même couverture et *susceptibles d'être détruites par le même incendie*.

CHAPITRE V.

Des fonctions des Agents-Généraux, de leurs devoirs et de leurs attributions.

Art. 25. — La Compagnie est représentée dans les Départements par des Agents fondés de pouvoirs, dont les fonctions et les attributions sont déterminées par une commission spéciale (voir modèle n° 1), par les présentes instructions, et par un traité passé avec eux lors de leur entrée en fonctions.

Art. 26. — La circonscription de chaque agence est fixée par la Compagnie, et l'Agent ne peut souscrire d'assurance en dehors des limites qui lui sont assignées (voir art. 124).

Art. 27. — Toutes les opérations de MM. les Agents sont soumises à la vérification des inspecteurs et autres délégués munis des pouvoirs de l'Administration.

Art. 28. — Les inspecteurs sont spécialement chargés de contrôler la gestion et la comptabilité, et de veiller à l'exécution de toutes les mesures prescrites par la Compagnie.

A cet effet, MM. les Agents sont tenus de leur faire toutes communications nécessaires (voir art. 403).

Art. 29. — Les Agents-Généraux examinent et vérifient les propositions d'assurances, les admettent, les modifient ou les rejettent (voir chapitre VIII).

Ils déterminent et arrêtent les conditions particulières des polices, et ils appliquent les primes selon le tarif.

Ils rédigent et signent les polices au nom de la Compagnie.

Ils touchent le montant des primes et le coût des plaques et des polices, et en délivrent quittance.

Ils soignent le recouvrement des primes annuelles et échues de leur agence, et poursuivent, s'il y a lieu, les assurés retardataires ou récalcitrants.

Le tout en se conformant aux instructions générales et particulières de l'Administration.

Art. 50. — S'il survient des contestations entre la Compagnie et les assurés, les Agents en réfèrent à l'Administration, qui leur transmet ses instructions.

Si, en raison de l'urgence, ils ne peuvent attendre ces instructions, ils prennent, avant d'agir, l'avis d'un officier public ou ministériel du lieu.

Art. 51. — En cas d'incendie dans le rayon de leur circonscription, ils procèdent suivant les règles établies au chapitre XVIII des présentes instructions.

Lors même qu'un sinistre est étranger à la Compagnie, MM. les Agents n'en doivent pas moins se rendre sur les lieux, chercher à gagner la confiance de chacun par les services qu'ils peuvent rendre, et profiter de l'impression que produisent toujours sur le public ces malheureux événements, pour décider à s'assurer les personnes qui ne le sont pas encore (voir art. 406).

Art. 52. — MM. les Agents doivent s'attacher à populariser les assurances dans toute l'étendue de leur agence, et, indépendamment de la distribution de prospectus et de l'apposition d'affiches dans les communes de leur ressort qui ont le plus d'importance par leur population, leur commerce ou leurs marchés, ils doivent se livrer personnellement à des démarches aussi nombreuses que persévérantes, et profiter de leur position sociale, ainsi que de leurs relations d'affaires et de parenté, pour obtenir la préférence de toutes les personnes qui sont à même de se faire assurer.

Art. 53. — Ils porteront leur attention sur toutes les propriétés importantes, ainsi que sur tous les grands établissements industriels existant dans leur circonscription, afin de procurer à leur agence le patronage des personnes considérables, dont l'exemple influe sur le public.

Art. 54. — Dans le même but, ils chercheront à se ménager la bienveillance des diverses autorités locales, et à obtenir d'elles l'assurance des bâtiments appartenant à l'État, aux départements, aux communes, aux hospices et établissements de bienfaisance ou de charité, au culte et aux communautés religieuses (voir art. 158 ci-après).

Art. 55. — Les démarches de MM. les Agents doivent s'étendre également aux propriétés déjà assurées par d'autres compagnies ou par des sociétés mutuelles. Chaque jour quelques-unes de ces assurances arrivent à leur terme, et rien n'empêche d'en solliciter le renouvellement au profit de la Compagnie, comme s'il s'agissait d'assurances nouvelles (1).

Art. 56. — Le renouvellement ou la continuation des assurances déjà souscrites à la Compagnie (voir art. 204 ci-après), doit être aussi l'objet de la constante sollicitude

____

(1) MM. les Agents ne devront point perdre de vue les recommandations et les restrictions qui sont faites dans le chapitre XV des présentes instructions.

des Agents, car il n'est pas moins important pour la Compagnie de conserver ses assurés que d'en acquérir de nouveaux.

A cet effet, MM. les Agents-Généraux doivent se mettre constamment en rapport avec leur clientèle, profiter des modifications qui surviennent pour refaire les polices et en prolonger la durée. Il sera bien également qu'ils cherchent à renouveler les polices de leur portefeuille, un an et même deux ans avant l'échéance des contrats. *Marche à suivre.*

Art. 57. — Enfin, MM. les Agents doivent sans cesse multiplier et généraliser leurs offres, en se persuadant bien qu'il n'est pas de domicile où il ne•se trouve des valeurs assurables, et que c'est de leur zèle, de leur activité et de leur persévérance que dépend le succès. *Persévérance des démarches.*

Art. 58. — A la garantie de leur gestion, MM. les Agents-Généraux sont tenus de fournir à la Compagnie un cautionnement d'une somme équivalente au moins au quart de la recette des primes annuelles de leur agence, sans toutefois que cette somme puisse être inférieure à *mille francs*. *Cautionnement.*

Art. 39. — Les conditions particulières relatives à ce cautionnement, comme aussi celles qui concernent la transmission des agences, sont déterminées par leur traité et le chapitre VII ci-après.

CHAPITRE VI.

Organisation des Agences. — Des Sous-Agents.

Art. 40. — MM. les Agents-Généraux doivent se faire seconder dans chaque canton de leur agence, et même dans le lieu de leur propre résidence, par des sous-agents, qu'ils nomment, révoquent à volonté, et dont ils sont personnellement responsables (voir diplôme de commission, modèle n° 2). *Organisation des agences.*

Art. 41. — Les sous-agents ont spécialement pour mission : *Sous-agents. — Leurs attributions.*

1° De faire des démarches continuelles et permanentes auprès de toutes les personnes qui sont en position de se faire assurer dans toute l'étendue de leur circonscription.

2° De recueillir et rédiger des propositions d'assurances (1); d'indiquer aux personnes qui ont le désir de se faire assurer, le taux des primes et les applications spéciales du tarif, et enfin d'arrêter, *sauf approbation de l'Agent-Général*, les conditions particulières à insérer dans la police.

3° De remettre à l'Agent-Général de leur circonscription les propositions d'assurances qu'ils auront faites ou reçues, et, en échange, de remettre et faire signer les polices à ceux des assurés qui ne pourraient se rendre eux-mêmes au bureau de l'agence.

4° De recevoir et encaisser les primes, et le prix des plaques et des polices, mais seulement quand l'Agent-Général, *qui en est responsable*, les aura spécialement autorisés à faire ces recouvrements.

(1) La proposition d'assurance n'engage pas la Compagnie (voir art. 58 ci-après).

5° De faire ou de surveiller la pose des plaques.

Ils ne peuvent suppléer l'Agent-Général.

ART. 42. — Les sous-agents ne pourront, dans aucun cas, suppléer ou remplacer l'Agent-Général dans l'exercice de ses fonctions, ni être autorisés par celui-ci à signer des polices ou des quittances, ou à contracter un engagement quelconque au nom de la Compagnie.

Il faut en multiplier le nombre.

ART. 43. — Le concours des sous-agents étant l'un des principaux éléments de succès de toute agence, l'Agent-Général mettra le plus grand soin à tenir constamment ce personnel au complet. Il pourra même en multiplier le nombre autant qu'il le jugera convenable à ses intérêts et à ceux de la Compagnie.

Choix des sous-agents.

ART. 44. — Il devra faire choix de personnes actives, probes, intelligentes, et bien connues dans le pays pour avoir un accès facile auprès des propriétaires, et mériter la confiance et la préférence de ces derniers.

Personnes qui conviennent le mieux.

ART. 45. — Les personnes qui sont les plus aptes et qui conviennent le mieux aux fonctions de sous-agents, sont : les secrétaires de mairie, les greffiers et les huissiers des justices de paix, les percepteurs des contributions directes, les vérificateurs des poids et mesures, les géomètres et experts du cadastre, les commis ambulants des contributions indirectes, et tous autres qui, par leur profession, ont de nombreux rapports avec le public, ou qui, pour quelque cause que ce soit, ont une influence personnelle dans leur localité.

Des militaires retraités, des facteurs, et autres individus ayant des habitudes actives, peuvent aussi être appelés à ces fonctions, s'ils présentent des garanties suffisantes.

Il sera bon que l'Agent-Général, outre ses sous-agents, s'attache au siége même de l'agence, sous le titre d'Agent rural, un homme actif et capable, continuellement occupé de visiter les propriétaires et de solliciter leurs assurances. La Compagnie recommande à l'attention de ses Agents-Généraux le choix de cet agent spécial ; le succès d'une agence en dépend en partie, car l'expérience a démontré que les assurances s'obtiennent toujours lorsqu'elles sont obstinément sollicitées.

Surveillance à exercer.

ART. 46. — L'Agent-Général doit stimuler sans relâche et surveiller avec une sollicitude toute particulière tous les sous-agents de son ressort, entretenir avec eux des rapports réguliers et fréquents, et leur donner toutes les instructions nécessaires pour qu'ils agissent avec intelligence, discernement et loyauté.

Remplacement des sous-agents.

ART. 47. — Lorsqu'un sous-agent manquera de zèle, ou lorsqu'il se laissera trop facilement rebuter par les obstacles qu'il peut rencontrer, l'Agent-Général ne doit pas hésiter à le remplacer, et il faut qu'il renouvelle ses choix jusqu'à ce qu'ils soient devenus complètement satisfaisants.

Renseignements à fournir sur les sous-agents.

ART. 48. — L'Agent-Général devra faire connaître à l'Administration les noms, prénoms, profession et demeure de tous ses sous-agents, afin que la Compagnie puisse elle-même juger du mérite et de l'importance de leurs services (voir art. 373, § 6°).

Recommandation expresse. — **MM.** les Agents-Généraux chercheront à s'attirer les préférences du public par une conduite régulière et une probité scrupuleuse. Ils repousseront les moyens de concurrence et de persuasion qui s'appuieraient sur la calomnie ou des indications inexactes.

Conseils à suivre.

L'Administration ne peut trop leur recommander de se priver immédiatement et sans réserve du concours des intermédiaires qui n'opéreraient pas honnêtement, régulièrement, quel que fût d'ailleurs le nombre des affaires qu'ils procureraient.

CHAPITRE VII.

Des rétributions des Agents-Généraux et de celles des Sous-Agents.

ART. 49. — Pour obtenir des assurances, pour recouvrer les primes et régler les sinistres, pour la tenue de la correspondance et de la comptabilité, enfin, pour soigner et gérer les intérêts de la Compagnie dans tout ce qui est relatif à leurs fonctions, **MM.** les Agents reçoivent :

Rétributions des Agents-Généraux.

1° Une remise proportionnelle sur le montant des primes qu'ils encaissent et qui proviennent des assurances souscrites par eux ou leurs prédécesseurs; la quotité de cette remise est fixée par un traité particulier.

2° Une remise d'un franc par chaque police, pour droit de rédaction et d'expédition, sauf le cas d'exception prévu en l'article 229 ci-après.

3° Une remise de cinquante centimes par chaque *avenant*, soit la moitié du prix qui en est payé par l'assuré (voir art. 194 ci-après).

4° Une remise sur le prix des plaques (voir art. 250 ci-après).

ART. 50. — Au moyen des remises énoncées dans l'article précédent, **MM.** les Agents-Généraux sont tenus de rétribuer leurs sous-agents, ceux-ci n'ayant rien à recevoir de la part de l'Administration.

Rétributions des sous-agents.

ART. 51. — En raison du concours utile et éminemment efficace des sous-agents, **MM.** les Agents-Généraux doivent faire à ceux-ci une part aussi large que possible dans les rétributions personnelles qui leur sont accordées par l'Administration; car, sans eux, il est impossible à l'Agent-Général de réussir.

Avantages à leur concéder.

ART. 52. — La Compagnie fournit à **MM.** les Agents-Généraux tous les registres et imprimés nécessaires, et elle leur tient compte de tous déboursés pour ports de lettres et paquets venant de l'Administration.

Frais supportés par la Compagnie.

Elle leur rembourse également les frais de déplacement qu'ils seront dans le cas de faire pour cause d'incendie, concernant la Compagnie, mais sans y ajouter aucuns honoraires, les règlements de sinistres faisant partie des charges inhérentes à leurs fonctions (voir art. 49 ci-dessus et 344 ci-après).

Frais à la charge des Agents-Généraux.

Toutes autres dépenses, et notamment celles résultant d'installation d'agence, de frais de bureaux, d'organisation des sous-agents, de correspondance avec ces derniers, d'apposition d'affiches, etc., sont à la charge personnelle de l'Agent.

Transmission d'une agence.

ART. 53. — MM. les Agents-Généraux ont la faculté de transmettre leur emploi, à charge par eux de soumettre le choix du nouveau titulaire à l'approbation de la Compagnie, qui peut l'admettre ou le refuser.

Révocation d'un Agent-Général.

Indemnité en cas de remplacement.

ART. 54. — La Compagnie se réserve le droit de changer, remplacer ou révoquer un Agent, toutes les fois qu'elle le jugera nécessaire ou utile à ses intérêts.

Dans le cas où la Compagnie pourvoirait au remplacement d'un Agent-Général, sans motifs suffisants (*ce dont le Conseil d'administration est seul juge*), il sera accordé au titulaire par son successeur, pour toute indemnité, une remise de 20 p. °/₀ sur le montant d'une année de prime fixée par chaque police qui, le jour du remplacement, aura encore trois primes non échues à payer.

Il n'entrera dans ce compte que les polices souscrites pendant la gestion dudit Agent, et non celles qui existaient au moment de son entrée en fonctions.

Cette remise n'est due au titulaire remplacé qu'au fur et à mesure des encaissements opérés par son successeur.

Décès d'un Agent-Général.

ART. 55. — Si les fonctions d'Agent-Général viennent à cesser par suite de décès du titulaire, ses héritiers pourront être admis à présenter un successeur, selon l'article 53 ci-dessus.

Démission, révocation d'un Agent-Général. — Suppression d'une agence.

ART. 56. — Si les fonctions viennent à cesser par démission volontaire ou par révocation pour motifs suffisants, ou encore par suite de suppression de l'agence, le titulaire et ses ayant-droit ne peuvent prétendre à aucune indemnité, à quelque titre que ce soit.

CHAPITRE VIII.

Des propositions d'assurances et de leur vérification.

SECTION PREMIÈRE.

Forme des propositions.

Ce qu'elles doivent contenir.

ART. 57. — Les propositions d'assurances sont faites par écrit sur les formules imprimées, destinées à cet usage (voir modèles n° 5).

Elles doivent être signées par le proposant, et indiquer, aussi exactement que possible, la situation, la nature et la valeur des objets à assurer, ainsi que les dangers particuliers que ces objets peuvent présenter.

L'Agent écrit sommairement, à la suite, le résultat des renseignements particuliers qu'il a pris sur le proposant et sur les objets à assurer.

La valeur des objets à assurer doit être indiquée par sommes rondes de centaines, sans unités ni dizaines.

Les propositions sont annexées aux ampliations des polices, qui restent déposées aux archives de l'agence.

Art. 58. — Les propositions ne sont qu'un préliminaire ou projet d'assurance ; elles n'engagent ni l'assuré ni la Compagnie. La proposition n'est qu'un projet.

La Compagnie et l'assuré ne sont obligés et engagés que par la police, lorsque celle-ci a été signée par les deux parties et lorsque la prime stipulée a été payée (voir art. 170 et 233).

Art. 59. — Si la proposition est faite directement à l'Agent, il la vérifie lui-même ou en dirige la vérification. Vérification des propositions.

Si elle est faite par l'intermédiaire d'un sous-agent, l'Agent doit s'assurer que toutes les vérifications prescrites ont été faites exactement.

Art. 60. — Les vérifications doivent principalement porter sur les trois points suivants : Sur quoi elle doit porter.

1° La moralité des assurés ;

2° La nature des constructions et couvertures, et l'appréciation des chances particulières d'incendie ;

3° La valeur des objets à assurer.

§ 1er.

Des vérifications morales.

Art. 61. — Ces vérifications consistent à s'informer discrètement de la réputation du proposant, ainsi que de l'état de ses affaires, mais en évitant toute enquête qui pourrait le blesser. Manière de vérifier.

Art. 62. — Lorsque des propositions sont faites par des personnes d'une inconduite notoire, d'une probité douteuse, ou connues pour être gênées dans leurs affaires, elles doivent être rejetées sans réserve. Propositions à rejeter.

Art. 63. — Il en est de même des assurances portant sur fabriques et usines, lorsque ces établissements sont en décadence ou onéreux à leurs propriétaires, ou lorsqu'ils sont mal dirigés ou gérés avec négligence. Établissements défectueux ou en décadence.

Art. 64. — On doit rejeter également les propositions d'assurances qui paraîtront avoir pour cause le danger d'un mauvais voisinage, la crainte de haines particulières ou des menaces d'incendie. Malveillance. — Voisinage dangereux.

§ 2.

Vérification de la nature des risques. — Chances et dangers d'incendie.

Art. 65. — Cette vérification a lieu dans le double but de déterminer le taux des primes à appliquer ou de refuser les assurances trop dangereuses. But de la vérification.

Art. 66. — Elle consiste à examiner :

1° Le genre de construction des bâtiments et leur couverture ;

2° La nature des objets et marchandises qui peuvent y être renfermés, ainsi que la profession qu'on y exerce ;

3° La communication des bâtiments entre eux, ou leur séparation, soit par un espace vide, soit par un mur de refend, s'élevant, sans ouverture intérieure, jusqu'au faîte ;

4° La contiguité qui pourrait exister avec d'autres risques, et notamment ceux mentionnés dans l'article 9 de la Police ;

5° Et enfin toutes les circonstances qui peuvent multiplier ou aggraver les chances d'incendie.

Art. 67. — Lorsque des bâtiments sont construits sur le terrain d'autrui, lorsqu'ils sont destinés à être démolis pour une cause quelconque, lorsqu'ils sont assujétis à un changement d'alignement, lorsqu'ils sont en état de vétusté ou de délabrement, ou lorsque, par des constructions vicieuses, de mauvaises distributions, un voisinage dangereux, un amas de combustibles ou toutes autres causes, ils paraissent présenter des risques trop graves, l'Agent doit en refuser l'assurance.

Art. 68. — L'appréciation des risques de voisinage ne se détermine pas seulement par la vérification de la maison habitée par l'assuré, mais, en outre, par l'examen des chances de communication du feu, rendues plus ou moins graves par la nature, la destination, la couverture ou la mauvaise construction des maisons voisines.

Si ces dernières chances rendaient trop probable la propagation du feu, la proposition devra être rejetée.

Art. 69. — Il en sera de même dans le cas où l'Agent serait informé qu'il a été fait, par des sociétés mutuelles ou d'autres compagnies, des assurances exagérées à des personnes suspectes habitant des maisons voisines d'où le feu pourrait être communiqué.

Art. 70. — Lorsqu'il s'agit de propositions d'assurances sur des fabriques, usines et établissements industriels, l'Agent doit examiner les risques sur les lieux mêmes, avec le plus grand soin, et, indépendamment des vérifications ordinaires, recueillir avec précision et transmettre à la Compagnie tous les renseignements indiqués aux modèles n°ˢ 4 et suivants, en se servant des imprimés destinés à cet usage.

Un tracé linéaire, indiquant exactement, et, autant que possible, géométriquement, les séparations, les communications et les distances des bâtiments entre eux, doit être joint aux propositions de cette nature (voir modèle n° 15).

Toute proposition envoyée à la Compagnie dans une autre forme et non accompagnée des renseignements voulus, sera ajournée jusqu'à plus ample et plus complet informé.

MM. les Agents, en exécutant avec soin ces prescriptions, éviteront donc tout retard.

Art. 71. — Les propositions d'assurances sur les théâtres, sur les maisons qui les avoisinent, et sur les ateliers ou magasins de décors (voir Instructions spéciales, chapitre **XXV**), devront indiquer spécialement :

1° Le genre de spectacle ;

2° Le nombre annuel des représentations, bals ou concerts ;

3° Les précautions habituellement prises pour éviter ou éteindre les incendies.

Art. 72. — Les propositions d'assurances sur moulins à blé (1), mus par l'eau ou la vapeur, doivent indiquer exactement le nombre des paires de meules qu'ils renferment (voir Instructions spéciales, chapitre **XXIV**).

Assurances sur moulins à blé.

Art. 73. — Si des assurances sur marchandises, mobiliers et produits des récoltes, sont demandées séparément des bâtiments qui les renferment, il n'en faut pas moins soumettre ces bâtiments aux mêmes vérifications que s'ils devaient eux-mêmes être garantis par la Compagnie ; et si ces bâtiments se trouvaient dans l'un des cas d'exclusion prévus par les articles 67, 68 et 69 ci-dessus, l'assurance des marchandises, du mobilier et des produits de récoltes y renfermés serait refusée.

Assurances sur marchandises, mobiliers et récoltes.

Art. 74. — Lorsqu'il s'agit d'assurances sur bois-taillis ou de haute futaie, l'Agent doit vérifier : 1° Si les bois ne sont pas situés dans des localités où les ouvriers forestiers et les pâtres soient dans l'habitude d'allumer du feu ; 2° s'ils ne sont pas exposés aux dangers résultant de loges de sabotiers, de fauldes à charbon ou d'usines qui y seraient établies ; 3° s'ils ne se trouvent pas sur un sol rempli de bruyères et de broussailles ; 4° si, pour des causes quelconques, ils ne sont pas exposés aux effets de la malveillance des habitants des communes environnantes ; 5° s'ils n'ont pas éprouvé de sinistre depuis le changement de propriétaire. L'Agent doit rendre compte de ces circonstances à la Compagnie et attendre sa décision.

Assurances sur bois et forêts. — Règles spéciales.

La proposition devra indiquer en outre : 1° l'âge, la superficie et l'essence des bois ; 2° s'ils ne forment qu'un seul et même risque, ou s'ils sont coupés par des fossés, des chemins ou des accidents de terrain (voir art. 98 et modèle de Police n° 29).

Art. 75. — Il ne doit être remis à l'assuré aucune pièce qui constate la vérification des objets proposés à l'assurance.

Observation générale.

§ 3.

Vérification des sommes à assurer.

Art. 76. — L'appréciation des sommes à assurer exige, de la part de l'Agent, une attention toute particulière.

Explications à donner aux proposants.

Il doit avertir le proposant qu'il est de son intérêt de faire garantir les objets à assurer pour leur valeur réelle, et qu'il y aurait préjudice pour lui s'ils étaient assurés pour une somme supérieure ou inférieure.

(1) L'assurance de ceux dont la valeur serait au-dessous de 6,000 fr. est interdite (voir art. 23 ci-dessus).

Valeur surélevée.

Il lui expliquera : 1° que s'il faisait assurer une somme supérieure à la valeur réelle, il paierait sans utilité un excédant de prime, puisque d'après la loi et les conditions générales de la Police (art. 3 et 20 de la Police), l'assurance ne peut jamais être pour l'assuré une cause de bénéfice, et qu'en cas d'incendie il n'aurait à recevoir que le montant réel de sa perte.

Valeur abaissée.

2° Que, dans le cas contraire, il s'exposerait, s'il survenait un incendie total ou partiel, à supporter une partie des dommages, attendu que la Compagnie n'est responsable vis-à-vis de lui que dans la proportion du montant de son assurance (voir art. 20 de la Police).

Valeur réelle.

3° En résumé, la valeur assurable telle qu'on doit la comprendre et l'admettre, n'est ni la valeur de convention, ni la valeur de convenance, ni la valeur d'affection ; c'est *la valeur réelle, vénale.*

Dangers de l'exagération des valeurs.

Art. 77. — Indépendamment de ces précautions, l'Agent ne devra rien négliger pour reconnaître par lui-même la valeur des objets proposés à l'assurance, afin d'empêcher l'exagération qui est toujours un appât pour l'ignorance et la mauvaise foi.

Dans l'intérêt général, l'assurance doit être toujours un peu au-dessous de la valeur réelle, afin que l'assuré reste lui-même intéressé à la conservation de l'objet soumis à l'assurance.

Il ne peut être fait d'expertise préalable.

Art. 78. — On ne peut jamais consentir à faire faire d'avance par experts, même aux frais de l'assuré, une estimation destinée à lier définitivement la Compagnie en cas de sinistre ; ce serait une dérogation à l'art. 3 de la Police, d'après lequel l'assureur ne peut être tenu que de la valeur réelle au moment de l'incendie (1).

Art. 79. — On ne peut non plus exprimer, dans la police, que les valeurs ont été reconnues et vérifiées (voir art. 176, § 3).

Mode d'appréciation.

Art. 80. — Les maisons et bâtiments ne doivent être assurés que pour leur valeur vénale, c'est-à-dire le prix que vaut l'immeuble en cas de vente, non compris le sol. Ce prix s'estime approximativement, soit par comparaison avec des immeubles semblables vendus depuis peu dans la localité, soit d'après le prix de l'acquisition, si elle est récente, ou bien encore d'après le revenu de la propriété, déduction faite, dans tous les cas, de la valeur du sol et des terrains qui en dépendent. Le plus ou moins de facilité de la vente doit même être pris en considération, et il faut réduire l'assurance en proportion des obstacles que pourrait rencontrer le propriétaire, s'il voulait réaliser.

Autre mode.

Art. 81. — Si la valeur vénale est par trop difficile à apprécier, l'Agent peut se

---

(1) L'expérience a démontré les inconvénients de toute expertise préalable. Comme elle a eu lieu sans un intérêt pressant et actuel, elle n'est jamais faite avec les soins et la précision nécessaires. Ensuite, la valeur des objets expertisés est sujette à varier pour des causes nombreuses, telles que l'influence du temps, la mobilité des cours des matériaux et des marchandises, les mouvements industriels, etc.; enfin, cette estimation devient illusoire pour les objets susceptibles de déplacement.

régler d'après le cours approximatif des constructions, en faisant la différence du neuf au vieux.

Art. 82. — Les bâtiments doivent être assurés en entier; en conséquence, si des propriétaires proposent de ne leur assurer que les parties les plus combustibles, telles que croisées, planchers, charpentes, menuiserie, etc., on se refusera à cette demande, de même qu'à celle d'excepter de l'assurance les caves et fondations, la prime étant calculée sur l'ensemble des risques et sur les éventualités de sauvetage qu'ils présentent en cas d'incendie. *(Défense d'excepter les parties incombustibles, ainsi que les caves et fondations.)*

Toutefois, dans l'assurance des bâtiments construits sur pilotis, on peut excepter les fondations qui se trouvent *au-dessous du niveau de l'eau* (voir modèle n° 30).

Art. 83. — La valeur des bâtiments de ferme est toujours relative à leur utilité. *(Appréciation des bâtiments de ferme.)* Ainsi, lorsque les bâtiments cessent, en raison de leur nombre, de leur dimension ou de leur situation, d'être en rapport avec l'étendue des terres à exploiter, ils deviennent à charge au propriétaire, à cause des frais d'entretien. Dans ce cas, ils ne doivent être assurés que pour une somme égale à celle que produirait la vente des matériaux, sans rien y ajouter pour la main-d'œuvre.

Art. 84. — La valeur des châteaux ne doit jamais être déterminée d'après les *(Appréciation des châteaux.)* sommes qu'a coûtées ou que coûterait leur construction. Ceux dont l'importance n'est plus en rapport avec le revenu des terres qui en dépendent, ne doivent être assurés que pour une somme équivalente à celle que produirait la vente sur place des matériaux et sans rien y ajouter pour la main-d'œuvre.

Lorsqu'au contraire les châteaux font partie d'une grande propriété rurale, qu'ils appartiennent à des familles riches ou aisées, qu'ils sont bien entretenus, ils peuvent être assurés pour leur valeur vénale; et si cette valeur ne peut être établie avec quelque certitude, l'assurance doit être basée sur la valeur que produirait la vente des matériaux, en y ajoutant d'un quart à un tiers pour la main-d'œuvre.

Art. 85. — Les bâtiments d'usines et de fabriques, n'ayant en général qu'une valeur *(Appréciation des établissements industriels.)* de destination, l'Agent ne doit les assurer que pour une somme intermédiaire entre le prix de leur construction (différence faite du vieux au neuf), et la valeur qu'ils auraient si l'on était dans le cas de renoncer à l'établissement ou de les affecter à un autre usage.

Art. 86. — Lorsque l'immeuble proposé à l'assurance se compose de plusieurs *(Appréciation de plusieurs immeubles.)* bâtiments, on doit fixer séparément la valeur à assurer sur chacun d'eux, afin d'éviter, en cas de sinistre partiel, la nécessité d'une estimation générale pour arriver au règlement de l'indemnité.

Art. 87. — L'assurance d'un mobilier personnel et de ménage peut être faite sur *(Appréciation d'un mobilier.)* la simple déclaration du proposant, lorsque la valeur déclarée paraîtra être en rapport avec sa fortune ou son état de maison.

Dans le doute, il faut toujours vérifier, en ayant soin toutefois de dégager la vérification de toute recherche minutieuse, blessante ou importune.

La somme à assurer doit être répartie conformément au modèle de Police, n° 19.

Art. 88. — Pour reconnaître la valeur des tulles, dentelles, cachemires, argenterie, tableaux, statues, et, en général, de tous les objets rares ou précieux, l'Agent doit consulter des personnes en état de les apprécier, et, en tous cas, ne les admettre que dans la proportion fixée par l'article 151 des présentes instructions (1), et après approbation de la Compagnie.

Art. 89. — L'appréciation de la valeur à assurer sur le mobilier industriel des marchands, artisans ou petits fabricants, s'opère de la même manière que pour le mobilier personnel et de ménage.

Art. 90. — L'appréciation du mobilier industriel des fabriques et usines réclame une grande attention. Elle doit être basée, non sur le prix que ce mobilier a pu coûter à établir, mais sur son degré de perfection et d'utilité, en ayant égard au temps pendant lequel il a servi, et au temps pendant lequel il peut durer encore. Des métiers anciens et défectueux, des machines usées, ne doivent pas être confondus avec des objets neufs et d'un système nouveau et perfectionné. Le nombre des machines ou des métiers, leur âge, leur numéro d'ordre, leur destination spéciale, le nom du constructeur, la position qu'ils occupent à tel ou tel étage, doivent être indiqués en détail dans la Police (voir les modèles annexés aux présentes instructions).

C'est donc la valeur vénale au moment de l'assurance qui doit déterminer le montant de la somme à assurer; et lorsque les connaissances personnelles de l'Agent seront insuffisantes pour déterminer cette valeur, il devra consulter des personnes à connaissances spéciales, et, au besoin, s'en faire accompagner sur les lieux.

Art. 91. — La somme à assurer sur marchandises avec désignation s'établit d'après le cours du jour (voir art. 529 ci-après).

Art. 92. — Les assurances sur marchandises en roulement dans le commerce d'un négociant, d'un marchand ou d'un fabricant, se font pour une somme équivalente à l'étendue des affaires du proposant.

L'Agent suppléera aux connaissances qui lui manqueront pour l'appréciation des marchandises et de la valeur à assurer, en prenant, avec toute la discrétion nécessaire, des informations chez des personnes exerçant un commerce analogue à celui du proposant.

Ces sortes d'assurances donnant facilement prise aux combinaisons de la mauvaise foi, il importe de ne les traiter qu'avec beaucoup de circonspection.

Art. 93. — Les tulles, dentelles et cachemires faisant partie d'un commerce de nouveautés, ne doivent être admis que dans la proportion déterminée par l'article 151 ci-après, et après approbation préalable de la Compagnie.

Art. 94. — La somme à assurer aux commissionnaires de roulage sur marchandises

(1) Ces objets doivent être spécialement désignés dans la police (art. 2 de la Police).

en route se détermine d'après certaines bases, résumées dans les instructions spéciales (voir chapitre **XXIII**).

Art. 95. — Les produits des récoltes s'évaluent d'après la quantité et la nature des terres exploitées par le proposant, en prenant le terme moyen des productions des deux ou trois années précédentes.

Appréciation des récoltes.

Art. 96. — L'appréciation du mobilier aratoire et des instruments servant à une exploitation rurale, se fait comme celle du mobilier industriel (voir art. 90 ci-dessus), en ayant soin d'établir la différence de valeur qui peut exister entre des objets neufs et perfectionnés, et ceux d'un usage plus ancien.

Appréciation du mobilier aratoire.

Art. 97. — L'appréciation des bestiaux s'opère d'après l'indication et la vérification de leur espèce et de leur nombre.

Appréciation des bestiaux.

Art. 98. — L'appréciation de la valeur des bois et forêts se fait en raison de l'aménagement et du prix de la feuille. L'Agent doit consulter, au besoin, les agents forestiers, avant de recevoir une proposition d'assurance de cette nature (voir modèle de Police, n° 29 et art. 74).

Appréciation des bois et forêts.

Art. 99. — La somme à assurer à un créancier hypothécaire (voir art. 21 ci-dessus), peut être de tout ou partie de la valeur de la maison ou du bâtiment servant de gage à sa créance.

Créances hypothécaires.

Le créancier doit constater l'existence et le rang de son inscription par un certificat du conservateur des hypothèques (voir modèle de Police, n° 30).

S'il est reconnu que la créance n'arrive pas en ordre utile, il n'y a pas lieu à assurance, et la proposition doit être refusée.

Art. 100. — L'assurance du risque locatif est basée sur le prix de la location (art. 22 de Police). La somme couverte peut être égale à la valeur totale du bâtiment tenu en location, mais elle ne doit pas être inférieure à quinze fois le montant annuel du loyer (*id.*, voir modèle de Police, n° 17).

Risques locatifs.

Art. 101. — La somme à assurer, contre le recours que les voisins pourraient exercer pour communication d'incendie à leurs propriétés, n'a pas de limites précises; elle doit être basée sur la valeur des bâtiments adjacents ou rapprochés du risque principal. En aucun cas, MM. les Agents ne doivent admettre que la somme affectée à l'assurance du recours des voisins soit moindre de 5,000 fr. (voir modèle de Police, n° 18).

Recours des voisins.

Art. 102. — Lorsque, pendant le cours d'une assurance, l'Agent reconnaîtra que les objets assurés, surtout quand il s'agit de fabriques et usines, ont sensiblement diminué de valeur ou qu'ils offrent des dangers plus graves que ceux qui avaient été reconnus d'abord, il doit en instruire immédiatement la Compagnie et attendre ses instructions.

Aggravation des risques en cours.

SECTION DEUXIÈME.

Propositions d'assurances sur objets déjà assurés par d'autres compagnies. — Assurances anticipées. — Assurances supplémentaires.

Assurances par d'autres compagnies.

ART. 103. — Lorsqu'il sera proposé à l'assurance des objets déjà assurés en tout ou partie par d'autres compagnies à primes ou par des sociétés mutuelles, l'Agent-Général devra vérifier ces objets avec autant de soin que s'il s'agissait d'assurances nouvelles.

Trois cas se présentent :

ART. 104. — Les assurances de cette nature peuvent se trouver dans trois cas différents, et donner lieu :

1° A une reprise d'assurance pure et simple ;

2° A une assurance anticipée ;

3° A une assurance supplémentaire.

1° Reprise d'assurance.

La *reprise d'assurance*, proprement dite, consiste à reprendre une assurance déjà existante et contractée avec une autre compagnie ou une société mutuelle. Elle a pour objet de substituer la Compagnie *l'Aigle* aux lieu et place de l'assuré vis-à-vis du premier assureur.

Cette assurance est soumise à des règles particulières qui sont établies au chapitre XV ci-après.

2° Assurance anticipée.

L'*assurance anticipée* est celle qui n'a pas d'effet immédiat et qui n'entre en force qu'à une époque postérieure à la date où elle est souscrite (voir modèle de Police, n° 19).

Elle a lieu ordinairement quand les objets proposés à l'assurance sont déjà assurés par une autre compagnie, et que le proposant veut, *par anticipation*, les faire couvrir par la Compagnie *l'Aigle*, mais avec effet seulement à partir du jour de l'expiration de l'assurance primitive (voir art. 217 et 218).

Cette assurance peut avoir pour cause le désir par l'assuré de fixer à l'avance les conditions de sa Police, et de s'assurer ainsi pour l'avenir les avantages actuels de la Compagnie.

3° Assurance supplémentaire.

L'*assurance supplémentaire* a lieu toutes les fois que des objets quelconques ont été assurés pour une partie de leur valeur seulement, et que le proposant veut faire assurer le surplus (voir modèle de Police, n° 21).

Cette assurance peut naître de l'augmentation de valeur qu'ont subie des objets déjà assurés ; mais elle a lieu plus particulièrement dans les assurances des fabriques, usines, théâtres et autres grands établissements dans lesquels chaque compagnie ne peut ou ne veut assurer qu'une somme limitée (voir art. 118 et suivants).

Les *reprises d'assurances*, les *assurances anticipées* et les *assurances supplémentaires* peuvent être quelquefois combinées entre elles (voir modèles de Polices, n° 22 et 23).

Art. 105. — Des trois genres d'assurances dont il est parlé dans les articles qui précèdent, les assurances *anticipées* et les assurances *supplémentaires* doivent être pour MM. les Agents l'objet d'une attention spéciale, car elles offrent pour eux une source féconde d'opérations (voir art. 218). *(Avantages des assurances anticipées et supplémentaires.)*

Art. 106. — Si, postérieurement à une assurance faite par la Compagnie, l'assuré a fait garantir une somme supplémentaire sur les mêmes objets, par d'autres assureurs, l'Agent devra vérifier de nouveau la valeur de ces objets et examiner si l'ensemble des sommes assurées n'excède pas la valeur totale des objets garantis. Il devra en référer à la Compagnie avant d'admettre la déclaration prescrite par l'article 12 de la Police, en vertu duquel la Compagnie conserve le droit de résilier la Police, si elle le juge à propos. *(Déclaration d'assurances faites par d'autres compagnies.)*

(Observation importante.)

CHAPITRE IX.

Des risques en général. — Ce qu'on entend par un seul et même risque. — Risques contigus.

Art. 107. — On entend, en général, par risque, la chance courue par l'assureur (voir art. 5 ci-dessus). On désigne également sous ce nom l'objet lui-même sur lequel porte l'assurance. Ainsi on dit, en parlant de tel ou tel objet, que cet objet est un *risque* dangereux. *(Définition du mot risque.)*

Certains risques présentent plus ou moins de dangers, suivant les conditions d'après lesquelles ils sont établis, et le Tarif en a échelonné les primes en conséquence. Le modèle n° 34 des Instructions est un tableau synoptique que MM. les Agents consulteront avec fruit, chaque fois qu'il s'agira d'apprécier un risque, d'en proposer l'assurance à la Compagnie ou de se rendre compte de la prime à lui appliquer. *(Appréciation de certains risques.)*

Art. 108. — On entend par un *seul et même risque* la somme totale assurée à une ou plusieurs personnes, sur tous les objets mobiliers et immobiliers qui, par leur réunion ou leur agglomération sur un même point, sont exposés à être détruits par un même incendie. *(Ce que l'on entend par un seul et même risque.)*

Ainsi, par exemple, la Compagnie assure :

A Pierre, une maison.	80,000 fr.
Au même, son mobilier au premier étage.	20,000
A Paul, son mobilier au deuxième étage.	10,000
A Jacques, ses marchandises au rez-de-chaussée. . . .	50,000
Total.	160,000 fr.

Ces quatre assurances, quoique distinctes et faites à plusieurs personnes, ne forment qu'*un seul et même risque*, puisque l'incendie de la maison ou du mobilier de Pierre, celui du mobilier de Paul ou celui des marchandises de Jacques, peut exposer la Compagnie à une perte simultanée de 160,000 fr.

Art. 109. — Les maisons et bâtiments contigus, qu'ils appartiennent ou non au même propriétaire, sont considérés comme formant un seul et même risque, à moins qu'ils ne soient séparés par des murs de refend en pierres ou briques, s'élevant jusqu'au faîte, *sans ouverture ni communication intérieure.*

Quand ils sont séparés par un mur de refend, comme il vient d'être dit, ils peuvent être considérés comme des risques distincts, sauf les exceptions ci-après.

Art. 110. — Les maisons et bâtiments contigus qui sont couverts en chaume ou en bois, sont toujours considérés comme formant un seul et même risque, lors même qu'ils sont séparés par des murs de refend en pierres ou briques, sans communication intérieure.

Art. 111. — Lorsqu'un bâtiment est contigu à un théâtre, ou à une fabrique ou usine, ce bâtiment peut être considéré comme formant un risque distinct, s'il est séparé par un mur de refend en pierres ou briques *sans communication;* mais, dans ce cas, il paie *néanmoins* une prime plus forte que celle qui lui serait propre, à cause du risque avec lequel il se trouve en contiguité (voir Instructions spéciales pour les théâtres, chapitre XXV, et l'article 133 ci-après).

Art. 112. — Il en est de même lorsque, de deux bâtiments contigus, l'un est couvert en chaume ou en bois, et l'autre en tuiles ou ardoises. Dans ce cas, le bâtiment couvert en tuiles ou ardoises paie également une prime supérieure à celle qui lui est propre (voir le Tarif, et l'art. 133 ci-après).

Art. 113. — Les maisons et bâtiments isolés les uns des autres peuvent aussi être considérés comme formant un seul et même risque, lorsque, par leur rapprochement ou par d'autres circonstances, il est à craindre que l'incendie de l'un d'eux puisse entraîner la perte ou l'incendie des autres.

Art. 114. — La règle établie en l'article précédent s'applique surtout aux bâtiments couverts en chaume ou en bois, lesquels, quoique séparés les uns des autres, ne peuvent être considérés comme des risques distincts, à moins que la distance qui les sépare ne soit au moins de 10 mètres.

Art. 115. — Il en est de même des récoltes en meules, lorsque les meules sont placées à moins de 10 mètres de distance les unes des autres (voir art. 24, 118 et 133 ci-après).

Art. 116. — Le mobilier et les marchandises renfermés dans chaque bâtiment suivent le sort de ce dernier et font partie du même risque.

Art. 117. — MM. les Agents doivent diviser et espacer les risques, de manière à ce que la Compagnie ne puisse être exposée à perdre au-delà d'une somme déterminée, par un seul et même incendie.

Le chapitre suivant indique le *maximum* des sommes que MM. les Agents peuvent assurer sur chaque risque, sans autorisation préalable.

CHAPITRE X.

Limites des pouvoirs des Agents-Généraux. — Des assurances qui ne peuvent être souscrites par eux sans l'autorisation préalable de la Compagnie.

ART. 118. — Afin de faire connaître à MM. les Agents les limites de leurs pouvoirs, la Compagnie fixe, ainsi qu'il suit, le *maximum* des sommes qu'ils peuvent assurer, *sur un seul et même risque*, sans autorisation préalable, savoir : *Maximum des sommes à assurer sur un seul et même risque.*

1° 10,000 fr. sur récoltes en meules, lorsque les meules seront placées à moins de 10 mètres de distance les unes des autres (voir art. 24 et 115).

2° 10,000 fr. sur bâtiments couverts en bois ou en chaume, et leur contenu (voir art. 24).

3° 50,000 fr. sur objets passibles d'une prime de 1 fr. 25 c. °/₀₀ et au-dessous (voir le Tarif).

4° 100,000 fr. sur tous les objets de risque simple (voir le Tarif).

ART. 119. — Indépendamment des objets désignés ci-dessus, MM. les Agents ne peuvent souscrire aucune assurance sur les risques ci-après désignés, sans autorisation préalable, *lorsque la somme proposée dépassera 20,000 fr.*, savoir : *Autorisation préalable à demander à la Compagnie.*

1° Les *fabriques et usines* de toute nature ;

2° Les *bois et forêts ;*

3° Les *bâtiments de ferme et leur contenu ;*

4° Les *marchandises ou objets* transportés sur voitures, bateaux ou chemins de fer ;

5° Les *marchandises flottantes*, c'est-à-dire sans désignation des magasins où elles pourraient être renfermées, ni des sommes affectées à chaque magasin ;

6° Les marchandises *doublement hasardeuses* (voir le Tarif);

7° Les *théâtres* et *salles de spectacle ;*

8° Les articles de nouveautés, tels que *tulles, dentelles, cachemires ;* et les collections de *tableaux, statues, gravures, bibliothèques, curiosités* et *objets d'art ;*

9° Les *bateaux à vapeur*, ainsi que tous autres *navires ou bateaux* sur chantier, dans les ports, rivières ou bassins ;

10° Les *maisons* et *bâtiments* de tout risque, et leur contenu, lorsqu'ils sont contigus à une fabrique ou usine, à un théâtre, ou à tout autre établissement présentant un risque grave.

ART. 120. — Dans les communes rurales où la majorité des bâtiments sont couverts en bois ou en chaume et où il n'existera pas de pompes à incendie, MM. les Agents ne pourront assurer au-delà d'une somme de 30,000 fr., toutes les assurances réunies, et sous la restriction portée à l'article 24, sans l'autorisation spéciale de la Compagnie. *Communes rurales privées de pompes à incendie.*

Art. 121. — Sont encore assujétis à l'approbation préalable de la Compagnie :

1° Les risques déjà assurés par d'autres compagnies, et que celles-ci ou leurs agents voudraient céder en tout ou en partie, par voie de *reprise*, de *réassurance* ou de *partage*;

2° Toute assurance supplémentaire ou cumulative qui porterait une ou plusieurs assurances déjà existantes au-delà des *maximum* fixés par les articles 118, 119 et 120 ci-dessus ;

5° Enfin, le renouvellement des assurances qui dépasseront lesdits *maximum*.

Art. 122. — Lorsque MM. les Agents recevront des propositions qui porteront le risque de la Compagnie à des sommes excédant les *maximum* fixés aux articles précédents, soit en raison de l'agglomération ou de la réunion dans un même lieu des objets à assurer, soit parce que les sommes proposées viendraient en augmentation à une ou à plusieurs assurances antérieures, ils devront, au préalable, en référer à la Compagnie.

Art. 123. — Toutes les assurances énumérées dans les articles qui précèdent, et soumises à l'approbation préalable de la Compagnie, sont qualifiées d'assurances *exceptionnelles*.

Art. 124. — Si une assurance était proposée à un Agent en dehors des limites de son agence, cette assurance ne pourrait être souscrite qu'en vertu d'une autorisation spéciale de la Compagnie (voir art. 26 et 199 ci-après).

Art. 125. — MM. les Agents ne pourront souscrire d'assurance pour leur compte personnel qu'avec l'approbation de la Compagnie.

Art. 126. — Aucune Police d'*assurance exceptionnelle* n'est valable, si elle n'est approuvée par la Compagnie.

Art. 127. — Avant de souscrire une Police de cette nature, MM. les Agents devront adresser à la Compagnie une proposition accompagnée des renseignements spéciaux et confidentiels indiqués aux modèles n°ˢ 4 et suivants (voir art. 70 et suivants ci-dessus).

Si la proposition est agréée, avis en est donné à l'Agent qui confectionne ensuite la Police, conformément à l'article 185 ci-après.

Cette Police faite, elle doit être aussitôt envoyée par la poste à la Compagnie, pour être revêtue de l'approbation de celle-ci; elle n'a d'effet qu'après cette approbation (1).

Art. 128. — Les autorisations de la Compagnie ne sont valables que pendant *trois mois*; passé ce délai, si l'assurance n'a pas été consommée, l'Agent devra demander une nouvelle autorisation.

---

(1) Pour soumettre une Police à l'approbation de la Compagnie, l'Agent ne devra envoyer que l'une des trois ampliations, et, *de préférence, l'une des deux petites, afin de diminuer les frais de port*.

CHAPITRE XI.

Des primes et de leur application.

Art. 129. — Les tarifs de la Compagnie indiquent le taux des primes applicables aux diverses natures de risques.

Toutes les primes portées aux tarifs sont strictement obligatoires, et il ne peut y être consenti aucune modification (1), sous peine, pour l'Agent, d'être débité personnellement de la différence pendant toute la durée du contrat.

Art. 130. — En règle générale, les bâtiments et les objets qu'ils renferment, formant un même risque, paient la même prime, qui est celle du risque le plus fort. Cependant, lorsqu'il s'agit de risques simples, les immeubles paient une prime inférieure à celle du mobilier (voir le Tarif).

Art. 131. — Lorsqu'une assurance porte sur plusieurs bâtiments dépendant d'une même propriété, mais formant des risques distincts (voir art. 109 et suivants), chaque bâtiment paie la prime de son propre risque, selon le Tarif; il faut stipuler la prime particulière de chaque risque, et ne faire en aucun cas une seule prime moyenne pour le tout.

Art. 132. — Lorsque des bâtiments quelconques sont contigus à une fabrique ou usine, à un théâtre, à des bâtiments couverts en bois ou en chaume, ou à tout autre établissement présentant un risque grave, le risque le plus faible est passible de la prime du risque le plus fort, lorsqu'il y a communication intérieure (voir art. 109 ci-dessus et modèle n° 15).

Art. 133. — Si les bâtiments contigus dont il est question dans l'article précédent sont séparés par un mur de refend en pierres ou briques, *sans aucune ouverture ou communication*, la prime du risque le plus faible peut être réduite aux *deux cinquièmes* de celle du risque le plus fort (voir le Tarif et les art. 111 et 112 ci-dessus).

Sont exceptés les maisons et bâtiments contigus aux théâtres, lesquels paient la prime prévue par le Tarif particulier des théâtres (voir chapitre XXV).

Art. 134. — Si, dans les mêmes cas, l'ouverture qui établit la communication est fermée par une porte en fer ou une porte en bois doublée de fer, la prime du risque le plus faible peut être réduite à la moitié de celle du risque principal (voir le Tarif).

Cette règle n'est point applicable aux filatures de lin et de chanvre, ni aux moulins; les portes en fer ne sont pas considérées pour ces industries comme formant séparation de risques. Elle n'est point applicable non plus au batteur dans les filatures de coton (voir art. 181).

(1) Une réduction de 20 p. °/o peut être consentie en faveur seulement des communes et des établissements publics et de bienfaisance (voir art. 158 ci-après).

Dans les indienneries et fabriques de toiles peintes, les ateliers quelconques qui en dépendent paient la prime du risque principal; les habitations et magasins *séparés* paient seuls la prime qui leur est propre.

Ouverture pour la transmission du mouvement.

Art. 135. — On ne considère pas comme établissant communication, une simple ouverture pratiquée dans le mur de refend pour la transmission du mouvement d'une machine.

Bâtiment en simple appentis.

Art. 136. — On ne considère pas comme une aggravation de risque donnant lieu à une augmentation de prime, la contiguïté d'un bâtiment couvert en bois ou en chaume, lorsque ce bâtiment ne consiste qu'en un simple appentis peu élevé et adossé à un mur en pierres ou en briques, sans communication. Dans ce cas, chaque risque n'est passible que de la prime qui lui est propre.

Carde-peigneuse dans une filature de laine sèche.

On ne considère pas comme une aggravation de risque, la présence d'une carde-peigneuse dans une filature de laine sèche.

Risques différents dans un même bâtiment.

Art. 137. — Lorsque plusieurs professions dangereuses de fabriques et usines existent dans un même bâtiment, on applique à l'ensemble la prime du risque le plus dangereux.

Hangars couverts en bois dans les établissements industriels.

Art. 138. — Il existe quelquefois dans les établissements industriels ou autres des hangars couverts en bois qui servent à abriter des marchandises ou ustensiles. Lorsque ces hangars ne sont pas clos et ne renferment aucun foyer, on n'applique pas aux objets qu'ils recouvrent la prime des risques de 3ᵉ classe, mais seulement le double de la prime du premier risque de la 1ʳᵉ classe (voir le Tarif).

Ponts de communication dans les fabriques ou usines.

Art. 139. — Lorsque, dans une fabrique ou usine autre qu'un moulin, il existe des ponts de communication unissant des bâtiments de risques différents, chaque bâtiment paie la prime qui lui est propre, lorsque ces ponts sont ouverts latéralement. Mais lorsqu'ils sont fermés sur les côtés par des murs ou cloisons, le bâtiment du risque le plus faible doit être soumis à la *moitié* au moins du risque le plus grave, sans que cette moitié puisse être inférieure à la prime qui est propre au risque le plus faible (voir pour l'assurance des moulins à blé, les Instructions spéciales, chapitre **XXIV**).

Machines à vapeur.

Art. 140. — La présence d'une machine à vapeur dans un établissement industriel ne constitue pas une aggravation de risque, lorsque les fourneaux sont placés dans des constructions en pierres ou briques en dehors des ateliers, et sans communication. Dans ce cas, la machine à vapeur, en payant la prime qui lui est propre, ne l'impose pas aux établissements qui en dépendent, lorsque ceux-ci sont portés au Tarif à une prime moindre.

Moteurs hydrauliques.

Les moteurs hydrauliques des fabriques et usines doivent toujours payer la même prime que les établissements dont ils dépendent, quand bien même ils n'y communiqueraient que par les ouvertures nécessaires à la transmission de mouvement.

Bâtiments ruraux : Fermes. — Petits cultivateurs.

Art. 141. — Tout bâtiment situé à la campagne et servant à une exploitation rurale, doit payer la prime des fermes (voir le Tarif).

Cependant cette prime peut être réduite à celle des petits cultivateurs (voir le Tarif), toutes les fois que la somme proposée à l'assurance ne dépassera pas 3,000 fr. pour les bâtiments, et 1,000 fr. pour les récoltes, les bestiaux et le mobilier aratoire.

Art. 142. — Dans les risques de fermes, si la maison d'habitation du fermier ou du petit cultivateur est séparée des granges, écuries et étables par un intervalle ou par un mur de refend en pierres ou briques, sans ouverture, et s'élevant jusqu'au faîte, cette maison peut être assurée comme risque distinct, au prix des maisons d'habitation, pourvu qu'elle ne renferme ni fourrages, ni récoltes non battues, et qu'elle ne soit pas d'ailleurs dans l'un des cas prévus par les articles 110, 112, 113, 114 ci-dessus et 153 ci-après. *Maison du fermier séparée.*

Pour justifier la réduction de la prime dans une assurance de cette nature, il devra être dit dans la Police : *Stipulation à aire.*

« L'assuré déclare que la maison d'habitation est séparée des autres bâtiments par « un espace de. . . . . mètres (*ou par un mur de refend en pierres, briques ou* « *moellons, sans ouverture ni communication*), et qu'elle ne renferme ni fourrages, ni « récoltes non battues. »

Art. 143. — Les bâtiments de couverture mixte, c'est-à-dire ceux qui sont couverts partie en tuiles ou ardoises, et partie en chaume ou en bois, doivent payer les *trois quarts* de la prime du risque le plus grave (voir le Tarif). *Bâtiments de couverture mixte.*

Art. 144. — La prime sur moulins à blé est proportionnée au nombre de paires de meules qu'ils *renferment*, même au cas où ces meules *ne fonctionneraient qu'alternativement* (voir Instructions spéciales, chapitre XXIV, pour tout ce qui concerne l'assurance des moulins à blé). *Prime des moulins à blé.*

Art. 145. — Lorsque, dans un établissement industriel, le propriétaire particulier de l'immeuble n'exploite pas seul l'industrie qui y est exercée, et qu'il fait partie d'une société d'exploitation, dans ce cas, et quelle que soit la part du propriétaire dans l'association, l'assurance de l'immeuble peut être consentie avec renonciation à tous recours contre les associés pour risques locatifs, sans exiger de supplément de prime. La stipulation peut être faite dans la Police. *Renonciation au recours locatif contre les associés d'un établissement.*

La même faveur est accordée aux héritiers directs d'un immeuble dont ils sont locataires. *Même faveur aux héritiers directs.*

Art. 146. — Lorsqu'il se trouve dans des bâtiments des objets mobiliers ou des marchandises de différents risques, assurés ou non assurés, la totalité de l'assurance de ces objets est passible de la prime du risque le plus dangereux. *Réunion de risques mobiliers de diverses espèces.*

Art. 147. — Par exception à l'article ci-dessus, si des marchandises de risques différents sont assurées à la même personne, dans le même bâtiment, la prime du risque le plus faible peut être appliquée, lorsque les marchandises hasardeuses n'excèdent pas 1/10ᵉ, et les marchandises doublement hasardeuses 1/20ᵉ de la valeur totale de l'assurance. *Tolérance dans de certaines limites.*

Ainsi, par exemple, si l'on assure 100,000 fr. sur un magasin de vins, on pourra, sans supplément de prime, comprendre dans l'assurance, en le mentionnant : *Exemples.*

Soit 10,000 fr. d'eaux-de-vie à vingt-quatre degrés, huiles, liqueurs, etc. (*marchandises hasardeuses; voir le Tarif*);

Soit 5,000 fr. d'esprits, eaux-de-vie au-dessus de 24 degrés, essences, etc. (*marchandises doublement hasardeuses; voir le Tarif*);

Ou bien, soit, ensemble, 5,000 fr. de marchandises hasardeuses, et 2,500 fr. de marchandises doublement hasardeuses;

Ou bien, soit, toute autre proportion dans laquelle les marchandises hasardeuses, prises pour leur valeur, et les marchandises doublement hasardeuses calculées au double, n'excèderont pas 1/10ᵉ du montant total de l'assurance (voir modèle de Police, n° 22).

De même, dans une assurance de marchandises hasardeuses, on peut admettre, sans augmentation de prime, jusqu'à concurrence de 1/10ᵉ de marchandises doublement hasardeuses.

Mais, au-delà des proportions ci-dessus indiquées, la prime du risque le plus fort doit être exigée pour la totalité des objets assurés.

Latitude dans certains cas. **Art. 148.** — Les marchandises hasardeuses ou doublement hasardeuses à l'usage d'une profession, d'une usine ou d'une fabrique dont la prime est inférieure, ne sont soumises qu'à la prime due par cette profession, usine ou fabrique, pourvu que la quantité de marchandises n'excède pas l'approvisionnement ordinaire d'un établissement de même espèce.

Art. 149. — De même, les objets qui ne sont destinés qu'à l'approvisionnement d'une maison bourgeoise, tels que huile, eau-de-vie, liqueurs, etc., foin, paille et fourrages pour l'entretien d'un cheval ou d'une vache, ne sont point considérés comme aggravant le risque et ne donnent pas lieu à une augmentation de prime, si leur quantité ne dépasse pas l'approvisionnement ordinaire d'une année.

Art. 150. — La prime fixée au Tarif pour les marchandises faciles à endommager n'est applicable qu'à ces marchandises seules, et non aux bâtiments qui les renferment, ni aux autres marchandises auxquelles elles peuvent se trouver réunies (voir le Tarif).

Art. 151. — Les marchandises faciles à endommager peuvent être comprises, à la prime des marchandises ordinaires, dans l'assurance d'un mobilier personnel ou de ménage, ou dans celle d'un magasin, lorsque la quantité desdites marchandises ne dépassera pas le dixième des valeurs assurées.

Au-dessus de cette proportion, les marchandises faciles à endommager paieront la prime particulière qui leur est propre.

Débits de poudre. **Art. 152.** — Les maisons dans lesquelles il existe un débit de poudre dont l'approvisionnement n'excède pas 10 kilogrammes, peuvent être assurées sans augmentation de prime; mais lorsque le dépôt excède 10 kilogrammes, elles devront payer demi-prime en sus, ainsi que leur contenu. Au-dessus de 20 kilogrammes l'assurance est interdite.

Art. 153. — Les récoltes en meules placées près d'un bâtiment, à une distance moindre de 10 mètres, rendent le bâtiment passible de leur prime (voir art. 115 ci-dessus).

Meules et bâtiments rapprochés.

Art. 154. — Lorsque les récoltes en meules sont rentrées dans des bâtiments avant l'expiration de la Police, l'assurance continue son effet, si les bâtiments sont de première classe, à la seule charge par l'assuré d'en faire la déclaration et de faire mentionner cette déclaration dans sa Police (voir le Tarif).

Rentrée des meules dans des bâtiments.

L'assurance pourra continuer également lorsque les récoltes seront rentrées dans un bâtiment de deuxième classe, mais à la charge par l'assuré de payer un supplément de prime, s'il y a lieu.

Art. 155. — La prime du risque locatif varie suivant que l'immeuble est ou n'est pas assuré par la Compagnie, savoir :

Prime du risque locatif.

1° Si l'immeuble n'est point assuré par la Compagnie, il est dû prime entière égale à celle de l'immeuble, quand il s'agit d'une fabrique ou usine, et les *trois quarts* seulement quand il s'agit d'un simple risque, mais sans que, dans aucun cas, cette prime puisse être inférieure à 25 c. p. $^o/_{oo}$ (voir le Tarif et modèles de Polices, n°s 17 et 26).

1° Immeuble assuré par une autre compagnie.

2° Si l'immeuble est assuré par la Compagnie, qu'il s'agisse d'un risque simple ou grave, il n'est dû qu'un quart de prime de l'immeuble, mais sans que cette prime puisse être inférieure à 10 c. p. $^o/_{oo}$ (voir modèle de Police, n° 17, 2e exemple).

2° Immeuble assuré par la Compagnie.

Dans ce dernier cas, il doit être stipulé dans la Police que la prime du risque locatif sera augmentée dans la proportion ci-dessus n° 1, si l'immeuble vient à cesser d'être assuré par la Compagnie (voir modèle de Police, n° 17, 3e exemple).

Stipulation à faire.

Art. 156. — La prime du recours des voisins doit être au moins du *quart* de la prime la plus forte qui soit applicable à la maison de l'assuré, ou à celles des voisins auxquelles le feu pourrait être communiqué, sans que cette prime puisse jamais être au-dessous de 20 c. p. $^o/_{oo}$ (voir le Tarif et modèle de Police, n° 18).

Prime du recours des voisins.

Art. 157. — Les risques locatifs et le recours des voisins ne peuvent être assurés cumulativement ; l'assurance doit être distincte, tant pour le montant des sommes assurées que pour le taux des primes.

Distinction à établir.

Art. 158. — Il est accordé aux établissements de charité, ainsi qu'aux édifices publics appartenant à l'État, aux départements, aux communes, aux hospices, au culte et aux communautés religieuses, une remise de 20 p. % sur le montant des primes fixées par le Tarif. Ainsi, une propriété publique, qui, si elle était propriété privée, serait passible d'une prime de 40 c., n'aurait à payer que 32 c. nets.

Établissements de charité. — Édifices publics. — Remise accordée.

En outre, les fonctionnaires, préposés et employés qui sont logés gratuitement dans lesdits établissements, seront affranchis de toute responsabilité locative, sans supplément

Renonciation de recours.

de prime, toutes les fois que l'établissement dans lequel ils habitent est assuré par la Compagnie (1).

Cartouches de guerre.

L'autorité pourra, sans augmentation de prime, déposer des cartouches de guerre dans les édifices publics.

Exception. — Théâtres.

Art. 159. — Sont exceptés toutefois du bénéfice de l'article précédent, les théâtres ou salles de spectacles et les bâtiments y contigus, lesquels paient la prime du Tarif sans réduction (voir Instructions spéciales sur les théâtres, chapitre XXV).

Explosion du gaz.

Art. 160. — Les dégâts provenant d'explosion *du gaz* peuvent être garantis en même temps que les autres risques, à charge par l'assuré d'en faire la stipulation dans sa Police et de payer une prime spéciale pour cet objet (art. 1er de la Police. Voir le Tarif et modèle, n° 32).

Assurances pour moins d'une année.

Art. 161. — Les primes portées au Tarif sont fixées pour le terme d'une année. Cependant on peut souscrire des assurances pour un moindre espace de temps. Dans ce cas, les assurances paient :

Un tiers de la prime annuelle pour trois mois et au-dessous;   Sauf les exceptions indiquées à
Deux tiers de la prime pour trois mois un jour jusqu'à six mois; l'art. 164 ci-après.
Prime entière pour six mois un jour à un an.

En cas de renouvellement ou de prolongation d'une assurance de cette nature, les mêmes primes seront appliquées comme s'il s'agissait d'une assurance nouvelle, et chaque fois le droit de timbre sera perçu en entier. Ainsi, une assurance de trois mois, pour laquelle l'assuré a payé un tiers de la prime, étant renouvelée ou prolongée pour trois autres mois, l'assuré doit payer de nouveau un tiers de la prime; plus, droit entier de timbre pour cette nouvelle durée; et ainsi de suite.

Assurances pour une année, plus une fraction d'année.

Art. 162. — Une assurance faite pour une année, plus une portion d'année quelconque, ne paiera que la prime d'un an, augmentée de la fraction de prime afférente au temps à courir en sus. Ainsi, une assurance souscrite pour un an deux mois paiera la prime d'un an, plus deux douzièmes, mais le tout doit être exigé en un seul paiement. Dans ce cas, le droit de timbre se perçoit comme sur deux ans.

Marchandises variables dans le cours d'une année.

Art. 163. — Lorsqu'une assurance porte sur marchandises ou autres denrées dont les quantités varient suivant les différentes époques de l'année, il doit être stipulé également une prime variable, en suivant la progression établie par l'art. 161, pour les assurances de moins d'une année.

Ainsi, un négociant veut faire assurer ses marchandises pour 100,000 fr. pendant trois mois, pour 60,000 fr. pendant les trois mois suivants, et pour 50,000 fr. pendant le reste de l'année; c'est comme s'il faisait trois assurances cumulatives :

(1) Les orgues placés dans les églises paient la prime applicable aux objets faciles à endommager; mais ils jouissent également du bénéfice de la réduction de 20 p. %.

Les bibliothèques et musées appartenant aux villes, quoique classés dans les objets faciles à endommager, peuvent être assurés à la prime des mobiliers ordinaires avec une réduction de 20 p. %.

La première, de 30,000 fr. pour toute l'année;

La deuxième, de 30,000 fr. en supplément aux 30,000 fr. ci-dessus pour six mois;

Et la troisième, de 40,000 fr. en supplément aux deux sommes ci-dessus pour trois mois.

Ainsi, en supposant que le taux de ses marchandises soit de 1 fr. p. °/₀, la prime devra être calculée de la manière suivante :

30,000 fr. pour un an au taux de 1 fr. p. °/₀₀.	30 fr.	» c.
30,000 fr. en supplément pendant six mois, au taux de deux tiers de 1 fr.	20	»
40,000 fr. en supplément pendant trois mois, au taux de un tiers de 1 fr.	13	35

100,000 fr. somme assurée.   Total de la prime. . .   63 fr. 35 c.

(Voir modèles, n° 33.)

Art. 164. — Les dispositions des articles 161, 162 et 163 ne sont point applicables aux assurances des fabriques et usines, ni aux bateaux à vapeur. Ces assurances ne peuvent être souscrites pour une fraction de prime inférieure à celle d'une année, lors même que la durée de la Police aurait moins d'un an (voir le Tarif). Par le même motif, il est formellement interdit de proroger par avenant la durée d'une assurance industrielle, à moins que ce ne soit pour une année entière et au taux du Tarif en vigueur. *[Exceptions pour les usines et les bateaux à vapeur.]*

Lorsque des marchandises et approvisionnements non dangereux d'une fabrique ou usine seront placés dans des magasins de simple risque et séparés de la fabrique, sans danger de communication, de contiguïté ou de voisinage, ces marchandises et approvisionnements pourront être assurés dans les conditions ordinaires et pour toute espèce de durée. *[Magasins de simple risque.]*

Art. 165. — Afin d'encourager MM. les industriels à diminuer les chances d'incendie dans leurs établissements, en y introduisant toutes les améliorations possibles, la Compagnie consent, même dans le courant d'une année, à accorder à un fabricant une ristourne sur la prime payée, lorsqu'il aura substitué, par exemple, au chauffage par des poêles le chauffage à la vapeur, ou fait tout autre *amélioration* motivant une réduction de prime d'après le Tarif. *[Amélioration de risque.—Avantage concédé.]*

L'état de chômage n'est pas considéré comme une *amélioration* du risque, et ne donne lieu à réduction de prime, *sans ristourne*, qu'à partir de l'effet de la prime annuelle à écheoir. *[Le chômage n'est pas une amélioration.]*

Dans le cas d'un changement aggravant les chances d'incendie, le surcroît de prime doit être perçu dans les conditions du Tarif qui est en vigueur au moment où a lieu le changement. *[Aggravation de risque.]*

Art. 166. — La coque d'un bateau à vapeur ne peut être exclue de l'assurance, lors même qu'elle serait en fer. *[Coque d'un bateau à vapeur.]*

Cas imprévus. — Marche à suivre.

Art. 167. — S'il est proposé à l'assurance des risques non portés au Tarif, on détermine la prime par analogie, quand il s'agit d'un simple risque; et quand il s'agit d'un risque plus grave, l'Agent doit en référer à la Compagnie.

Primes escomptées.

Art. 168. — Lorsqu'un assuré veut payer toutes ses primes au comptant, il jouit d'un escompte de 5 p. %, calculé en dedans.

Ainsi, celui qui contracte une assurance de six ans et qui paie cinq années comptant, peut avoir la sixième année gratuite, à titre d'escompte.

Stipulation à faire.

Dans les assurances de ce genre, il faut stipuler dans la Police que, quels que soient les cas de résiliement qui peuvent survenir, la totalité des primes payées sous l'escompte demeure acquise à la Compagnie, sans restitution (voir modèle de Police, n° 29, 2ᵉ exemple).

CHAPITRE XII.

De la Police.

Forme et effets de la Police.

Art. 169. — La Police est faite par écrit sur des imprimés timbrés fournis par l'Administration.

Elle est datée du siége de l'agence (et non d'aucun autre lieu), et du jour auquel elle a été souscrite.

Elle n'a d'effet que du lendemain de sa date à midi.

Elle ne peut jamais avoir d'effet rétroactif, mais on peut stipuler qu'elle ne sera en vigueur qu'à une époque postérieure à sa date (voir art. 104).

Triple expédition.

Art. 170. — La Police est rédigée en triple expédition, dont l'une (celle du grand format) pour l'assuré, et les deux autres (en petit format) pour l'Agent et la Compagnie.

Signature.

Chaque expédition doit être signée par chacune des parties contractantes; l'assurance n'est consommée qu'après l'accomplissement de cette formalité.

Assuré ne sachant pas signer.

Si l'assuré ne sait point signer, il appose sa marque en présence de deux témoins mâles et majeurs, qui certifient son adhésion et qui signent leur attestation (voir modèle n° 33).

Fondé de pouvoirs.

La Police peut aussi être signée par un fondé de pouvoirs, ou par une personne solvable agissant pour compte de l'assuré et comme se portant fort pour lui.

Conditions de la Police.

Art. 171. — La Police se compose de deux parties distinctes : les conditions générales qui sont imprimées, et les conditions particulières qui sont manuscrites.

Conditions générales.

Art. 172. — Les conditions générales sont établies suivant les statuts de la Compagnie et d'après les principes qui dérivent de la loi.

On ne peut y déroger ni les commenter.

Il ne peut y être dérogé sous aucun prétexte.

Il est interdit à MM. les Agents d'introduire dans la Police aucune interprétation ou commentaire des conditions générales, ni d'en biffer la moindre partie.

Art. 173. — Les conditions particulières sont celles manuscrites, que l'Agent est destiné à remplir. Elles contiennent : Conditions particulières.—
Ce qu'elles doivent con-
tenir.

1° Les noms, prénoms, profession et demeure de celui qui fait assurer ;

2° La qualité dans laquelle il agit (art. 7 de la Police);

3° Le montant des sommes assurées et la description des objets sur lesquels porte l'assurance ;

4° La durée périodique de l'assurance ;

5° Le taux et le montant de la prime, par chaque article, suivant le Tarif en vigueur.

Il est formellement interdit de stipuler que les primes d'une Police seront réduites dans le cas où le Tarif subirait des modifications.

Art. 174. — La Police ne doit contenir aucun blanc. Lorsque les conditions particulières ne remplissent pas tout l'espace qui leur est destiné, il faut tirer des lignes ou des barres sur la partie vide, afin qu'on n'y puisse rien ajouter. Si la Police simple ne suffit pas, il faut y adapter une ou plusieurs feuilles intercalaires *qui doivent toujours être timbrées*, et qui sont fournies à cet effet par la Compagnie. Les feuilles intercalaires sont numérotées : *un, deux, trois*, etc., et doivent être revêtues du visa de l'assuré et de l'Agent. Blancs à remplir.—Ratures,
surcharges, mots interli-
gnés. — Feuilles interca-
laires. — Timbre.

La Police ne doit contenir ni *ratures*, ni *surcharges*, ni *mots interlignés*, sans que le tout soit approuvé par une mention paraphée des parties.

Il est particulièrement recommandé à MM. les Agents de ne jamais écrire sur le timbre, soit en tête des Polices et avenants, soit dans les feuilles intercalaires, toute infraction à cette règle étant punie par la loi d'une amende de 5 fr. qui incomberait à leur charge.

Art. 175. — Les sommes et les dates doivent être écrites en toutes lettres. Sommes et dates.

Art. 176. — Des modèles annexés aux présentes instructions guideront MM. les Agents dans la rédaction des Polices de toute nature. Ils sont priés de s'y conformer exactement. Modèles à consulter.

La désignation des objets sur lesquels porte l'assurance doit être claire et précise, sans détails trop minutieux sur les dimensions ou distributions des bâtiments, et sans nomenclature trop détaillée des objets mobiliers, à moins qu'il ne s'agisse de fabriques ou usines, auquel cas toutes les désignations portent leur utilité. Détail des objets.

Il faut écarter les demandes qui tendraient à surcharger le contrat d'explications superflues et éviter l'emploi : 1° de termes locaux et autres dénominations qui pourraient empêcher la Compagnie de bien comprendre la nature des risques ; 2° de toute locution, comme les mots *valant, estimé, évalué*, etc., qui pourraient donner aux assurés le prétexte de soutenir que la Compagnie, dérogeant à l'article 17 des conditions générales de la Police, a reconnu ou accepté la somme assurée pour base définitive et réglementaire en cas de sinistre. Locutions à éviter.

Si la Police porte une clause facultative de résiliation dans sa période, cette condition doit être réciproque pour l'assuré et pour la Compagnie.

Art. 177. — On peut assurer par une même Police plusieurs propriétés mobilières et immobilières de risques divers, et situées dans des lieux différents, lorsqu'elles appartiennent *à la même personne*, en ayant soin d'indiquer clairement chaque situation.

Art. 178. — Si une maison est occupée par un ou plusieurs locataires, on doit mentionner cette circonstance dans la Police, surtout lorsque ceux-ci exercent une profession augmentant les risques.

Art. 179. — Lorsque l'assurance porte sur plusieurs bâtiments faisant partie de la même propriété, chacun d'eux doit être assuré séparément avec ce qu'il renferme pour une somme spéciale, et mention doit être faite s'ils forment ou non des risques distincts, et à quelle distance ils sont les uns des autres.

Dans les assurances sur récoltes en meules, la Police doit indiquer le nombre des gerbes dont elles sont composées, la nature des récoltes, les noms de la commune, de la pièce de terre où elles sont situées, la distance qui les sépare entre elles et des bâtiments habités.

Art. 180. — Pour les fermes et exploitations rurales, ainsi que pour les fabriques et usines, un tracé linéaire des lieux doit toujours accompagner la Police (voir art. 70 ci-dessus).

Et si l'assurance porte sur une usine ou fabrique, la Police doit indiquer :

1° Le moteur, soit manége, machine hydraulique ou pompe à feu ;

2° Le genre de chauffage et d'éclairage ;

3° La disposition des séchoirs, étuves, fours et autres locaux où l'on emploie le feu comme agent de fabrication ;

4° Les distances de chacun des bâtiments entre eux, leur contiguité *avec ou sans communication.*

5° La valeur du mobilier industriel renfermé dans *chaque bâtiment ;*

6° La valeur des marchandises pouvant exister dans *chaque bâtiment.*

Art. 181. — Dans les filatures de coton, il faut indiquer, en outre, la situation exacte du batteur, et dire si le battage se fait ou non dans un bâtiment isolé de la filature, ou séparé de celle-ci par un mur en maçonnerie sans ouverture et s'élevant jusqu'au toit (1).

Dans le mobilier industriel des fabriques de toiles peintes, il faut toujours indiquer un chiffre spécial d'assurance :

1° Sur les rouleaux d'impression ;

(1) S'il y avait communication, fût-elle même interceptée par une porte en fer, le batteur ne pourrait être considéré comme un risque séparé (voir art. 135 ci-dessus et les renseignements divers, modèles n°° 4 et suivants).

2° Sur les planches à graver.

Art. 182. — L'éclairage au gaz dans une fabrique ou usine pouvant être momentanément interrompu par accident, il importe de prévoir ce cas pour mettre les intérêts de la Compagnie et ceux de l'assuré à couvert, en cas d'incendie. En conséquence, la stipulation suivante peut être insérée dans la Police, si l'assuré le demande :

« Dans le cas où l'éclairage au gaz serait suspendu par accident ou autre cause, l'assuré
« aura la faculté d'éclairer l'établissement par des quinquets à l'huile ; mais il sera tenu
« de déclarer à la Compagnie le changement d'éclairage dans les trois jours au plus
« tard, sous peine de n'avoir droit à aucune indemnité en cas d'incendie. Si l'éclairage
« à l'huile se prolonge au-delà de quinze jours, l'assuré s'engage à payer, pour l'année
« entière, le supplément de prime indiqué au Tarif de la Compagnie. »

Clause pour la suspension momentanée de l'éclairage au gaz.

Art. 183. — Lorsqu'une fabrique ou usine n'est point chauffée, elle peut être assurée à la prime des fabriques ou usines chauffées à la vapeur ; mais, dans ce cas, la clause suivante devra être insérée dans la Police :

« L'assuré déclare, sous peine de n'avoir droit à aucune indemnité en cas d'incendie,
« qu'il n'existe et qu'il n'existera en aucun temps, dans l'établissement assuré, ni poêles,
« ni calorifères, ni chaufferettes, ni chauffage quelconque. »

Clause pour les établissements industriels sans chauffage.

Art. 184. — Pour la simplification des écritures, il faut toujours faire les assurances par nombre rond de centaines, c'est-à-dire sans unités, ni dizaines. Il convient aussi d'éviter les fractions de centimes dans le taux et le montant des primes.

Fractions de chiffres à éviter.

Art. 185. — La Police ne doit être délivrée aux assurés qu'après le paiement de la prime, si elle est au comptant ; dans ce cas, elle porte quittance de la prime de première année (voir modèle de Police, n° 16).

Délivrance des Polices.

Si l'assurance est anticipée et le paiement de la prime différé, la Police est remise à l'assuré contre le simple paiement du coût de celle-ci ; mais il est stipulé dans la Police que la prime de première année n'est payable qu'à l'époque où la Police prendra son effet (voir modèle, n° 19, 2° exemple).

Si la Police est *exceptionnelle* (voir art. 123), elle n'en doit pas moins être *numérotée, datée* et *signée* ; mais il faut y insérer la clause suivante :

Réserve importante.

« La présente Police n'est que conditionnelle ; elle n'aura d'effet que du lendemain
« à midi du jour où elle aura été approuvée par la Compagnie. La prime ne sera
« payable qu'après cette approbation entre les mains de l'Agent-Général. »

Art. 186. — L'Agent-Général ne doit, sous aucun prétexte ni pour aucun motif, remettre ou envoyer à qui que ce soit, pas même à ses sous-agents, des Polices non remplies ou signées en blanc.

Polices non remplies.

Art. 187. — La Police porte, à gauche, un numéro d'ordre de l'agence. La série doit en être suivie sans interruption, même en cas de changement d'Agent.

Numéros d'ordre.

Art. 188. — Lorsqu'une assurance aura été souscrite, en vertu d'une autorisation

Mention d'autorisation.

spéciale de la Compagnie, la date et le numéro de la lettre d'autorisation devront être mentionnés en tête de la Police, au-dessus du mot : l'*Aigle*.

Autres mentions.

Le renouvellement ou le remplacement d'une Police, la communauté d'un risque avec un autre, doivent être indiqués en tête de la Police aux numéros laissés en blanc à cet effet.

Envoi immédiat des Polices exceptionnelles.

Art. 189. — Les Polices portant sur assurances exceptionnelles ou autres sujettes à l'autorisation de la Compagnie doivent être envoyées à la Compagnie aussitôt leur réalisation (voir chapitre X).

Classement et conservation des Polices.

Art. 190. — Les Polices de l'agence doivent être classées par ordre de numéro et de date, et être renfermées sous clé.

Coût des Polices. — Droit de timbre.

Art. 191. — Les assurés sont tenus de payer *deux francs* pour le prix de la Police, et *trois centimes* p. °/₀₀ pour droit de timbre et de répertoire. Ces prix sont indiqués sur la Police même, et il ne peut en être fait remise sous aucun prétexte. Le droit de timbre se perçoit par unités rondes de 3 centimes, sans fractions de centimes : il sera donc de 3 centimes de 1 fr. à 1,000 fr., de 6 centimes de 1,001 fr. à 2,000 fr., de 9 centimes de 2,001 fr. à 3,000 fr., et ainsi de suite.

CHAPITRE XIII.

Des avenants et des changements qui surviennent dans les assurances.

Causes principales des changements.

Art. 192. — Les assurances, pendant leur cours, peuvent éprouver des changements.

Ces changements sont ordinairement occasionnés :

1° Par l'augmentation ou la diminution du capital assuré ;

2° Par le changement de domicile de l'assuré, le transport des objets assurés d'un lieu dans un autre ;

3° Par les modifications survenues dans la nature des risques ou dans les constructions ;

4° Par des mutations de propriétaires, etc., etc.

Changements qui nécessitent une nouvelle Police.

Art. 193. — Tous les changements qui auraient pour effet d'augmenter ou diminuer les primes ou les valeurs assurées, pour quelque motif que ce soit, doivent faire l'objet d'une nouvelle Police.

Annotations et mentions diverses.

Dans ce cas, la première Police est résiliée, et la mention suivante est faite dans la Police nouvelle qui la remplace : « *La présente Police résilie et remplace celle qui a été* « *souscrite le...... sous le n°...* »

Une annotation indicative de ce changement est faite également dans la colonne d'observations du registre des Polices, aux deux numéros correspondants de la Police remplacée et de celle qui remplace, ainsi que dans la colonne d'observations des bordereaux n°° 1 et 2 (voir art. 373 et 374 ci-après), et sur la Police résiliée et le bordereau n° 5 (voir art. 377).

Art. 194. — Lorsque le changement à opérer dans une Police ne consiste qu'à indiquer un simple changement de domicile, un changement de raison sociale ou de propriétaire, sans qu'il y ait modification dans les valeurs assurées ou les primes, ce changement peut être constaté par un *avenant* (voir modèles n° 36). *[Changements qui se constatent par avenants.]*

Art. 195. — Les annulations ou résiliations de Polices, sans remplacement, les déclarations d'assurances faites par d'autres compagnies, s'opèrent également par avenants (voir art. 212). *[Annulations ou résiliations. — Déclarations d'assurances.]*

Art. 196. — Les avenants sont faits sur imprimés timbrés fournis par l'Administration ; *[Forme des avenants.]*

Ils sont rédigés en triple ou quadruple expédition, selon les cas (1) ;

Ils portent en titre la date et le numéro de la Police à laquelle ils se rattachent, ainsi que le nom de l'assuré ;

Ils énoncent les motifs et les effets du changement ;

Ils sont, de même que les Polices, datés du chef-lieu de l'agence et signés par les parties ;

Enfin, l'une des ampliations est annexée à la Police qu'il concerne, et l'autre est transmise à la Compagnie.

Art. 197. — Lorsqu'il est fait successivement plusieurs avenants à la même Police, on les distingue par ces mots : *Avenant n° 1*, *avenant n° 2*, etc.; à moins d'ouvrir un registre spécial où les avenants prennent un numéro d'ordre successif et non interrompu. *[Numéros d'ordre des avenants.]*

Art. 198. — Un avenant ne peut s'appliquer collectivement à plusieurs Polices ; il faut faire autant d'avenants qu'il y a de Polices à changer. *[On ne peut faire d'avenants collectifs.]*

Art. 199. — MM. les Agents ne peuvent souscrire aucun avenant aux assurances exceptionnelles (voir art. 122, 123 et 124 ci-dessus), sans en avoir reçu l'autorisation de la Compagnie. *[Avenants à soumettre à l'approbation de la Compagnie.]*

Ils ne peuvent, en aucun cas, souscrire d'avenants aux Polices qui n'appartiennent pas à leur agence (voir art. 26 et 125). *[Avenants interdits.]*

Art. 200. — Le coût d'un avenant à payer par l'assuré est de *un franc* (*moitié du prix de la Police*), et il n'y a rien à percevoir pour droit de timbre, lorsqu'il s'agit d'une résiliation ou d'un simple changement, sans augmentation de valeurs. *[Coût des avenants. — Droit de timbre.]*

Art. 201. — Quoique, en général, les assurés soient tenus, sous peine de déchéance (voir art. 8, 9, 10, 11 et 12 de la Police), de faire connaître à la Compagnie tous les changements qui peuvent survenir dans leurs assurances, l'Agent n'en doit pas moins prendre l'initiative, lorsqu'il aura connaissance de ces changements avant que la décla- *[Avertissements à donner aux assurés.]*

(1) En cas de vente, par exemple, ou de changement de propriétaire, une quadruple expédition est nécessaire, l'une pour le vendeur, l'autre pour l'acheteur, et les deux autres pour la Compagnie et l'Agent.

ration ne lui en ait été faite, pour rappeler aux assurés leurs obligations et les inviter à se mettre promptement en règle.

Précautions à prendre.

Art. 202. — Lorsque des changements, réductions ou augmentations, sont demandés par les assurés, MM. les Agents doivent, avant de les admettre, s'enquérir, avec soin, si ces demandes sont bien motivées (1).

Résiliations à opérer.

Art. 203. — Dans certains cas, et lorsque, par exemple, une assurance porte sur un mauvais risque, MM. les Agents pourront profiter des circonstances d'un changement pour faire résilier la Police.

Ils suivront, dans ce cas, la marche tracée au chapitre suivant.

CHAPITRE XIV.

Des renouvellements, des résiliations, et de la continuation par tacite reconduction.

Ce qu'on nomme renouvellement.

Art. 204. — On nomme *renouvellement* la continuation d'une assurance faite par la Compagnie, après l'expiration du terme pour lequel elle avait été contractée.

Police nouvelle. — Tacite reconduction.

Art. 205. — Les renouvellements d'assurances s'opèrent de deux manières : ou par voie de continuation et prolongation de l'ancienne Police, ou par la confection d'une Police nouvelle, rédigée et signée en remplacement de l'ancienne.

Dans le premier cas, l'assurance, après avoir parcouru la première période de sa durée, recommence et continue de droit une semblable période, conformément aux dispositions de l'article 5 de la Police. C'est ce que l'on appelle : « *Continuation par tacite reconduction.* »

Dans le second cas, la première Police est résiliée et remplacée par une Police nouvelle, dans laquelle on fait mention de ce changement, suivant le mode indiqué dans l'article 195 ci-dessus.

Recommandations importantes.

Art. 206. — Des recommandations particulières sont faites à MM. les Agents, touchant les assurances qui sont dans le cas d'être renouvelées.

Ainsi, quand une assurance est arrivée à la dernière année de sa durée périodique (art. 5 de la Police), l'Agent, avant d'en continuer le cours, soit par l'effet de la *tacite reconduction*, soit au moyen d'une *Police nouvelle*, doit examiner si cette assurance ne se trouve pas dans des conditions défectueuses, ou si la prime qu'elle paie n'est pas inférieure au Tarif en vigueur.

Prime inférieure au Tarif.

Art. 207. — Si la prime payée par l'ancienne Police est inférieure au Tarif, l'Agent devra établir une Police nouvelle et élever la prime de celle-ci au taux du Tarif en vigueur.

(1) L'attention de MM. les Agents doit se porter principalement sur les augmentations qui pourront être proposées, car l'expérience a démontré que l'augmentation est souvent le prélude d'une fraude, et que l'incendie ne tarde pas à s'ensuivre.

Si l'assuré refuse de consentir à cette augmentation légitime, l'Agent devra provoquer la résiliation de la Police, en ayant soin de prévenir l'assuré *au moins trois mois avant l'expiration de la période courante* (art. 5 de la Police), et, à cette fin, lui faire signer un avenant de résiliation, conformément à l'article 211 ci-après. En cas de refus par l'assuré de signer cet avenant, l'Agent devra lui faire notifier la résiliation par ministère d'huissier, suivant le modèle n° 37.

Art. 208. — Si, au lieu d'être en désaccord avec le Tarif, une Police, arrivée au terme de sa période, portait sur un mauvais risque ou renfermait des conditions défectueuses telles qu'il pourrait en résulter un préjudice pour la Compagnie, l'Agent devra également profiter de cette circonstance pour résilier cette assurance, à l'amiable ou forcément, en suivant la marche indiquée à l'article précédent.

Art. 209. — Lorsqu'une assurance sera remplacée ou renouvelée, pour quelque motif que ce soit, pendant le cours d'une année, la Police nouvelle qui remplace ne doit pas être faite par anticipation, c'est-à-dire avec effet qui ne prendrait cours qu'à l'expiration de l'année. Elle doit avoir son effet immédiat, et la Police remplacée doit être résiliée aussitôt. La différence de prime qui peut être due à l'assuré pour le temps qui restait à courir sur son assurance jusqu'à l'expiration de l'année, doit lui être décomptée par *ristourne* (voir art. 10) dans la Police nouvelle, suivant le modèle de Police n° 24.

Art. 210. — Lorsqu'un assuré voudra, de son chef, user du bénéfice de l'article 5 de la Police, et faire cesser son assurance à l'expiration d'une période, ou dans toute autre circonstance, aucune déclaration ou demande en désistement ne sera admise par l'Agent, *si elle n'a été notifiée par ministère d'huissier*.

L'exploit de notification doit être transmis à la Compagnie, après que mention en a été faite sur la Police et dans la colonne d'observations du registre des Polices. A l'expiration du terme, la Police résiliée doit être également envoyée à la Compagnie avec le bordereau n° 5 (voir art. 377 ci-après).

Il est expressément interdit à MM. les Agents de délivrer aux assurés aucun certificat, lettre ou déclaration qui tendraient à suppléer à la notification qui est prescrite dans le présent article.

Art. 211. — Toutes les annulations et résiliations, autres que celles résultant d'un acte extra-judiciaire, doivent être constatées par un *avenant* signé de l'assuré, de l'Agent, indiquant la date précise, les motifs de la résiliation, et portant la mention : « *Fait double, triple*, etc. »

Cette pièce est transmise à la Compagnie avec le bordereau n° 5 (voir l'art. 377 ci-après).

Dans le cas où un assuré aurait disparu, la résiliation peut être opérée sur le vu d'un certificat du maire.

Art. 212. — Aucune résiliation d'assurance ou de Police, hors les cas de remplacement par une autre Police, ne peut être faite, consentie ou notifiée par un Agent, sans l'autorisation spéciale de la Compagnie.

CHAPITRE XV.

Des reprises d'assurances et des réassurances.

Des reprises d'assurances.

Art. 213. — La Compagnie l'*Aigle* peut garantir les objets déjà assurés par d'autres compagnies, en se mettant aux lieu et place de celles-ci. C'est ce que l'on nomme : *Reprises d'assurances* (voir modèle n° 20).

Effet des reprises.

Art. 214. — La reprise d'assurance faite sur une compagnie à primes a pour but de garantir à l'assuré la solvabilité de son premier assureur, et le paiement de l'indemnité en cas de sinistre.

Par une reprise sur une société mutuelle, la Compagnie l'*Aigle* met l'assuré à l'abri de toute éventualité, en prenant à ses risques et périls les charges, les obligations de la mutualité (voir modèle n° 22).

Dans l'un et l'autre cas, l'engagement de la Compagnie l'*Aigle* équivaut à un *cautionnement*, par l'effet duquel elle paie les primes et les cotisations que *devra* l'assuré à ses premiers assureurs, mais sous réserve, en cas de sinistre, de poursuivre contre ces derniers le remboursement des dommages qu'elle a été ou qu'elle peut être tenue de payer.

Il faut une autorisation de la Compagnie.

Art. 215. — Comme on le voit, les *reprises d'assurances* offrent des dangers sérieux, et n'ont d'effet utile pour la Compagnie l'*Aigle* que dans des cas exceptionnels. Aussi, il est formellement interdit à MM. les Agents d'opérer aucune *reprise*, ni sur une compagnie à primes fixes, ni sur une société mutuelle, sans l'autorisation spéciale et expresse de la Direction.

Instructions à demander.

Art. 216. — Lorsque, pour une affaire importante, une *reprise d'assurance* aura été autorisée par la Direction, MM. les Agents recevront les instructions nécessaires pour opérer régulièrement.

Reprises prohibées.

Dans aucun cas, la Compagnie n'autoriserait de *reprise* sur des Polices ayant plus de trois ans à courir, ou dont la prime à payer à la *compagnie garantie* serait supérieure à celle fixée dans la Police de la Compagnie l'*Aigle*.

Différence des reprises et des assurances anticipées.

Art. 217. — Il est essentiel de ne pas confondre les *reprises d'assurances* avec les assurances *anticipées* (voir art. 104). Les unes et les autres peuvent constituer des assurances *reprises* sur d'autres compagnies; mais comme l'assurance *anticipée* ne prend cours qu'à l'expiration de la Police de la compagnie sur laquelle la reprise est exercée, elle perd le caractère d'une *reprise* proprement dite. C'est, si l'on veut, une *reprise anticipée* ou *avec effet différé*, mais qui ne doit jamais être qualifiée de *reprise*, pour éviter la confusion.

Des assurances anticipées sur d'autres compagnies.

Art. 218. — Au contraire des *reprises d'assurances* qui sont interdites, les assurances *anticipées* ou *avec effet différé* doivent être particulièrement recherchées par

MM. les Agents; car il n'est pas une seule assurance souscrite par une autre compagnie qui ne puisse être prise quand.elle arrive à la fin de sa durée.

Lorsqu'une occasion pareille se présente, il faut conclure immédiatement la Police, *Marche à suivre.* mais pour ne prendre effet que le lendemain du jour de l'expiration du contrat de la compagnie rivale.

Toutes les Polices des sociétés mutuelles contiennent la clause de *tacite reconduction* *Désistement à donner.* (voir art. 205); il est donc indispensable, chaque fois qu'il y aura une Police faite par anticipation sur une société mutuelle, de signifier, au moins trois mois à l'avance, à ladite société, un désistement par acte extra-judiciaire.

Il faut éviter, autant que possible, de procéder par voie de désistements individuels. *Désistements collectifs.* L'article 30, § 3 de la loi du 22 frimaire an VII (1) autorise plusieurs co-intéressés à se réunir dans un même acte pour faire connaître leur volonté sur un intérêt commun, sans que l'enregistrement doive percevoir, dans ce cas, malgré toute interprétation contraire, au-delà d'un droit unique (2 fr. 20 c.); on doit donc n'opérer que par actes de résiliations collectives.

A cet effet, lorsqu'un assuré mutuelliste aura remis signée sa Police de renouvellement, l'Agent devra prendre sur la Police du sociétaire ou sur sa dernière quittance les indications nécessaires pour dresser l'acte de désistement; et quand il aura réuni ainsi un certain nombre de sociétaires se rapportant *à une même mutualité*, il remettra les indications qu'il aura prises, en délai utile (trois mois *au moins* avant l'expiration de la *Délai de rigueur.* période) à un huissier de son choix, lequel signifiera, *par un seul et même acte*, à l'Agent principal de la société mutuelle dans l'arrondissement, les désistements de tous les requérants (voir modèle n° 43). L'Agent aura soin de veiller lui-même à l'accomplissement immédiat et régulier de cette formalité.

L'effet de la Police de la Compagnie l'*Aigle* prendra cours le lendemain du jour de *Effet de la Police de la* l'expiration du contrat mutuel, et le sociétaire n'aura à payer comptant que le coût de *Compagnie.* la Police et de la plaque; mais il s'obligera à payer la prime de première année avant le jour où son engagement avec la Compagnie l'*Aigle* prendra cours.

La clause manuscrite suivante devra, en outre, être insérée dans la Police : *Clause à insérer.*

« L'assuré déclare que..... (tout ou partie) des objets mentionnés dans la présente « Police, sont engagés à la société mutuelle N..... jusqu'au.....

« Il est convenu que la Compagnie l'*Aigle* se charge de faire opérer, à ses frais, le « désistement de l'assurance mutuelle.

« Par contre, il est expressément stipulé que l'assuré demeurera passible de tous les « résultats de son engagement actuel à la société mutuelle, quelle que soit l'époque à « laquelle il pourrait être appelé à les supporter. »

Aᴿᵀ. 219. — La reprise d'assurance perdrait son véritable caractère si les objets *Explication utile.*

(1) Et arrêts de la Cour Royale de Paris et de la Cour de Cassation du 11 janvier 1842.

repris n'étaient pas *identiquement* les mêmes que ceux assurés primitivement et pour les mêmes sommes; tout changement ou modification serait un vice qu'il faut éviter.

Reprises combinées avec des assurances supplétaires.

Art. 220. — Les *reprises d'assurances* sont combinées quelquefois avec des assurances *supplémentaires* (voir art. 104 et modèle de Police n° 22); mais elles n'en sont pas moins subordonnées à l'autorisation spéciale prévue par l'article 215 ci-dessus.

Formalités à remplir après une reprise.

Art. 221. — Lorsque, par exception, une *reprise d'assurance* aura été consentie par la Compagnie, soit sur une compagnie à primes, soit sur une société mutuelle, l'Agent devra veiller à l'exécution de toutes les formalités prescrites, pour conserver le recours de la Compagnie l'*Aigle* en cas de sinistre. A cet effet, il devra retirer des mains de l'assuré la Police dont la reprise est faite, l'annexer à celle de la Compagnie, et satisfaire à toutes les déclarations et notifications exigées par la Police reprise.

Sinistre sur une assurance reprise.

Art. 222. — Dans le cas de sinistre sur un ou plusieurs objets compris dans une Police de *reprise*, les formalités à remplir sont indiquées au chapitre XVIII ci-après.

Des réassurances.

Art. 223. — On entend par *réassurance* la cession que fait une Compagnie à une autre Compagnie de partie d'un risque directement garanti par elle.

Les *réassurances* sont traitées par l'Administration, *sans le concours de l'assuré ou de l'Agent*, soit que la Compagnie cède une partie d'un risque souscrit par elle, soit qu'elle prenne à sa charge une portion de celui souscrit par une autre compagnie, en vertu des conventions faites entre elles.

Surveillance à exercer.

Art. 224. — Quand il est donné avis par la Compagnie à un Agent d'une réassurance consentie à une autre compagnie, celui-ci doit en prendre note, et, dès ce moment, étendre sa surveillance aux objets *réassurés*, comme sur une assurance ordinaire.

Avis à donner.

Toutes les fois qu'un Agent aura lieu de penser qu'il lui sera attribué directement une part dans une assurance importante, il devra en prévenir la Compagnie aussitôt, afin que celle-ci n'accepte pas en *réassurance* une autre partie de ce même risque. Il sera même bien que l'Agent fasse connaître, autant que possible, le chiffre qu'il espère obtenir.

CHAPITRE XVI.

Des Plaques.

Art. 225. — Chaque maison où il est fait une assurance ou qui renferme des objets assurés, doit porter, aux frais de l'assuré, une plaque de la Compagnie.

But des plaques.

Art. 226. — Les plaques ont pour but d'indiquer l'existence de l'assurance, de déconcerter les projets de la malveillance ou des vengeances particulières, et de faire connaître au public les progrès de la Compagnie.

C'est un moyen de propagande beaucoup plus efficace que les affiches et les prospectus.

En cas d'incendie, elles excitent l'attention du public et provoquent les secours, par l'appât des récompenses que la Compagnie accorde quelquefois aux personnes qui se sont le plus distinguées.

Art. 227. — La Compagnie et les assurés ont donc un intérêt réciproque à l'apposition des plaques. C'est pourquoi il est prescrit à MM. les Agents, non-seulement de ne faire et contracter aucune assurance sans obliger l'assuré à prendre et à payer une plaque, mais encore de la faire apposer dans l'endroit le plus apparent de la propriété ou de l'objet assuré.

Leur double utilité.

Art. 228. — L'obligation, pour MM. les Agents, de faire prendre des plaques à chaque assuré s'étend à toutes les assurances mobilières et immobilières *sans exception*. Elle est impérieuse, surtout quand l'assurance porte sur des récoltes en meules, des chantiers et autres objets abandonnés à la foi publique.

Point d'assurance sans plaque.

Art. 229. — Dans le cas où un Agent contreviendrait à cette disposition, en contractant une assurance nouvelle *sans plaque*, il n'aurait droit à aucune remise sur la Police (art. 49, n° 2), ou il pourra être tenu personnellement au paiement de la plaque (1).

Effet de la contravention.

Art. 230. — Le prix des plaques à payer par les assurés est de 2 fr. 50 c. pour les grandes, et de 1 fr. 50 c. pour les petites.

Prix des plaques.

Art. 231. — La plaque ne doit être délivrée à un assuré qu'après la signature de la Police et le paiement de la prime, si celle-ci est au comptant. Si la plaque était remise ou posée plus tôt, il serait à craindre que l'on ne cherchât, en cas d'incendie, à induire de cette circonstance que la Compagnie se trouvait engagée (voir art. 58).

Quand elles doivent être remises aux assurés.

Lorsque la Police est anticipée (voir art. 185), la plaque peut être remise aussitôt l'assurance souscrite; mais, bien entendu, contre paiement.

Art. 232. — MM. les Agents sont comptables de la valeur des plaques qui leur sont envoyées par l'Administration : un compte spécial leur est ouvert à cet effet (voir art. 378).

Compte des plaques.

CHAPITRE XVII.

Du recouvrement des Primes.

Art. 233. — L'assurance ne peut avoir d'effet qu'après le paiement de la prime (art. 6 de la Police).

D'après ce principe, l'assuré doit payer comptant la prime de la première année, si

Primes au comptant.

(1) Il peut arriver quelquefois qu'un assuré parcimonieux refuse de prendre et de payer une plaque; mais une assurance de cette nature ne peut qu'être de peu de valeur, et il vaut mieux en faire l'abandon.. Si, par exception, un assuré plus important opposait le même refus, l'Agent peut bien faire le sacrifice de la plaque et la payer lui-même, puisqu'il en trouve une compensation suffisante dans sa remise sur la prime. Dans l'intérêt du principe, la Compagnie ne fait elle-même aucune concession.

l'assurance est faite pour plusieurs années, ou celle de tout le temps à courir, s'il ne contracte que pour une année ou moins d'une année (art. 6 de la Police).

Prime d'une fraction d'année. Lorsqu'une assurance est faite pour une année et une fraction d'année, la prime fractionnaire se paie comptant avec celle de l'année.

Primes des années suivantes. ART. 254. — Les primes des années suivantes se paient chaque année dans le mois de leur échéance, sur des quittances à souches, signées par l'Agent-Général de la Compagnie.

Libellé des quittances. A cet effet, l'Agent-Général devra remplir ces quittances dans le mois qui précède leur échéance, en ayant soin de remplir en même temps le talon de la souche.

Les quittances doivent être détachées de la souche, en coupant par le milieu la ligne transversale qui contient ces mots : *Compagnie l'Aigle.*

Contrôle des quittances. ART. 255. — Toute quittance extraite de la souche doit pouvoir être représentée aux Inspecteurs, soit par le montant en numéraire inscrit au livre de caisse, soit par la quittance même, soit, enfin, par un reçu du sous-agent qui prouve qu'elle est en ses mains pour recouvrement.

Ce registre à souche facilite à **MM.** les Agents le contrôle de leurs opérations.

Quittances nulles. ART. 256. — Les quittances rentrées, non payées, et qui sont considérées définitivement comme irrécouvrables, seront rattachées au talon de la souche, avec annotation du motif qui en a empêché la remise. Il en est de même des quittances nulles et de celles faites en double emploi.

Date des quittances. ART. 257. — Les quittances sont *datées du jour où le paiement de la prime est effectué.* Elles ne doivent jamais être datées par anticipation. Cette recommandation est **Défense rigoureuse de les antidater.** d'une extrême rigueur, car il pourrait arriver qu'un incendié vînt retirer sa quittance avant de faire connaître le sinistre, et, dans ce cas, la quittance étant antidatée, les **Danger qui en résulterait.** intérêts de la Compagnie seraient lésés et l'Agent lui-même se trouverait compromis.

Primes payables au domicile de l'Agent. ART. 258. — Suivant l'article 6 de la Police, les primes annuelles sont payables au domicile de l'Agent-Général. Cependant la Compagnie, pour rendre les recouvrements plus prompts et plus faciles, engage ses Agents à faire présenter les quittances au domicile des assurés, lors de l'échéance; mais elle n'entend en rien renoncer à ses droits contre les assurés, ni déroger aux conditions de la Police qui rendent la prime **Elles sont portables et non quérables.** non pas *quérable* au domicile de l'assuré, mais formellement PORTABLE *au domicile de l'Agent.*

Conséquences du défaut de paiement de la prime. ART. 259. — L'assuré qui n'a pas payé sa prime annuelle dans le délai convenu, ne peut, s'il éprouve un sinistre avant d'être libéré, réclamer aacune indemnité (§ 5 de l'art. 6 de la Police). Mais de ce que les effets de l'assurance se trouvent ainsi suspendus par son fait, il n'en résulte pas qu'il se trouve délié de ses engagements envers la **Faculté d'option pour la Compagnie.** Compagnie. Celle-ci, au contraire, se réserve, en pareil cas, la faculté de résilier l'assurance ou bien d'en exiger la continuation, en poursuivant le paiement de la prime par toutes les voies de droit (§ 5 de l'art. 6 de la Police).

ART. 240. — Par suite des explications qui précèdent, MM. les Agents comprennent qu'il y a pour eux obligation majeure de faire le recouvrement des primes avec beaucoup d'exactitude, leur responsabilité personnelle y étant engagée. Il importe de ne pas laisser les assurés dans une fausse sécurité, et d'éviter à la Compagnie, en cas de sinistre, des demandes d'indemnités auxquelles elle serait forcée d'opposer des refus qui produisent toujours dans le public un fâcheux effet.

ART. 241. — Lorsque les primes ne sont pas acquittées aussitôt leur échéance, il faut examiner si elles ne sont pas dans le cas d'être portées en non valeur.

Les causes de non valeur sont :

1° L'extinction des risques par suite de sinistre, démolition, cessation de commerce, disparition des objets assurés, etc.;

2° L'insolvabilité notoire des assurés;

3° Les mauvais renseignements qu'un Agent peut avoir obtenus sur la nature d'un risque, sur l'exagération des valeurs assurées ou sur la moralité d'un assuré, et d'après lesquels il résulterait qu'il est de l'intérêt de la Compagnie de profiter du non paiement de la prime pour se débarrasser de ce risque.

ART. 242. — Dans les deux premiers cas ci-dessus, il faut stipuler la résiliation par un avenant en double expédition, conformément à l'article 211.

Si quelque circonstance s'opposait à ce qu'il fût procédé ainsi, l'Agent aurait soin d'en faire connaître le motif à la Compagnie.

ART. 243. — Lorsqu'une assurance se trouve dans le cas indiqué au troisième § de l'article 241, on s'abstient de faire présenter la quittance de prime au domicile de l'assuré, lors de l'échéance, et quinze jours après cette échéance, on lui fait notifier la résiliation par huissier (voir modèle n° 38), si toutefois la résiliation a été préalablement autorisée par la Compagnie, comme l'exige l'article 212 ci-dessus.

ART. 244. — Toutes les résiliations effectuées pour les causes énoncées dans les articles qui précèdent, devront être portées mensuellement à la connaissance de la Compagnie par le bordereau n° 5 (voir art. 377 ci-après), avec mention des motifs d'annulation.

ART. 245. — Lorsque les primes en retard ne sont pas susceptibles d'être portées en non valeur, on en poursuit la rentrée par les voies judiciaires.

A cet effet, l'Agent devra se pourvoir de l'autorisation et d'un pouvoir *spécial* de la Compagnie.

ART. 246. — Les poursuites contre les assurés retardataires doivent avoir lieu *deux mois*, au plus tard, après l'échéance de la prime.

Elles sont précédées de deux avertissements (*Lettres de premier et de dernier avis*, voir modèles n° 39), dont la Compagnie pourvoit ses Agents.

La *première* lettre d'avis est envoyée à l'assuré immédiatement après l'échéance, la *deuxième* dans le mois qui suit, la *dernière* huit jours après la deuxième.

7

Lettre du juge de paix.

ART. 247. — Si, après avoir reçu les lettres d'avertissement, l'assuré persiste à ne point se libérer, on le fait citer devant le juge de paix *du domicile de l'Agent-Général* (art. 6 de la Police), d'abord par une *simple lettre* de ce magistrat, conformément à l'article 17 de la loi du 25 mai 1838 sur les justices de paix (voir modèle n° 40). Puis, si la lettre de M. le juge de paix ne produit pas d'effet, ou si ce magistrat

Citation.

n'avait pas jugé à propos de l'écrire, on fait citer l'assuré retardataire devant lui, par le ministère d'un huissier, si la demande n'excède pas 200 fr. (voir modèle de citation, n° 42).

Juridiction.

Si la demande excède 200 fr. (compétence du juge de paix), il faut distinguer si l'assuré est ou n'est pas commerçant.

Dans le premier cas, on l'assigne directement devant le Tribunal de commerce ;

Et dans le second cas, on le fait citer en conciliation devant le juge de paix, pour aller ensuite par-devant le Tribunal de première instance.

Stipulation exceptionnelle.

Si, par exception, il est stipulé dans une Police importante que, faute par l'assuré d'acquitter sa prime à l'échéance, il ne sera déchu de ses droits qu'après une sommation à ses frais restée infructueuse pendant vingt-quatre heures, l'Agent doit faire faire cet acte par huissier, et ne recevoir le montant de la prime qu'en y ajoutant le remboursement du coût dudit acte.

Lettre d'huissier.

ART. 248. — Avant de commencer toute poursuite, l'huissier sera prié d'adresser lui-même à l'assuré une dernière lettre d'avertissement, conformément au modèle n° 41.

Choix des retardataires à poursuivre.

ART. 249. — Dans l'intérêt même de la Compagnie, il faut borner, autant que possible, les actes de rigueur. En conséquence, si dans une commune il y a plusieurs retardataires, il ne faut pas les faire citer tous à la fois ; on peut commencer par quelques-uns des plus influents, afin que leur condamnation servant d'exemple aux autres, ceux-ci viennent d'eux-mêmes se libérer.

Primes dues au-dessous de 5 fr.

Dans tous les cas, il ne faut exercer de poursuites que contre des personnes notoirement solvables, et lorsque la prime due sera de 5 *fr. au moins*.

Pas d'intermédiaires en justice de paix.

ART. 250. — L'Agent ne doit jamais employer le ministère d'un avoué ou d'un avocat, pour faire opérer la rentrée des primes devant la justice de paix. Il doit s'y présenter lui-même, nanti des pouvoirs de l'Administration.

La Compagnie doit être mise au courant des poursuites.

ART. 251. — Il doit constamment tenir la Compagnie au courant des poursuites dirigées contre les assurés retardataires et de l'effet qu'elles auront produit, afin qu'elle puisse examiner s'il y a lieu de les continuer ou de les arrêter pour éviter les frais qu'elle ne pourrait récupérer.

Enregistrement obligatoire. — Droit à payer.

ART. 252. — Avant d'engager les poursuites en paiement de primes et avant toute procédure, il faut soumettre la Police à l'enregistrement, dont le droit est de 50 c. pour 100 fr., calculé sur le montant des primes cumulées suivant la durée de la Police.

L'enregistrement de la Police doit être énoncé dans les actes.

Art. 253. — Lorsqu'il est à la connaissance de l'Agent qu'une propriété assurée a changé de mains, il ne doit recevoir la prime qui serait offerte par le nouveau propriétaire, qu'après lui avoir transféré l'assurance par un avenant ou une nouvelle Police, suivant les articles 193 et 194 ci-dessus ; et dans le cas où le nouveau propriétaire refuserait de souscrire l'acte de mutation, l'Agent poursuivra le paiement des primes contre les anciens propriétaires, conformément à l'article 11 des conditions générales de la Police.

Mutation de propriété.

Art. 254. — Il est interdit à un Agent de recevoir aucune prime pour des assurances appartenant à une autre agence, à moins qu'il n'y ait été autorisé par le titulaire de cette agence ou par la Compagnie (voir art. 386 ci-après).

Défense de recevoir les primes d'une autre agence.

Cette défense est d'autant plus rigoureuse qu'elle tend à éviter toute surprise en cas de sinistre.

Art. 255. — MM. les Agents devront opérer la rentrée des primes, soit de *première année*, soit des *années suivantes*, avec une grande exactitude, et au plus tard dans les *deux* mois qui suivent l'échéance.

Délai concédé à MM. les Agents.

A cet effet il est arrêté, par mesure d'ordre, que chaque Agent retardataire sera définitivement constitué débiteur envers la Compagnie :

Pénalité passé ce délai.

1° De toutes les primes de *première année* dont il n'aura pas tenu compte à la Compagnie dans un délai de *trois mois* après la date de la Police (Bordereaux n°ˢ 1 et 2 ; voir art. 372).

2° De toutes les *primes échues* ou des années suivantes, dont il n'aura pas fait l'encaissement dans le même délai, à partir du jour de l'échéance, et pour la rentrée desquelles il ne justifiera pas des mesures prescrites par les articles 245 et suivants ci-dessus.

CHAPITRE XVIII.

Des sinistres.

SECTION PREMIÈRE.

Formalités préalables.

Art. 256. — Lorsque l'Agent-Général a connaissance qu'un incendie s'est déclaré dans son agence, soit sur une propriété assurée par la Compagnie, soit sur des propriétés voisines pouvant communiquer le feu, il doit se rendre immédiatement sur les lieux, afin, s'il en est temps encore, de provoquer les secours, d'exciter le zèle des pompiers et des habitants, de pourvoir au sauvetage, de veiller à la conservation du mobilier, et, enfin, de faire tout ce qui pourra être utile aux intérêts de la Compagnie.

L'Agent-Général doit se rendre sur les lieux. — Démarches.

Part du feu.

Art. 257. — Si, pendant l'incendie, l'Agent estime que, pour empêcher la communication du feu à d'autres bâtiments assurés par la Compagnie, il y a lieu d'abattre un bâtiment, assuré ou non, l'Agent doit solliciter l'autorité compétente pour qu'elle ordonne cette mesure.

Protestation contre les démolitions.

Si, au contraire, la démolition d'un bâtiment assuré par la Compagnie était ordonnée sans une évidente nécessité, surtout si c'était pour préserver d'autres bâtiments non assurés par elle, l'Agent cherchera, par ses représentations, à faire différer, autant que possible, l'exécution de cet ordre.

Lettre d'avis immédiate.

Art. 258. — Aussitôt après un sinistre, l'Agent doit adresser, par la poste, à la Compagnie une *lettre imprimée*, conformément au modèle n° 44. L'imprimé destiné à cet usage doit être rempli à la main dans toutes ses parties, et notamment dans celles concernant le paiement de la prime, le montant approximatif des pertes et la cause du sinistre.

L'envoi de cette pièce ne doit être différé, *sous aucun prétexte*, lors même que l'Agent ne pourrait y donner que des renseignements encore incomplets.

Dispense d'avis.

Cependant, si la perte ne dépasse pas *vingt francs*, l'Agent peut se dispenser d'envoyer cette lettre (voir art. 267 ci-après).

Envoi de la Police.

Art. 259. — Si la Police n'a pas encore été adressée à la Compagnie, il faut la joindre à l'envoi de la lettre d'avis.

Sinistre au-dessus de 500 fr.

Art. 260. — S'il est à la connaissance de l'Agent que l'un des inspecteurs de la Compagnie se trouve dans le voisinage, et si la perte paraît devoir dépasser la somme de 500 fr. (voir art. 284), il prévient également cet inspecteur.

Déclaration à faire signer par l'assuré.

Art. 261. — Aussitôt après le sinistre, l'Agent fera signer à l'assuré une déclaration conforme au modèle n° 45, et il aura soin d'y consigner toutes les réponses avec une scrupuleuse exactitude. Il cherchera surtout, par tous les moyens possibles, à connaître les causes de l'incendie.

Son importance.

Cette déclaration est de grande importance, quand elle est faite sous la première impression, car elle ne laisse pas à l'assuré le temps de la réflexion pour combiner ses réponses et voiler la vérité.

Déclarations subsidiaires.

On peut, au besoin, faire signer des déclarations semblables à toutes autres personnes en position de donner des renseignements sur les circonstances du sinistre.

Soins à donner au sauvetage des bâtiments.

Art. 262. — Dès que l'incendie aura cessé, l'Agent s'occupera du sauvetage.

Pour les bâtiments, si l'estimation du dommage ne peut être faite immédiatement (voir art. 284), il s'entendra avec l'assuré pour prévenir les nouvelles dégradations que les suites de l'incendie ou le mauvais temps pourraient occasionner (1).

(1) Quoique la Compagnie ne puisse être tenue au paiement des dégâts qui surviennent postérieurement à l'incendie, il est néanmoins de son intérêt et du devoir de l'Agent de prendre toutes les mesures nécessaires pour empêcher les détériorations à la suite d'un sinistre.

Quant aux objets mobiliers, marchandises ou produits des récoltes, on séparera les objets sains et intacts de ceux dont l'avarie pourrait se communiquer, et l'on prendra les mesures nécessaires pour que ces derniers ne puissent se détériorer davantage. *(Des objets mobiliers.)*

Enfin, de concert avec l'assuré, l'Agent pourra, en cas de besoin et si le sinistre en vaut la peine, établir et salarier des gardiens jusqu'au moment de l'expertise, ou faire déposer en lieu sûr les objets sauvés. *(Gardiens salariés.)*

Dans tous les cas, l'Agent devra, avant de quitter les lieux, dresser un inventaire, mais sans désignation de valeur, des objets sauvés (voir modèle n° 46), et le faire reconnaître et signer par l'assuré à la garde duquel les objets sont laissés. *(Inventaire à dresser.)*

Le tout sans préjudice des droits de la Compagnie.

Art. 263. — Lorsque le sinistre aura frappé les marchandises d'un commerçant tenant des livres, l'Agent en demandera de suite la représentation et en paraphera le dernier feuillet, afin qu'on ne puisse rien y ajouter. *(Paraphe des livres.)*

Art. 264. — Dans les cantons éloignés du chef-lieu de l'agence, les sous-agents pourront remplacer les Agents receveurs, sous la responsabilité de ceux-ci, dans les soins prescrits par les articles 256, 257, 261, 262 et 263 ci-dessus; mais cette intervention ne peut être que provisoire, l'Agent-Général devant toujours lui-même se rendre sur les lieux, aussitôt que l'avis du sinistre lui est parvenu. *(Intervention provisoire des sous-agents.)*

Art. 265. — Lorsque l'incendie a atteint plusieurs propriétés assurées à diverses personnes, chaque Police donne lieu à une *lettre imprimée séparée,* lors même que toutes les circonstances seraient uniformes. *(Lettre d'avis séparée pour chaque sinistre.)*

Art. 266. — Aux termes de l'article 16 de la Police, l'assuré doit, immédiatement après l'incendie, faire sa déclaration devant le juge de paix de son canton (voir modèle n° 47). L'Agent doit exiger que cette déclaration soit faite dans les termes les plus explicites, et qu'elle énonce le chiffre approximatif des pertes, d'après l'évaluation de l'assuré. *(Déclaration devant le juge de paix.)*

Indépendamment de cette déclaration, l'assuré est tenu de fournir à la Compagnie, dans les quinze jours du sinistre, un état détaillé et certifié par lui, des objets incendiés, avariés et sauvés, sous peine de déchéance (art. 16 de la Police). *(État détaillé des pertes.)*

Art. 267. — Lorsque la perte présumée n'est que de 100 fr. ou au-dessous, l'assuré peut être dispensé de faire sa déclaration devant le juge de paix, sauf à y suppléer par une déclaration devant le maire ou devant le commissaire de police de la commune. *(Déclaration devant le maire ou le commissaire de police.)*

Si la perte ne dépasse pas 20 fr., l'assuré peut être dispensé de l'une et l'autre de ces déclarations. *(Dispense de ces déclarations.)*

Art. 268. — Dans les sinistres graves, soit par leur importance, soit par les circonstances qui les ont accompagnés, l'Agent peut engager le juge de paix du canton à se transporter sur les lieux pour y procéder à une enquête, sauf, s'il l'exige, à lui payer ses vacations. *(Enquête dans certains cas.)*

Art. 269. — Lorsqu'un commencement de sinistre inspirera des doutes sur la bonne foi de l'assuré, ou fera craindre un sinistre plus considérable, l'Agent peut user du bénéfice de l'article 24 de la Police, et résilier immédiatement l'assurance suivant la forme prescrite en l'article 211 ci-dessus; et si l'assuré n'y consent pas, il pourra, s'il y a urgence, lui faire notifier la résiliation par huissier (voir modèle de signification, n° 48).

Dans tous les autres cas, l'Agent doit se borner à donner son avis motivé sur l'opportunité de maintenir ou de résilier la Police (voir art. 344 ci-après).

Art. 270. — Après la déclaration de l'incendie, l'Agent doit examiner avec soin si l'assuré n'a point contrevenu aux conditions générales de la Police, et s'il n'est pas dans l'un des cas de nullité ou de déchéance qui y sont prévus.

Ces cas sont :

1° Les changements de propriétaire par suite de décès, vente, changement de raison sociale ou autres causes (art. 11 de la Police);

2° Les changements de constructions qui multiplient ou augmentent les risques (art. 8 de la Police);

3° L'établissement dans les lieux de l'assurance, ou dans ceux contigus, qu'ils dépendent ou non de la même propriété, d'une fabrique, d'une usine, d'une machine à vapeur, d'une profession ou manipulation quelconques qui augmentent les dangers du feu (art. 8 de la Police);

4° L'introduction dans lesdits lieux de denrées, de marchandises ou objets quelconques qui aggravent les chances d'incendie (art. 8 de la Police);

5° Le transport des objets assurés dans d'autres lieux que ceux désignés dans la Police (art. 8 de la Police);

6° Le transport des effets du risque locatif et de voisins d'un lieu dans un autre (art. 8 de la Police);

7° Les assurances faites par d'autres assureurs ou par des sociétés mutuelles, avant ou depuis la Police de la Compagnie l'*Aigle*, soit sur les objets mêmes qui sont assurés par celle-ci, soit sur d'autres objets faisant partie du même risque (art. 10 de la Police);

8° La fausse énonciation de la qualité en vertu de laquelle l'assuré a agi dans la Police (art. 7 de la Police);

9° Le fait d'une assurance préexistante, ou les charges d'alignement ou de démolition qui peuvent peser sur les objets assurés (art. 7 de la Police);

Le tout sans que les déclarations et mentions prescrites aient été faites (voir art. 12 de la Police);

10° Toute réticence, dissimulation ou fausse déclaration de la part de l'assuré, soit pour diminuer l'opinion d'un risque, réduire la prime et augmenter l'indemnité, soit pour tout autre motif (art. 14 de la Police);

11° La non remise en temps utile de la déclaration devant le juge de paix et de l'état certifié des objets incendiés, avariés et sauvés (art. 16 de la Police);

12° La prescription de *six* mois pour réclamer l'indemnité (art. 25 de la Police);

13° Une assurance portant sur des objets prohibés (art. 2 de la Police);

14° Et, par-dessus tout, *le non paiement de la prime* avant l'incendie (art. 6 de la Police) (1).

ART. 271. — Si l'assuré se trouvait dans l'un des cas prévus par l'article précédent, l'Agent devra en informer la Compagnie et attendre ses instructions.

Instructions à demander.

ART. 272. — L'Agent devra examiner, en outre, et faire connaître à la Compagnie :

Recours à exercer.

1° Si les droits de l'assuré sur la propriété incendiée sont entiers;

2° Si des locataires, non assurés par la Compagnie pour leurs risques locatifs, ne se trouvent pas dans le cas de responsabilité résultant des articles 1733 et 1734 du Code Napoléon (voir art. 21 ci-dessus);

3° Si, aux termes des articles 1382, 1383 et 1384 du même Code, il n'y a point à exercer un recours,

Soit contre les propriétaires ou locataires des maisons voisines, par lesquelles le feu se serait communiqué;

Soit contre des co-locataires ou d'autres personnes;

Soit contre le propriétaire, à raison du dommage causé par vice de construction du bâtiment (art. 1386 et 1721 du Code Napoléon);

Soit, enfin, contre l'assuré lui-même, s'il se trouve dans l'un des deux cas suivants :

Lorsque, n'étant point garanti par la Compagnie contre le recours des voisins, le feu commencé chez lui a causé la perte d'objets appartenant à d'autres personnes et assurés par la Compagnie;

Lorsque étant locataire, et n'ayant fait assurer par la Compagnie que son mobilier ou ses marchandises, l'incendie, aussi commencé chez lui, a causé à la maison des dommages que la Compagnie est tenue de rembourser au propriétaire assuré par elle.

ART. 273. — On fera intervenir dans les expertises les voisins, locataires ou personnes responsables. A cet effet, on leur fera donner une sommation (voir modèle n° 49), mais en passant outre s'ils ne se présentent pas.

Intervention des personnes
responsables.

ART. 274. — Lorsqu'un incendie arrive dans une maison non assurée par la Compagnie au propriétaire, mais dans laquelle elle a garanti des *risques locatifs*, il faut vérifier soigneusement si le feu n'a pas été communiqué par une maison voisine, s'il ne provient pas d'un vice de construction, ou s'il n'a pas été occasionné par une cause fortuite, par

Vérification nécessaire.

(1) Dans le cas où, au moment d'un sinistre, la prime due se trouverait avoir été payée entre les mains d'un sous-agent d'une probité douteuse, l'Agent-Général devra procéder à l'examen le plus rigoureux, et, au besoin, faire une enquête pour savoir si la prime a été réellement payée avant le sinistre, et s'il n'aurait pas existé une connivence entre le sous-agent et l'assuré pour délivrer et antidater la quittance de paiement.

malveillance ou par le feu du ciel : la Compagnie, dans ces divers cas, n'étant tenue à aucune indemnité, en raison des risques locatifs qu'elle a garantis (voir art. 333).

Oppositions à former.

ART. 275. — Si des personnes envers lesquelles il y aurait évidemment un recours à exercer étaient elles-mêmes assurées par une autre compagnie, et si elles ne présentaient pas une solvabilité suffisante, l'Agent ferait faire une saisie-arrêt entre les mains de l'agent de cette compagnie, *à la requête de la Compagnie l'Aigle et non à la sienne*, pour empêcher le paiement de l'indemnité. L'original de la notification sera transmis immédiatement à l'Administration, afin qu'elle puisse aviser, et, au besoin, renouveler cette signification au siège de la Compagnie, à Paris.

Présomptions de mauvaise foi ou de malveillance.

ART. 276. — Si, dans ses recherches, l'Agent découvrait des traces évidentes de mauvaise foi ou de malveillance de la part de l'incendié, il appellera à lui des témoignages respectables, et fera constater les faits de manière à ce qu'ils ne puissent plus être niés ou dénaturés. S'ils décèlent un coupable, il n'hésitera pas à appeler sur lui l'attention de la justice, en communiquant au parquet tout ce qu'il aura appris, mais sans se porter partie plaignante ni partie civile.

Action du ministère public.

Si le ministère public poursuit d'office, l'Agent tiendra la Compagnie au courant des progrès de l'instruction, afin qu'elle prenne le parti que les circonstances pourront lui suggérer.

Et si, nonobstant la culpabilité évidente de l'assuré, le ministère public négligeait de le poursuivre, l'Agent en référera à la Compagnie et attendra ses ordres.

Arrestation de l'assuré.

ART. 277. — Si l'assuré est arrêté, la Compagnie peut néanmoins avoir intérêt à faire procéder à l'expertise, dans la prévision d'un acquittement. Elle transmet alors à l'Agent des instructions spéciales.

Solvabilité de l'incendiaire présumé.

ART. 278. — Lorsque l'incendie sera attribué à une malveillance étrangère, l'Agent doit faire connaître à la Compagnie si le coupable présumé présente quelque solvabilité.

Cas imprévus et urgents.

ART. 279. — Dans les cas non prévus et *urgents* qui peuvent se présenter à l'occasion d'un sinistre, l'Agent est autorisé à prendre les conseils d'un officier public ou ministériel.

Sinistres d'une autre agence. — Exception.

ART. 280. — MM. les Agents ne peuvent, à moins d'en avoir reçu l'autorisation de la Compagnie, s'immiscer dans les sinistres d'une autre agence, si ce n'est pour prendre des mesures conservatoires (voir art. 359 ci-après).

Sinistres en commun avec d'autres compagnies.

ART. 281. — Lorsqu'un sinistre frappera sur des objets assurés par la Compagnie l'*Aigle*, conjointement avec d'autres compagnies, l'Agent devra se concerter avec les agents des autres compagnies-assureurs pour prendre toutes les mesures nécessaires.

Sinistres sur reprises.

Si la Compagnie est intéressée dans le sinistre par voie de *reprise* (voir art. 213 ci-dessus), l'Agent doit intervenir pour veiller aux intérêts de la Compagnie.

Art. 282. — L'expertise de tout sinistre au-dessous de *cinq cents francs* peut être faite immédiatement par MM. les Agents, après, toutefois, en avoir donné avis à la Compagnie, conformément à l'article 258 ci-dessus. Cependant, s'il existait des circonstances extraordinaires ou imprévues, l'Agent suspendra tout règlement et en rendra compte à la Compagnie dont il attendra les instructions. *(Sinistres au-dessous de 500 fr.)*

Art. 283. — Les Agents ne doivent recourir au mode de transaction qu'autant que les dommages ne dépassent pas *trois cents francs*. Au-dessus de cette somme, les sinistres doivent toujours être réglés par expertise régulière. *(Transaction.)*

Lors même qu'un sinistre est réglé par transaction, la transaction doit toujours être accompagnée d'un état détaillé des pertes, dressé par un expert ou par toute autre personne désignée à cet effet. *(État qui doit l'accompagner.)*

Les transactions sont faites sur des imprimés spéciaux destinés à cet effet (voir modèle n° 50).

Tous les règlements faits par transaction ou autrement, sont d'ailleurs *subordonnés à l'approbation de la Compagnie*. *(Approbation de la Compagnie.)*

Art. 284. — Lorsqu'un sinistre est présumé devoir dépasser une perte de *cinq cents francs*, l'Agent, après en avoir donné avis conformément aux articles 258 et 260 ci-dessus, doit attendre les instructions de la Compagnie avant de procéder à l'expertise. *(Sinistres au-dessus de 500 fr.)*

SECTION DEUXIÈME.

De l'estimation des dommages.

§ 1er. — *Dispositions générales.*

Art. 285. — Les principes établis au commencement des présentes instructions doivent être rigoureusement appliqués à tout règlement de sinistre, non-seulement en raison de leur équité, mais aussi à cause de la dangereuse impression que produit toujours une indemnité supérieure au dommage réel. Donner à certains assurés l'exemple d'un bénéfice résultant d'un incendie, c'est les exciter à la négligence, et peut-être au crime. MM. les Agents ne sauraient donc prendre trop de précautions pour réduire toujours, à la plus stricte expression des pertes, les sommes réclamées par les assurés. *(Juste appréciation des pertes.)*

Art. 286. — Si l'assuré se trouve dans l'un des cas de nullité ou de déchéance prévus par les conditions générales de la Police (voir art. 270 ci-dessus); *(Cas de déchéance, d'arrestation.)*

S'il se trouve en état d'arrestation par suite de soupçons élevés contre lui, à l'occasion de l'incendie (voir art. 277 ci-dessus);

Si les pertes paraissent devoir s'élever au-dessus de *cinq cents francs* (voir art. 284 ci-dessus); *(Pertes supérieures à 500 fr.)*

L'Agent bornera exclusivement ses soins à ceux que nous avons indiqués pour le sauvetage, et il attendra les instructions de la Compagnie pour passer outre. *(Instructions à attendre.)*

Art. 287. — Lorsque les droits de l'assuré seront entiers et incontestables, et lorsque toutes les formalités préalables auront été remplies et que les pertes ne paraîtront pas devoir dépasser *cinq cents francs*, l'Agent procédera à l'expertise et à l'estimation des dommages (art. 18 et suivants de la Police).

Art. 288. — Le choix des experts exige toute l'attention de MM. les Agents. Aux connaissances spéciales à l'objet de l'expertise, il faut que l'expert de la Compagnie joigne une probité reconnue et la fermeté de caractère nécessaire pour résister à toute espèce d'influence.

Il doit être pris de préférence hors du lieu où réside l'assuré.

Art. 289. — Pour estimer les dommages éprouvés sur des bâtiments, l'expert de la Compagnie doit être pris parmi les personnes familières avec les travaux de construction, telles que les architectes, entrepreneurs, maçons, charpentiers, etc.

Art. 290. — Pour les fabriques et usines, pour le mobilier industriel et pour les marchandises, on choisit des fabricants, des commerçants, des constructeurs de métiers et machines, connaissant le genre d'affaire ou d'industrie de l'assuré.

Art. 291. — Les commissaires-priseurs, marchands de meubles, tapissiers et fripiers, conviennent pour le mobilier personnel et de ménage.

Art. 292. — Pour les produits de récoltes, les bestiaux, le mobilier aratoire, on s'adresse à des propriétaires ruraux ou à des cultivateurs éclairés.

Art. 293. — La nomination des experts se fait par un acte sous signatures privées rédigé en double, conformément au modèle n° 51, et sur des imprimés à ce destinés.

Cet acte doit être signé par l'assuré, l'Agent et les experts, avant toute autre opération.

L'assuré qui ne sait pas signer se fait représenter par un mandataire, au moyen d'une procuration qui doit être annexée à la copie de l'acte de nomination d'experts.

Art. 294. — Si l'assuré refuse de concourir à la nomination des experts, ou si, pour y consentir, il veut faire insérer dans l'acte des clauses ayant pour but de dénaturer le caractère de l'expertise, l'Agent se pourvoit devant le juge compétent, pour faire nommer d'office un expert à l'assuré (1).

Art. 295. — S'il y a nécessité d'appeler un tiers-expert, l'Agent examine s'il doit se prévaloir de l'article 18 de la Police, en exigeant qu'il soit choisi hors du lieu où réside l'assuré.

Si les deux experts ne peuvent s'entendre sur le choix du tiers-expert, ils renverront, par la clôture de leur procès-verbal, les parties à se pourvoir devant qui de droit. Dans ce cas, l'Agent procède comme dans l'article précédent.

Art. 296. — Dans tous les cas prévus ci-dessus, l'Agent doit veiller également à ce que l'expert de l'assuré et le tiers-expert réunissent les qualités prescrites par l'article 288, et faire écarter ceux qui seraient intéressés dans la construction ou la

(1) L'Agent doit s'adresser à un avoué pour faire faire cette nomination sur requête.

réparation des bâtiments, machines et métiers, ou qui seraient portés, par quelque cause que ce soit, à exagérer la valeur des objets détruits.

Art. 297. — Si la Compagnie a un recours à exercer contre un tiers par suite de l'incendie (voir art. 272), ce tiers sera sommé d'intervenir, comme il est dit à l'article 273.

Recours contre des tiers. — Intervention.

Art. 298. — MM. les Agents auront soin de bien pénétrer les experts, notamment celui de la Compagnie, des effets que doit produire le contrat d'assurance; ils leur feront particulièrement connaître que, d'après les conditions de la Police, les sommes assurées ne doivent nullement servir de base à leurs opérations (art. 3 de la Police), et ils suivront avec assiduité tous leurs travaux, afin de ne pas les laisser dévier des principes et des règles établies (1).

Instructions à donner aux experts.

Art. 299. — MM. les Agents veilleront soigneusement à ce qu'il ne soit pas introduit dans les expertises des objets non compris dans l'assurance, ni d'autres objets dont l'assurance est prohibée par les conditions de la Police (voir art. 22 ci-dessus).

Vigilance pendant l'expertise.

Ils veilleront également à ce que le sauvetage ne soit point déprécié dans le but de favoriser l'assuré, qui est obligé de le reprendre au prix d'estimation, d'après l'article 21 de la Police. Ils feront observer aux experts que le sauvetage a nécessairement plus de valeur pour l'assuré, qui peut en faire usage, que pour un acquéreur étranger.

Art. 300. — L'Agent invitera, et, au besoin, requerra les experts de faire à l'assuré ou à toutes autres personnes, telles interpellations qu'il jugera utiles et convenables, et de les insérer, ainsi que les réponses, dans le procès-verbal.

Interpellations, — protestations, — réserves, etc.

Il exigera aussi, selon les circonstances, l'insertion au procès-verbal de tous dires, protestations, réserves, etc., et notamment la réserve de l'application des articles 7, 17, 21 et 22 de la Police.

Art. 301. — Chacun des articles d'une même Police devant être considéré comme formant une assurance distincte, les experts auront à faire autant d'estimations qu'il y aura de sommes assurées.

Estimation distincte pour chaque article.

Art. 302. — L'estimation d'une chose détruite semble, au premier abord, fort difficile; l'expérience a prouvé qu'elle est toujours possible. Le toisé des bâtiments, la notoriété publique, les titres de propriété, la cote des contributions directes, les débris

Éléments d'estimation.

(1) Peu de personnes ont une juste idée du système des assurances. On croit généralement qu'il suffit de faire assurer une somme et d'en payer la prime pour recevoir cette somme en cas de sinistre, et cela sans examen ni justification, lors même que l'objet assuré aurait été d'une valeur moindre au moment de l'incendie. « *J'ai fait garantir,* dit-on, 10,000 *fr. sur ma maison; elle est brûlée; payez-moi* 10,000 *fr.;* » ou bien : « *Les objets sauvés des flammes valent* 2,000 *fr.; vous me devez* 8,000 *fr.* » Cette manière de raisonner, juste en apparence, et dans d'autres circonstances, est erronée en matière d'assurance contre l'incendie, contraire à la sûreté publique et à la loi; car, si l'on devait opérer dans ce sens, les incendies deviendraient un objet de spéculation; tout homme de mauvaise foi ferait assurer ses propriétés au-dessus de leur valeur, et y mettrait le feu pour s'enrichir.

de toute nature, les livres, les factures, les acheteurs, les vendeurs, les commis, les domestiques, les ouvriers, les voisins, fournissent toujours assez de renseignements pour éclairer la religion des experts.

Mission définie des experts. Art. 303. — Les opérations des experts ont pour but, non pas de *fixer l'indemnité* qui peut revenir à l'assuré, mais de constater et fixer le montant des *pertes réelles* que l'incendie a occasionnées aux objets assurés; et c'est ensuite entre la Compagnie et l'assuré que se fait le règlement définitif, conformément aux conditions de la Police, sauf le recours en justice, s'il y a contestation.

Constatation des pertes réelles. Art. 304. — Pour constater le montant des *pertes réelles* ou des dommages *matériels*, desquels seuls la Compagnie répond aux termes des articles 1 et 2 de la Police, les experts déterminent la valeur vénale de tous les objets assurés au moment de l'incendie (art. 19 de la Police); ils en déduisent le montant estimatif du *sauvetage*, et la différence constitue la *perte réelle*.

Valeur vénale : On entend par VALEUR RÉELLE OU VÉNALE AU MOMENT DU SINISTRE, savoir :

En fait d'immeubles; EN FAIT D'IMMEUBLES, ce que valait intrinsèquement, au moment de l'incendie, la généralité des constructions, d'après leur ancienneté, leur état et les circonstances qui pouvaient les déprécier, sans y comprendre la valeur du sol et sans égard à l'avantage de l'emplacement, des locations, ou à toutes autres circonstances qui peuvent donner aux immeubles une valeur accidentelle *non matérielle*.

En fait de meubles; EN FAIT D'OBJETS MOBILIERS, le prix qui en eût été retiré en cas de vente, abstraction faite de toute considération de convenance, d'affection, de commodité ou d'utilité personnelle.

En fait de marchandises. EN FAIT DE MARCHANDISES, MATIÈRES ET DENRÉES, leur prix au cours du jour du sinistre, d'après leur qualité, leur état, le lieu où elles se trouvaient, et sans égard aux probabilités de hausse, aux éventualités ou même à la certitude des bénéfices, soit par suite de commandes, de marchés à livrer ou de toutes autres circonstances.

Ce qu'on entend par sauvetage. On entend par SAUVETAGE :

1° La valeur réelle et intrinsèque de toutes les parties des objets qui ont été préservées du sinistre ;

2° La valeur réelle et intrinsèque que conservent les objets endommagés et les décombres, débris, matériaux et restes quelconques provenant des objets détruits.

LE DOMMAGE, ou PERTE RÉELLE, est représenté par la somme qui forme la différence entre la *valeur réelle au moment du sinistre* et la valeur du *sauvetage*, sans qu'il y soit **Éventualités en dehors de l'assurance.** rien ajouté pour indemnité de changement d'alignement, défaut de location et de jouissance, résiliation de baux, chômage ou toute autre perte non matérielle (§ 5 de l'art. 1er de la Police), ni pour *pertes matérielles survenues postérieurement au sinistre*.

Autant de procès-verbaux que d'assurés. Art. 305. — Lorsqu'un incendie aura détruit plusieurs propriétés appartenant à différentes personnes, il sera fait autant de procès-verbaux d'expertise en double qu'il y aura d'assurés, et non pas un procès-verbal collectif.

Art. 306. — Les procès-verbaux d'expertise seront faits en double, suivant le modèle n° 52, et sur les imprimés destinés à cet usage. Ils seront légalisés par le maire du lieu de l'incendie. Un des doubles sera délivré à l'assuré; l'autre sera envoyé à la Compagnie (voir art. 340 ci-après). *Confection des procès-verbaux.*

Les procès-verbaux d'expertise doivent être accompagnés d'états détaillés qui y demeurent annexés (voir les modèles n°s 53, 54 et 55).

Ils doivent être accompagnés, en outre, toutes les fois qu'il s'agit d'immeubles et que les pertes s'élèveront à cinq cents francs et au-dessus, d'un tableau synoptique conforme au modèle n° 56. MM. les Agents sont pourvus des imprimés nécessaires à cet effet. *Tableau synoptique.*

Art. 307. — Les experts étant dispensés des formalités judiciaires, ne prêtent point serment; ils ne sont pas tenus de rédiger leur procès-verbal sur les lieux contentieux, ni de le déposer au greffe, ni de le faire enregistrer. En un mot, leur opération ne consiste qu'en un avis motivé auquel les parties se conforment ordinairement, ou qui, en cas de contestation, sert à éclairer les juges. *Les experts sont dispensés des formalités judiciaires.*

Art. 308. — Le tiers-expert n'est pas tenu d'adopter l'avis de l'un ou de l'autre de ses collègues, mais il concourt avec eux à la délibération qui se prend en commun et à la majorité des voix (voir art. 18 de la Police). *Concours du tiers-expert.*

Art. 309. — Les honoraires des experts sont payés suivant les usages locaux; mais, dans aucun cas, ils ne doivent dépasser les limites fixées par le tarif des frais, établi pour les tribunaux, suivant le décret du 16 février 1811 (1). *Honoraires des experts.*

Art. 310. — Lorsqu'un sinistre aura frappé sur des objets assurés par la Compagnie l'*Aigle* conjointement avec d'autres compagnies, ou lorsque la Compagnie sera intéressée dans un sinistre par voie de *reprise* (voir art. 215), l'Agent procédera comme il est dit à l'art. 281 ci-dessus. *Sinistres en commun avec d'autres compagnies ou sur reprises.*

§ 2. — *De l'expertise des dommages sur maisons et bâtiments.*

Art. 311. — Quand il s'agira de faire l'estimation d'un bâtiment, les experts doivent, au préalable, se faire représenter les titres de propriété; s'informer du montant des loyers et des contributions; recueillir des renseignements sur la nature, sur l'âge et sur le bon ou mauvais état des constructions; examiner quelles étaient leurs dimensions, le nombre des étages et des portes et fenêtres, les distributions intérieures, les décors, le genre de couvertures et la nature des charpentes, plafonds, etc. *Renseignements à prendre par les experts.*

(1) Ce tarif alloue : Pour les départements, 3 fr. par vacation de trois heures aux artisans et aux laboureurs, et 6 fr. aux architectes et autres artistes. De plus, il leur est alloué pour frais de voyage et nourriture, aux premiers 3 fr. et aux seconds 4 fr. 50 par myriamètre (deux lieues et demie), pour toute distance parcourue au-delà de deux myriamètres. — Il ne peut être compté plus de quatre vacations par jour.

<table>
<tr><td style="vertical-align:top; width:22%">

Détermination de la valeur
vénale.

</td><td>

Art. 312. — D'après ces renseignements, les experts déterminent la valeur *vénale ou réelle* du bâtiment incendié. Ils doivent avoir soin d'en déduire la valeur du sol et l'augmentation de prix qui pourrait résulter d'une situation favorable ou de toute autre cause accidentelle (voir art. 304 ci-dessus).

</td></tr>
<tr><td style="vertical-align:top">

Etats annexés.

</td><td>

Ils dressent un devis estimatif et détaillé de la construction, conformément aux modèles n°s 53 et 54 (voir art. 306 ci-dessus).

</td></tr>
<tr><td style="vertical-align:top">

Différence du vieux au neuf.

</td><td>

Ils ont soin d'établir la différence du *vieux au neuf*, c'est-à-dire qu'après avoir recherché et constaté la date de la construction de l'immeuble incendié et vérifié son état d'entretien, ils font sur le prix des constructions une réduction calculée sur le temps durant lequel l'immeuble aurait pu exister encore, et sur les réparations qu'il aurait exigées (1).

</td></tr>
<tr><td style="vertical-align:top">

Dommages au-dessous de 300 fr. sur immeubles.

</td><td>

Art. 313. — Lorsque les dommages ne s'élèveront pas au-delà de *trois cents francs* et qu'ils n'excèderont pas un dixième de la valeur de la propriété, on peut n'estimer que le coût des réparations à faire, eu égard à la différence du neuf au vieux, si d'ailleurs il est reconnu que la somme assurée n'est pas inférieure à la valeur réelle de l'immeuble (2).

</td></tr>
</table>

§ 3. — *De l'estimation des mobiliers, marchandises et produits de récoltes.*

<table>
<tr><td style="vertical-align:top; width:22%">

Etat détaillé que doit fournir l'assuré.

</td><td>

Art. 314. — Les pertes sur objets mobiliers et marchandises n'étant pas de notoriété publique, comme celles sur immeubles, l'assuré doit, après avoir fait sa déclaration au juge de paix de son canton, fournir à la Compagnie un état, certifié par lui, des objets incendiés, avariés et sauvés; et s'il ne satisfait pas à cette obligation dans les quinze jours qui suivent l'incendie, il est déchu de tous ses droits contre la Compagnie, à moins d'impossibilité constatée (art. 266 ci-dessus).

</td></tr>
<tr><td style="vertical-align:top">

Suspension de l'expertise.

</td><td>

L'Agent, en cas de retard, ne procédera pas à l'expertise et consultera la Compagnie (voir art. 286 ci-dessus).

</td></tr>
<tr><td style="vertical-align:top">

Justifications à faire par l'assuré.

</td><td>

Art. 315. — L'assuré doit ensuite justifier, par tous les moyens en son pouvoir, de l'existence des objets assurés, au moment de l'incendie, et de la réalité des pertes (art. 17 de la Police). Toutes les pièces justificatives, avec les renseignements à l'appui, sont mises sous les yeux des experts, qui les contrôlent pour en connaître la vérité.

</td></tr>
</table>

---

(1) Cette réduction, qui est de toute justice puisque la Compagnie ne garantit que la valeur *réelle*, et non pas la valeur de construction neuve, peut être très-considérable, surtout quand il s'agit de bâtiments construits en bois et couverts en paille; une couverture en chaume, par exemple, durant trente années au plus, il est évident qu'elle n'a plus qu'une très-faible valeur, si elle a vingt-cinq ans d'existence au moment de l'incendie.

(2) Si la somme assurée était inférieure à la valeur de l'objet assuré, l'assuré tomberait sous l'application de l'article 20 de la Police, et il serait tenu de participer à la perte au centime le franc de son assurance (voir art. 347).

Si l'assuré se refuse à faire ces justifications, l'Agent suspendra l'expertise et en référera à la Compagnie.

Art. 316. — Lorsque la perte causée par un sinistre sur mobilier, marchandises ou produits de récoltes, n'excèdera pas les proportions indiquées à l'article 313, on pourra se borner à faire l'estimation des objets détruits et avariés et de leurs débris, suivant les conditions déterminées audit article.

Art. 317. — S'il résulte des circonstances de l'incendie que des objets assurés ont été volés ou perdus, mais non brûlés, on ne les comprendra pas dans les estimations, l'assurance ne s'étendant pas à la perte ni au vol (art. 2, § 4 de la Police).

Art. 318. — Pour déterminer la consistance et la valeur d'un mobilier détruit, on prend en considération la position sociale de l'assuré, sa fortune, son état de maison, le nombre de personnes dont se compose sa famille, etc.

On prend des informations auprès des domestiques, employés, ouvriers, voisins ou toutes autres personnes qui connaissaient, habitaient ou fréquentaient la maison de l'incendié.

On cherche à reconnaître, par l'examen des localités, si les objets réclamés ont pu y être placés, et s'ils ont laissé des traces ou des débris, et *s'ils ont dû y en laisser.*

Enfin, on compare la nature et la valeur des objets qui restent, avec la nature et la valeur des objets déclarés comme brûlés.

L'Agent indiquera la marche tracée ci-dessus aux experts, et concourra lui-même à recueillir tous les renseignements possibles.

Art. 319. — Il est essentiel que, dans l'estimation des objets mobiliers, les experts tiennent compte de l'état dans lequel ces objets se trouvaient au moment de l'incendie. De vieux meubles, du linge usé, etc., ne doivent pas être payés le prix du neuf. La valeur à rembourser à l'assuré pour son mobilier, comme pour toute autre chose, ne doit pas excéder le prix qu'il en aurait retiré, *s'il en eût fait la vente avant l'incendie.*

Art. 320. — L'état (voir modèle n° 55), annexé au procès-verbal d'expertise, contient sur cinq colonnes les indications ci-après :

1° L'état dans lequel les objets ont été trouvés au moment de l'expertise ;

2° La valeur vénale des objets existant au moment de l'incendie, eu égard à leur ancienneté et à l'usage qui a pu en être fait ;

3° La valeur, au moment de l'incendie, des objets sauvés ou intacts ;

4° La valeur, au moment de l'incendie, des objets endommagés ou avariés, sans égard aux détériorations qu'ils ont pu éprouver depuis le sinistre, et que la Compagnie ne garantit pas ;

5° Enfin, le montant de la perte totale ou partielle éprouvée sur chaque objet.

L'Agent veillera à ce que toutes ces indications soient faites avec exactitude, et sans omissions ni exagérations.

Estimation du mobilier des petites industries.

Art. 321. — Les règles tracées ci-dessus pour l'estimation d'un mobilier personnel ou de ménage, peuvent être également suivies pour l'estimation d'un mobilier industriel appartenant à des marchands, artisans ou petits fabricants, ainsi que pour le mobilier aratoire.

Estimation du mobilier industriel des usines.

Art. 322. — Pour le mobilier industriel des fabriques, des usines, des filatures, etc., on se fait représenter le dernier inventaire.

On interroge les contre-maîtres, les ouvriers, les personnes ou mécaniciens qui ont fourni, confectionné ou réparé les métiers, machines et ustensiles.

On cherche à s'assurer de l'existence des objets réclamés par l'inspection des emplacements qu'ils ont occupés, par l'examen des débris, ferrements et garnitures métalliques.

Métiers et machines.

Art. 323. — Pour déterminer la valeur, on s'informe de l'âge et du système des machines et métiers, et des noms des constructeurs qui les ont établis ou réparés.

On examine attentivement les métiers sauvés et les restes de ceux qui auront été détruits, pour servir de point de comparaison.

Appréciation relative.

Art. 324. — Dans l'estimation des métiers et machines, les experts tiendront compte de la moins-value que les progrès de l'industrie auront pu faire éprouver à des objets anciens et mal établis, ainsi que de la dépréciation qui pourrait résulter de l'état de gêne ou de stagnation de la branche de commerce à laquelle appartiendra l'établissement incendié. Ils ne perdront pas de vue qu'en aucun cas la valeur estimative, même intrinsèque, des objets assurés ne doit dépasser la somme que l'assuré en aurait retirée *par l'effet d'une vente.*

Constatations pour les marchandises.

Art. 325. — Pour constater l'existence, la qualité et la valeur des marchandises assurées, les livres de l'assuré, son dernier inventaire, les factures, les lettres de voiture, la correspondance, le témoignage des commis et employés, celui des personnes avec lesquelles l'assuré était en relation d'affaires, ou qui fréquentaient la maison ou le magasin, sont des sources où l'on puisera les renseignements nécessaires (voir art. 265 ci-dessus).

Marchandises soumises à la surveillance des douanes ou de la régie.

Art. 326. — Lorsque l'assurance portera sur des marchandises placées sous la surveillance des douanes ou de la régie des contributions indirectes, on profitera de ces deux circonstances pour se procurer auprès de ces administrations tous les renseignements nécessaires.

Commerçant sans livres ni papiers.

Art. 327. — Lorsque les livres et papiers de l'assuré auront péri dans l'incendie, ou lorsqu'il s'agira d'estimer les marchandises d'un commerçant ne tenant pas d'écritures, on suppléera aux renseignements écrits :

Par les inductions que l'on pourra tirer de l'examen des localités, place par place ;

Par les débris, les cendres et les traces que le feu a laissés ;

Par un contrôle plus sévère des déclarations de l'assuré, et par des justifications plus nombreuses qu'on exigera de lui ;

Par les informations qu'on prendra auprès des gens de sa maison, de ses correspondants, de ses acheteurs, de ses vendeurs, etc.

Les *duplicata* de factures que l'assuré est toujours à même de reproduire seront aussi des documents précieux.

ART. 328. — Si l'assurance porte sur marchandises en fabrication, les experts se feront rendre compte de la situation des travaux au moment de l'incendie.

(Marchandises en fabrication.)

Ils prendront en considération l'activité plus ou moins grande de l'établissement; ils s'informeront auprès des ouvriers quels étaient les métiers en activité, leur nombre, leur marche, leurs produits journaliers en quantité et qualité.

Ils consulteront, comme pour les autres marchandises, les livres qui constatent le mouvement de la fabrique, les inventaires, la correspondance, les lettres de voiture, etc., et, au besoin, ils s'adresseront aux maisons de commerce qui fournissaient les matières premières, et à celles qui achetaient les produits.

ART. 329. — La valeur des marchandises (art. 19 de la Police) sera établie d'après le cours du jour, qu'il ne faut pas confondre avec le prix d'achat ou de *revient*, ni avec le prix auquel l'assuré aurait pu vendre dans son commerce. Le cours du jour doit s'entendre du prix auquel on pourrait, le jour de l'incendie, remplacer les marchandises perdues.

(Estimation au cours du jour.)

ART. 330. — Pour apprécier les pertes sur produits de récoltes, on examinera :

(Estimation des récoltes.)

1° L'étendue et la nature des terres qu'exploite l'assuré;

2° Les produits de la dernière récolte, eu égard aux accidents, tels que la grêle, la gelée, etc., qui auraient altéré les qualités ou diminué les quantités;

3° L'époque de l'année, d'après laquelle les approvisionnements doivent être plus ou moins considérables;

4° Le montant des ventes faites depuis la dernière récolte, comme aussi la consommation journalière de la ferme, eu égard au nombre d'ouvriers, à celui des bestiaux et des animaux de labour.

Si l'assuré tient des notes ou des livres, on en exigera la représentation.

On interpellera les garçons de ferme, les journaliers, les batteurs en grange, les charretiers, les facteurs des marchés.

On comparera les produits des voisins, et on consultera les maires, adjoints et autres habitants notables de la commune.

ART. 331. — L'existence et la valeur des bestiaux, troupeaux et animaux de labour, seront aussi établies par le témoignage des ouvriers et journaliers, et par celui des cultivateurs voisins.

(Bestiaux, troupeaux, etc.)

ART. 332. — Les grains, fourrages et autres denrées seront estimés d'après la mercuriale du dernier marché qui a précédé l'incendie, déduction faite de tous frais de battage, de transport, de factage, etc.

(Mercuriale des grains, fourrages et denrées.)

Art. 333. — L'estimation des dommages d'incendie sur les bois et les forêts consiste à déterminer :

1° La valeur du bois assuré, eu égard à l'âge et à l'état d'aménagement, et, bien entendu, déduction faite du sol ;

2° La diminution que cette valeur a éprouvée par l'effet de l'incendie ;

3° La valeur du sauvetage, composée du bois à abattre et des souches qui doivent servir au recepage, l'incendie n'étant pas une cause de défrichement.

On fixe les prix suivant les ventes des dernières coupes ou sur d'autres données, et on prend telles informations qu'il sera nécessaire auprès des agents et employés de l'administration forestière.

Art. 334. — Lorsque l'expertise aura pour objet un immeuble affecté à la garantie d'une créance hypothécaire (voir art. 21), les experts auront à constater :

1° La valeur vénale de la propriété avant l'incendie, *sol compris ;*

2° La valeur vénale de la partie restante et des débris, *aussi sol compris.*

L'Agent exigera de l'assuré qu'il prouve : 1° que son inscription n'avait pas, au jour de l'incendie, perdu son effet par la péremption, le paiement, la prescription du titre ou toute autre cause ; 2° que sa créance serait venue en ordre utile, soit en partie, soit en totalité, sur la valeur de l'immeuble, avant l'incendie, déduction faite des frais d'expropriation.

Art. 335. — Lorsque l'incendie aura atteint la responsabilité d'un locataire, il faut examiner :

1° S'il y a plusieurs locataires dans les mêmes bâtiments incendiés ;

2° Si le propriétaire les occupe en partie ;

3° Si la Compagnie a assuré les risques de propriétaire et les risques locatifs à la fois ;

4° Si elle n'a assuré que les risques locatifs sans assurer la propriété.

Dans les deux premiers cas, il sera très-important de rechercher et de déterminer, d'une manière certaine, le point où l'incendie aura commencé ; car, dans le doute, tous les locataires et le propriétaire lui-même pourraient partager la responsabilité des dommages.

Dans le troisième cas (celui où la Compagnie aurait à la fois assuré le propriétaire et le locataire), il faut examiner si la somme assurée sur le risque locatif couvre la somme garantie au propriétaire, et, dans ce cas, il n'y a pas lieu à faire à l'égard du locataire une estimation particulière des dommages, ni de le faire intervenir dans l'expertise.

Mais si le locataire n'a fait assurer son risque locatif que pour une partie de la somme assurée au propriétaire, la Compagnie peut avoir un recours à exercer contre lui pour l'excédant, et, dans ce cas, il doit intervenir dans l'expertise. S'il s'y refuse, il lui sera fait sommation comme il est dit à l'article 273 ci-dessus.

Enfin, dans le quatrième cas (celui où la Compagnie n'aurait assuré que le locataire), il faut examiner avec soin, comme il est dit à l'article 274, si le locataire ne peut pas faire valoir en sa faveur l'une des exceptions prévues par les articles 1733 et 1734 du Code Napoléon.

S'il y a doute sur la responsabilité du locataire, l'expertise est suspendue, et l'Agent attend les ordres de la Compagnie. *(Suspension de l'expertise.)*

Si l'expertise ne peut être suspendue, vu l'urgence, ou si l'Agent est contraint d'y assister, il doit faire les réserves les plus expresses dans l'acte de nomination des experts et dans le procès-verbal d'expertise (voir art. 300 ci-dessus). *(Réserves à faire dans certains cas.)*

Art. 336. — Dans tous les cas, MM. les Agents doivent vérifier si le locataire a fait assurer sur son risque locatif une somme égale à *quinze fois* au moins le montant annuel de son loyer; car, dans le cas contraire, la Compagnie ne répondrait du dommage que dans la proportion de la somme assurée, et le locataire resterait son propre assureur pour le surplus (voir art. 22 de la Police). *(Vérification de la somme assurée et du prix du loyer.)*

Il peut être dérogé à l'application de la règle proportionnelle dont il vient d'être parlé, lorsque la somme assurée, quoique inférieure à *quinze fois* le montant annuel du loyer, représente la valeur totale du bâtiment loué. *(Exception à la règle proportionnelle.)*

Art. 337. — Lorsqu'il s'agira de dommages occasionnés à des propriétés appartenant à des voisins dont le recours a été garanti par la Compagnie, l'Agent doit faire toutes les recherches et prendre toutes les informations nécessaires pour connaître les causes de l'incendie, mais il doit s'abstenir de tout acte relatif à l'expertise. Il fera connaître les faits à la Compagnie et attendra ses instructions. *(Recours de voisins.)*

Art. 338. — Lorsque des marchandises en route (voir art. 94 ci-dessus) éprouvent un sinistre, le voiturier est tenu de faire dresser procès-verbal par l'autorité municipale du lieu de l'incendie. *(Roulage. — Marchandises en route.)*

Cette pièce, envoyée au commissionnaire-chargeur assuré, doit être remise par ce dernier à l'Agent qui a souscrit la Police, en y joignant : 1° la copie des lettres de voiture; 2° une note détaillée des réclamations des propriétaires. Toutes les pièces sont ensuite transmises à la Compagnie qui décide s'il y a lieu au paiement immédiat, ou si une expertise est nécessaire.

Art. 339. — L'Agent-Général sur le territoire duquel arrivera un sinistre sur *roulage* se transportera sur les lieux, et prendra les mesures de conservation prescrites par les articles 262 et suivants des présentes Instructions. *(Soins à prendre.)*

SECTION TROISIÈME.

Du règlement définitif des sinistres, des frais y relatifs et du paiement de l'indemnité.

Art. 340. — Aussitôt l'expertise terminée, l'Agent envoie à la Compagnie toutes les pièces composant le dossier du sinistre, et notamment : *(Envoi des pièces du sinistre.)*

1° La déclaration, ou les déclarations devant l'Agent prescrites par l'article 261 ci-dessus;

2° La déclaration devant le juge de paix prescrite par l'article 266, ou celle devant le maire ou le commissaire de police, prescrite par l'article 267;

3° L'état détaillé des objets incendiés, avariés et sauvés, prescrit par l'article 314;

4° Le double de l'acte de nomination d'experts (art. 293), avec la procuration de l'assuré s'il ne sait pas signer;

5° Le procès-verbal d'expertise indiqué à l'article 306, ou la transaction prévue par l'article 283, l'un et l'autre accompagnés des pièces prescrites;

6° Les originaux de tous les exploits qui ont pu être signifiés à l'occasion du sinistre (art. 257, 269, 273, 275, 294, 295, 335 ci-dessus, et 360 ci-après).

Mémoire des frais et dépenses. — Bulletin de paiement.

ART. 341. — L'Agent doit joindre à cet envoi un mémoire détaillé de tous les frais et dépenses occasionnés par le sinistre, *avec les quittances et pièces justificatives à l'appui.*

Ces frais comprennent :

1° Les sommes payées aux experts pour leurs honoraires et les dépenses nécessaires faites dans l'intérêt du sauvetage;

2° La dépense personnelle à l'Agent pour frais de voiture ou de transport au lieu du sinistre et retour, plus les frais et dépenses de bouche.

Les frais personnels de l'Agent doivent se borner aux déboursés réels faits par lui, sans rien y comprendre pour vacations (1).

La note des dépenses ci-dessus doit être établie sur les imprimés fournis par l'Administration (voir bulletin de paiment, modèle n° 57).

Chaque article de dépense excédant *cinq francs*, doit être appuyé d'une quittance justificative délivrée par la partie prenante.

Conséquences d'une omission ou d'un retard.

ART. 342. — Les prescriptions contenues dans l'article qui précède sont obligatoires, et MM. les Agents sont priés de s'y conformer sans exception.

Toute contravention aurait pour effet :

1° Le rejet de la dépense non justifiée;

2° L'ajournement du règlement définitif du sinistre, et, par conséquent, du paiement de l'indemnité; l'Agent demeurant responsable des conséquences de ce retard (2).

(1) Le déplacement d'un Agent pour cause de sinistre dans l'étendue de son agence, ne donne ouverture à aucun droit en sa faveur, ni comme indemnité, ni comme honoraires. Le règlement des sinistres est pour lui une obligation inhérente à ses fonctions, sauf le paiement de ses déboursés. Du reste, l'occasion que procure toujours un sinistre de faire des assurances dans le lieu où il est arrivé, est un ample dédommagement pour le dérangement de l'Agent.

(2) Pour être présenté au Conseil d'administration, le dossier d'un sinistre doit être complet, nonseulement pour les pièces réglementaires relatives à l'expertise (art. 340), mais encore pour la dépense des frais (art. 341); car le principal et les frais sont sujets à être ordonnancés en même temps, et ne doivent pas l'être séparément.

Art. 343. — Toutes les dépenses relatives à un sinistre sont payées par la caisse de l'Agent, lors même que les opérations du sinistre auraient été dirigées par un inspecteur, avec ou sans la présence de l'Agent.

A cet effet, lorsque l'Agent opérera concurremment avec l'inspecteur, il soldera, sur l'ordre de celui-ci, les frais qui seront faits; et lorsque l'inspecteur aura procédé seul au règlement, l'Agent lui remboursera les dépenses sur le vu et en échange des quittances justificatives qui seront annexées au compte de l'Agent.

Art. 344. — Lorsque l'Agent fait l'envoi du dossier d'un sinistre à la Compagnie, il doit lui adresser en même temps un rapport détaillé, contenant l'exposé des faits qui ont accompagné, précédé ou suivi le règlement. Il fera connaître le résultat de l'expertise, le montant des frais et les gratifications pécuniaires ou honorifiques qu'il lui semblerait utile d'accorder aux pompiers ou autres personnes qui auraient concouru avec éclat à arrêter les progrès de l'incendie (1).

Il dira, par avis motivé, s'il est convenable ou opportun de se pourvoir contre l'expertise ou d'autoriser le paiement; s'il importe d'user de la faculté réservée par l'article 21 de la Police, qui autorise la Compagnie à faire reconstruire ou réparer les dégâts; à reprendre, en totalité ou en partie, les objets avariés pour le montant de leur estimation, ou à remplacer tout ou partie de ces objets en nature.

Enfin, il dira s'il y a lieu de maintenir les Polices de l'assuré en tout ou partie ou d'en faire la résiliation, conformément à l'article 24 de la Police (voir art. 269 ci-dessus).

Art. 345. — Lorsque toutes les pièces relatives à un sinistre ont été remises à la Compagnie, celle-ci examine si elles sont régulières, et, dans le cas affirmatif, elle détermine le montant de l'indemnité, suivant les conditions de la Police, et ordonnance le paiement.

Si, au contraire, il y a lieu à observation, si l'expertise est sujette à rectification, elle donne les instructions nécessaires à l'Agent.

Art. 346. — S'il résulte de l'expertise qu'au moment de l'incendie la somme assurée était supérieure à la valeur réelle des objets garantis, la Compagnie ne sera tenue de payer que le dommage effectif ou les pertes réelles, et rien au-delà (voir art. 3 de la Police, 285 et 304 ci-dessus).

Art. 347. — Si, au contraire, la valeur réelle des objets garantis était supérieure à la somme assurée, au moment du sinistre, la perte à la charge de la Compagnie serait réduite au centime le franc, conformément à l'article 20 de la Police. *Exemple :*

(1) MM. les Agents doivent mettre beaucoup de réserve dans les demandes de cette nature, pour ne pas donner lieu aux abus. Chacun est tenu de porter secours lors d'un incendie; aussi les gratifications ne doivent être demandées et accordées que pour des services signalés et des actions d'éclat ayant particulièrement contribué à arrêter l'extension du feu.

Il n'a été assuré que 50,000 fr. sur une propriété qui, au moment de l'incendie, valait... 75,000 fr.

La partie sauvée du sinistre a une valeur de...................... 15,000

Le dommage est donc de.. 60,000 fr.

Dans cette hypothèse, la Compagnie n'a été, de fait, assureur que pour une partie de la valeur totale, soit deux tiers, et l'assuré est resté son propre assureur pour l'autre portion, soit un tiers. La perte à la charge de chacune des parties doit donc se calculer dans la proportion de leurs intérêts réciproques, soit deux tiers pour la Compagnie et un tiers pour l'assuré, suivant la proportion ci-après :

Valeur totale   Perte totale.
de la propriété.

75,000 fr. : 60,000 fr. :: $\left\{\begin{array}{l}\text{50,000 fr. montant de l'assurance} : x = \text{40,000 fr. contingent de la Compagnie.} \\ \text{25,000 fr. id. du découvert} : x = \text{20,000 fr. id. de l'assuré.}\end{array}\right.$

Ce résultat est absolument le même que si la propriété avait été assurée par deux compagnies, savoir :

Par l'une, pour.. 50,000 fr.

Et par l'autre (*que représente implicitement l'assuré*), pour........... 25,000

C'est ce que l'on appelle, en termes d'assurances, *l'application de la règle proportionnelle.*

Art. 348. — S'il arrive, comme il est prévu à l'article 20 des conditions générales de la Police, qu'il existe simultanément plusieurs assurances sur le même objet, le partage des pertes s'effectue également au centime le franc, de la manière suivante :

Supposons qu'il soit survenu une perte de 200,000 fr. sur un objet valant 500,000 fr., et que le propriétaire ait fait assurer 450,000 fr. par diverses compagnies, et soit resté découvert pour le surplus; quelle sera la perte de chacun? On établit la proportion comme il suit :

Valeur totale. Perte totale.

500,000 fr. : 200,000 fr. :: $\left\{\begin{array}{l}\text{150,000 fr assurance de la C}^\text{ie}\text{ l'Aigle} : x = \text{60,000 fr. contingent de la C}^\text{ie}\text{ l'Aigle.} \\ \text{100,000 id. du Phénix} : x = \text{40,000 id. du Phénix.} \\ \text{100,000 id. du Soleil} : x = \text{40,000 id. du Soleil.} \\ \text{100,000 id. Générale} : x = \text{40,000 id. Générale.} \\ \text{50,000 id. du propriétaire} : x = \text{20,000 id. de l'assuré.}\end{array}\right.$

Si, dans l'hypothèse ci-dessus, l'assuré était couvert pour le tout, il n'aurait à supporter aucune portion du dommage, et la perte serait répartie entre les diverses compagnies dans la proportion de leurs assurances respectives, comme cela est indiqué.

Art. 349. — Les assurés ne peuvent jamais faire aucun délaissement, ni total ni partiel, des objets assurés, avariés ou sauvés; mais si la Compagnie estime que les experts ont apprécié au-dessous de la valeur réelle des objets échappés à l'incendie, elle a le droit de reprendre ces objets en tout ou partie pour le montant de leur estimation (voir art. 21 de la Police).

D'après le même principe, si elle croit que les experts ont exagéré les dommages, elle peut faire réparer ou reconstruire les bâtiments détruits ou endommagés, ou remplacer en nature tout ou partie des objets avariés ou détruits (voir art. 24 de la Police).

Toutes les fois que la Compagnie aura intérêt à exercer l'un ou l'autre de ces droits, l'Agent devra l'en avertir, comme cela est prescrit par l'article 344 ci-dessus. Droits de la Compagnie.

Art. 350. — Aucune indemnité de sinistre ne peut être payée sans une autorisation spéciale et expresse de la Compagnie, à moins que la somme à payer ne soit au-dessous de 100 fr. Tout paiement doit être autorisé.

Art. 351. — Lorsqu'il est ordonnancé, le paiement est fait au comptant, à la caisse de la Compagnie, à Paris (art. 24 de la Police). Mode du paiement.

Art. 352. — La Compagnie pourvoit au paiement, soit, lorsque la somme est minime, en autorisant l'Agent à la payer sur sa caisse ;

Soit en remettant, par l'intermédiaire de l'Agent, à l'assuré, un mandat à l'ordre de ce dernier sur la caisse de la Compagnie.

Art. 353. — La délivrance du mandat est faite par l'Agent, contre une quittance signée par l'assuré et par sa femme, autorisée spécialement, s'il est constaté que l'immeuble incendié provient du chef de cette dernière ; le mari doit, dans ce cas, ajouter : « Bon pour autorisation de ma femme et pour quittance de..... » Cette quittance doit être légalisée par le maire de la commune où réside l'assuré. Quittance de l'assuré. — Intervention de sa femme.

Les quittances sont faites sur les imprimés destinés à cet usage et dont la Compagnie munit ses Agents (voir modèle n° 58).

Il est indispensable d'indiquer dans la quittance si l'assurance est maintenue ou résiliée ; mais, dans le dernier cas, la mention : « Fait double ou triple » doit être spécifiée sur la quittance à signer par l'assuré ; la résiliation doit, en outre, être constatée par un avenant de résiliation en double, conformément à l'article 211 ci-dessus. Mentions indispensables.

Aussitôt que la quittance est signée et légalisée, l'Agent doit l'adresser à la Compagnie, et y joindre le double de l'avenant de résiliation. Envoi immédiat.

Art. 354. — La quittance d'un créancier hypothécaire doit toujours être donnée par acte notarié, et elle doit contenir, jusqu'à due concurrence, la stipulation expresse de la subrogation de la Compagnie à l'action personnelle et aux droits hypothécaires du créancier contre son débiteur. Quittance d'un créancier hypothécaire.

Art. 355. — Le paiement des indemnités provenant de l'assurance des risques locatifs et du recours des voisins, doit être fait au propriétaire ou aux voisins, et contre la quittance de ceux-ci. Quittances pour risques locatifs, recours de voisins.

Art. 356. — Les sinistres de roulage et ceux de marchandises assurées pour le compte de tierces personnes, seront payés aux propriétaires des objets détruits. Quittances pour roulage.

Art. 357. — Dans les cas prévus par les articles 355 et 356 ci-dessus, l'assuré doit intervenir dans la quittance pour déclarer qu'au moyen du paiement fait à ses Libération de la Compagnie.

ayants-droit par la Compagnie, il tient celle-ci quitte et libérée de toutes choses relatives à son assurance.

Assuré ne sachant signer. Procuration.

ART. 358. — Lorsqu'un assuré ne saura pas signer, il devra, à ses frais, donner une quittance par-devant notaire, ou autoriser, par acte notarié, une tierce personne à recevoir et à donner quittance en son nom. Cette procuration doit aussi contenir le pouvoir de toucher l'indemnité, de donner quittance, de subroger et de résilier la Police (voir modèle n° 59).

Obstacles au paiement.

ART. 359. — Avant d'effectuer le paiement de l'indemnité ou de délivrer le mandat de paiement, l'Agent devra examiner s'il n'existe point, du chef de l'assuré ou de ses représentants, une incapacité légale de recevoir, savoir :

1° Une saisie arrêt ou opposition ;

2° Une minorité ou interdiction non pourvues de tutelles ;

3° Une faillite ou déconfiture ;

4° Une succession vacante ;

5° Une absence non suivie de déclaration ou d'envoi en possession ;

6° Une indivision ;

7° Une mise sous l'assistance d'un conseil judiciaire encore en suspens ;

8° Un simple état d'imbécillité, de démence ou de fureur ;

9° Une condamnation par contumace ;

10° Un état de mort civile ;

11° Une simple privation des droits civils, soit comme peine principale, soit comme accessoire d'une peine plus grave ;

12° Un bannissement ou une déportation ;

13° Une poursuite pour crime d'incendie de l'objet assuré, ou toute autre circonstance qui aurait pour effet d'invalider le paiement.

Saisies-arrêts ou oppositions.

ART. 360. — Si, avant ou après le sinistre, il est fait entre les mains de l'Agent des oppositions ou saisies-arrêts sur l'indemnité, il doit en donner immédiatement connaissance à la Compagnie et lui transmettre les exploits signifiés.

Responsabilité en cas de négligence.

Dans ce cas, l'Agent doit, comme dans ceux prévus dans l'article précédent, s'abstenir de tout paiement total ou partiel, sous peine de *responsabilité personnelle* en cas de négligence.

Prescription.

ART. 361. — Toute action en paiement de sinistre se prescrivant par le terme de *six mois* (art. 25 de la Police), les Agents ne donneront aucune suite aux réclamations qui pourraient leur être faites passé ce délai.

CHAPITRE XIX.

Des contestations.

Marche à suivre en cas de contestations.

ART. 362. — S'il s'élève une contestation entre la Compagnie et un assuré, soit sur les opérations relatives à un sinistre, soit sur l'exécution des dispositions de la Police, soit sur tout autre objet relatif au paiement des primes, l'Agent ne doit prendre aucune initiative; il doit se borner à en référer à la Compagnie, lui soumettre un exposé de l'affaire et attendre ses instructions.

En cas d'urgence, il prend l'avis d'un homme de loi (voir art. 279 ci-dessus).

CHAPITRE XX.

De la Comptabilité.

Art. 363. — La comptabilité de MM. les Agents-Généraux est établie par deux registres que l'Administration leur fournit, et dont la tenue régulière leur est prescrite, savoir :

Registres à tenir au courant.

1° Un *registre des polices* destiné à inscrire les polices ou assurances souscrites par l'Agent;

Registre des Polices.

2° Un *livre de caisse* destiné à inscrire les recettes et les dépenses que l'Agent a faites pour le compte de la Compagnie.

Livre de caisse.

Ces deux registres sont cotés et paraphés par la Direction générale, et doivent être arrêtés par l'Agent à la fin de chaque mois, suivant la formule indiquée aux modèles n°ˢ 60 et 61.

Arrêtés mensuels.

Art. 364. — Indépendamment de ces deux registres, MM. les Agents-Généraux sont nantis d'un *registre de quittances à souche* dont l'emploi est indiqué à l'article 234 ci-dessus.

Registre des quittances.

Art. 365. — MM. les Agents doivent inscrire *jour par jour* et par ordre de dates et de numéros, sur le registre des Polices, toutes les assurances souscrites, en ayant soin de laisser en blanc toutes les colonnes des *primes à recouvrer*, lesquelles ne sont remplies qu'au fur et à mesure des paiements.

Tenue du registre des Polices.

Cette manière de procéder donne à MM. les Agents la facilité de contrôler leurs propres opérations et d'apercevoir d'un coup d'œil quelles sont les primes arriérées de leur agence.

Facilité du contrôle.

Art. 366. — L'inscription des Polices est faite par série de numéros.

Inscription des Polices.

Pour que les numéros de série et les dates des assurances soient toujours correspondants, c'est au moment même de la confection des Polices que doit avoir lieu leur enregistrement, et non lorsqu'elles reviennent signées par les assurés. MM. les Agents doivent s'abstenir de donner aux Polices des numéros *bis*.

Dans le cas où une Police restera sans effet, elle sera annulée, conformément à l'article 377 ci-après.

Polices sans effet.

Art. 367. — Quand il se présentera des Polices anticipées, ou dont les primes seront payables postérieurement au mois de leur inscription, il faut néanmoins les inscrire au registre des Polices, à la date où elles sont faites et sous leur numéro d'ordre,

Polices à effet anticipé.

mais en ayant soin de remplir par des guillemets toutes les colonnes destinées à l'inscription des valeurs assurées et des primes, et en mettant à la colonne des observations ces mots : *Assurance anticipée, primes payables le. . . . . (date de l'échéance)*. On procède ensuite à une seconde inscription complète, en tête du mois dans lequel le paiement des primes doit avoir lieu. Les primes payées annuellement sont portées à cette seconde inscription, la première ne servant que pour *mémoire*, et pour donner aux Polices les numéros d'ordre qui, autrement, seraient interrompus.

Exemple : Une Police faite en octobre a sa prime payable le 10 décembre.

On inscrit d'abord cette Police à son numéro d'ordre, au mois d'octobre, sans émarger aucune somme, et on met à la colonne d'observations : *Police anticipée, primes payables le* 10 *décembre*. Puis, en décembre, on inscrit cette Police *en tête* du mois, en lui laissant le numéro d'ordre sous lequel elle a été inscrite en octobre (1). De cette manière, le registre des Polices sert en même temps de *carnet d'échéance ;* car il suffit de faire le relevé des primes de tous les mois correspondants dont il s'agit d'opérer les recouvrements, pour avoir l'état exact des primes à encaisser chaque mois.

L'inscription se fait sans blanc ni lacune.

Art. 368. — L'enregistrement des Polices est fait sommairement, sans blanc, lacunes, ni interlignes (voir modèle n° 60).

Mentions diverses à faire.

Art. 369. — Lorsqu'une Police est annulée, résiliée ou modifiée, ou lorsqu'il y a renouvellement, remplacement, réassurance, communauté de risque, etc., on fait mention de ces circonstances dans la colonne d'observations du registre (voir modèle n° 60).

On mentionne également, lorsqu'une assurance est souscrite en vertu d'une autorisation spéciale de la Compagnie, la date de la lettre d'autorisation.

Toutes les fois qu'une Police est devenue sans effet, on peut barrer la ligne d'un léger trait de plume horizontal, en laissant subsister, néanmoins, le motif de l'annulation dans la colonne d'observations.

Forme du livre de caisse.

Art. 370. — Le *livre de caisse* sert à inscrire toutes les recettes et dépenses que l'Agent a été autorisé à faire pour le compte de la Compagnie.

Ce registre doit, comme celui des Polices, être tenu *jour par jour*, sans blancs, ni lacunes, ni interlignes, et être aussi arrêté à la fin de chaque mois (voir modèle n° 61).

Inscription de la recette des primes.

Art. 371. — La recette des primes doit être inscrite article par article, avec indication de l'année à laquelle chaque prime payée est afférente. On ajoute à la première année, mais par article séparé, le coût de la Police et de la plaque (voir modèle n° 61).

Comptabilité mensuelle.

Art. 372. — Le dernier jour de chaque mois, MM. les Agents-Généraux, après avoir arrêté leurs registres, dressent leurs comptes avec la Compagnie.

Bordereaux qui la composent.

A cet effet, l'Administration leur fournit des bordereaux imprimés dont ils sont tenus de faire emploi.

(1) Cette seconde inscription doit être faite à l'encre rouge, pour indiquer que la Police a été faite antérieurement, et expliquer ainsi pourquoi le numéro d'ordre est en dehors de sa série.

La comptabilité de chaque mois se compose des bordereaux suivants :

1° Un bordereau, n° 1, des assurances souscrites pendant le mois (voir modèle n° 62);

2° Un bordereau, n° 2, des Polices rentrées pendant le mois et dont les primes n'avaient pas été payées à leur date (voir modèle n° 63);

3° Un bordereau, n° 3, des primes échues, encaissées pendant le mois (voir modèle n° 64);

4° Un bordereau, n° 4, des primes échues et non recouvrées (voir modèle n° 65);

5° Un bordereau, n° 5, des Polices annulées, résiliées, remplacées ou expirées pendant le mois (voir modèle n° 66);

6° Un état, n° 6, des Polices et plaques reçues et employées pendant le mois (voir modèle n° 67);

7° Un état, n° 7, des ports de lettres et paquets venant de la Direction, payés dans le mois (voir modèle n° 68 et art. 379 ci-après);

8° Un décompte, n° 8, des remises et commissions à prélever sur les primes encaissées de première année (voir modèle n° 69);

9° Enfin, un décompte, n° 9, portant toutes les recettes et les dépenses du mois (voir modèle n° 70) (1).

ART. 373. — Pour établir le bordereau n° 1 *des assurances souscrites pendant le mois*, on relève sur le registre des Polices toutes les assurances souscrites pendant le mois, quand bien même les Polices ne seraient ni rentrées ni payées.

On inscrit d'abord toutes les Polices indistinctement jusqu'à la colonne intitulée : *Primes convenues*, inclusivement. Ensuite, on relève sur le livre de caisse celles dont la prime a été payée, ainsi que le coût de la Police et de la plaque, et on porte le montant des recettes dans les colonnes du bordereau destinées à cet effet.

On relate, dans la colonne des observations du bordereau, toutes les annotations consignées sur le registre des Polices, et notamment celles dont il a été parlé à l'article 369 ci-dessus.

On porte également dans la colonne des *primes au comptant* la totalité des primes *payées sous escompte* (voir art. 168 ci-dessus), ainsi que celles composées d'une année et d'une fraction d'année (voir art. 162), en mentionnant ces circonstances dans la colonne d'observations.

On additionne toutes les colonnes du bordereau, et à la fin on en déduit le montant des renouvellements.

On indique en regard de chaque assurance le nom de l'Agent ou du sous-agent qui l'a procurée.

(1) MM. les Agents sont tenus de joindre à leur comptabilité mensuelle un autre bordereau, n° 10, contenant l'état récapitulatif de toutes les primes dont ils sont comptables, avec indication de chaque mois auquel elles appartiennent.

Enfin, on joint à ce bordereau l'une des ampliations de toutes les Polices dont les primes sont payées, après avoir établi en tête de chacune d'elles le décompte sommaire des primes et des frais.

Bordereau n° 2.

ART. 374. — Le bordereau n° 2 *des polices rentrées pendant le mois et dont les primes n'avaient pas été payées à leur date*, sert de complément au bordereau n° 1, car il rapporte celles des Polices arriérées qui étaient restées impayées dans ce dernier bordereau pendant les mois précédents.

L'inscription des Polices sur le bordereau n° 2 se fait comme sur le bordereau n° 1, et les mêmes relations et mentions doivent y être faites dans la colonne des observations.

De même qu'au bordereau n° 1, toutes les ampliations de Polices payées doivent être jointes au bordereau n° 2.

Bordereau n° 3.

ART. 375. — Le bordereau n° 3 *des primes échues, encaissées pendant le mois*, sert à inscrire toutes les primes échues des Polices antérieurement en cours, dont l'Agent a fait le recouvrement pendant le mois.

Le relevé de ces primes se fait sur le livre de caisse.

Il est essentiel d'indiquer exactement l'année à laquelle la prime payée est afférente. Cette indication se fait, non pas en mettant le millésime de l'année, comme 1851 ou 1852, mais en désignant l'année par 2°, 3°, 4°, etc., suivant l'échéance.

Responsabilité de l'Agent.

Par mesure d'ordre, il est recommandé à MM. les Agents de ne jamais faire figurer, soit dans les livres, soit dans les bordereaux, des primes qui n'auraient pas été payées en réalité par les assurés. L'Agent ne devant, en aucun cas, faire l'avance d'une prime, il est averti que toutes celles qui figureront dans ses comptes ou bordereaux demeureront irrévocablement acquises à la Compagnie, et seront considérées comme régulièrement encaissées, nonobstant toutes réclamations contraires.

Bordereau n° 4.

ART. 376. — Le bordereau n° 4, *des primes échues et non recouvrées*, doit contenir, de la manière indiquée aux diverses colonnes, les primes échues dont le recouvrement n'a pu être effectué dans les trois mois de leur échéance, c'est-à-dire qu'une prime échue en janvier et non payée au 31 mars, doit figurer dans le bordereau de mars. Il faut avoir soin d'indiquer à la colonne d'observations la cause du non paiement de chaque prime (voir art. 255).

S'il est dû des primes plus anciennes, elles sont portées à la colonne des primes arriérées.

Bordereau n° 5.

ART. 377. — Le bordereau n° 5, *des Polices annulées, résiliées, remplacées ou expirées dans le mois*, doit faire connaître les causes qui ont amené les changements ou résiliations. Il faut, en outre, qu'il soit accompagné des pièces justificatives à l'appui; en conséquence, toutes les Polices annulées, résiliées, remplacées ou expirées, doivent être jointes à ce bordereau, ainsi que les avenants de résiliation, la signification de cessation d'assurance à fin de période, et la Police de l'assuré lorsqu'elle a été retirée de ses mains (voir art. 211 ci-dessus).

MM. les Agents ne doivent faire figurer sur le bordereau n° 5 aucune Police comme *expirée*, à moins de produire à l'appui l'acte de *signification de désistement*, régulièrement notifié dans le délai fixé à l'article 5 des conditions générales de la Police (voir art. 210 des Instructions générales). *Pièce indispensable.*

Art. 378. — L'état n° 6, *des Polices et plaques*, doit faire connaître le compte mensuel de l'Agent, relativement à son matériel dont il est responsable. La recette se compose de la quantité de plaques et de Polices dont l'Agent était comptable à la fin du mois précédent, et de celles qu'il a reçues pendant le mois. La dépense comprend toutes les Polices et plaques employées et *payées* pendant le mois. *Bordereau n° 6.*

Art. 379. — L'état n° 7, *des ports de lettres et paquets*, ne doit comprendre que les lettres et paquets venant de la Direction générale, tous autres frais et ports demeurant à la charge personnelle de l'Agent (voir art. 52 ci-dessus). Ce bordereau ne sert qu'aux agences organisées à l'étranger, les lettres et paquets venant de la Direction étant affranchis au départ pour la France et l'Algérie. *Bordereau n° 7. Ne sert qu'aux agences à l'étranger.*

Art. 380. — Le *décompte* n° 8 est un état récapitulatif et détaillé des remises qui sont accordées à l'Agent sur les assurances comprises dans les bordereaux n°⁸ 1 et 2. *Bordereau n° 8.*

Ce décompte n'est relatif qu'aux primes, et il ne doit pas comprendre les remises sur plaques et Polices, lesquelles sont comptées séparément. *Mélange à éviter.*

Le produit du décompte n° 8 est porté en un seul article de dépense au décompte n° 9 ci-après.

Art. 381. — Le *décompte* n° 9 est le compte général mensuel de l'Agent-Général avec la Compagnie; il résume, à la recette, les bordereaux n°⁸ 1, 2, 3 et 6. Chaque nature de recette y est désignée, et le montant brut doit être tiré hors ligne, sans déduction d'aucunes remises. *Bordereau n° 9.*

La seconde partie du décompte contient toutes les natures de dépenses, y compris les remises et commissions.

En suivant avec attention les différentes désignations, l'Agent trouvera facilement à classer toutes les sommes.

L'espace réservé en blanc aux deux parties du décompte sert à inscrire les recettes ou dépenses non désignées par les articles imprimés.

Les déboursés des Agents que la Compagnie prend à sa charge (voir art. 52 ci-dessus) doivent être portés en un seul article au décompte, en l'appuyant d'une note détaillée sur pièce séparée.

Il en est de même pour le montant principal des sinistres et la masse des frais y relatifs.

Toutes les pièces justificatives des dépenses doivent être jointes au décompte, *sous peine de rejet.* *Rejet des dépenses non justifiées par pièces.*

Les remises ou envois de fonds que la Compagnie pourra faire à ses Agents seront portées à la recette du décompte, avec indication de la nature de la remise ou de l'envoi.

Arrêté des bordereaux.

ART. 382. — Tous les bordereaux, états et décomptes mensuels doivent être datés et signés par l'Agent-Général. Ils doivent être faits en double, l'un pour les archives de l'agence, l'autre pour la Direction; de cette manière, les rectifications signalées sont faciles à vérifier.

Modèles à consulter.

Il est essentiel qu'ils soient établis d'une manière claire et uniforme; c'est pourquoi MM. les Agents sont priés de consulter avec soin les modèles joints aux présentes Instructions, et de ne jamais s'en écarter.

Délai pour l'envoi de la comptabilité.

ART. 383. — Toutes les pièces comptables doivent être adressées à la Direction générale, à Paris, du *cinq au dix* de chaque mois, sans que cet envoi puisse jamais être retardé pour quelque cause que ce soit (1). Les Polices et toutes autres pièces qui ne seraient pas rentrées seront remises par la comptabilité du mois suivant.

Lettre d'avis séparée.

Cet envoi doit être annoncé par une lettre d'avis séparée, conformément au modèle n° 71. Dans cette même lettre, MM. les Agents devront rendre un compte sommaire de la situation de leur agence, des améliorations qu'ils y ont apportées et des succès qu'ils espèrent tirer de leurs efforts.

Loi du timbre.

D'après l'article 35 de la loi sur le timbre, l'inscription des Polices doit être faite sur un livre-répertoire tenu à la Direction, à Paris, dans un délai *de six mois de la date de chaque contrat ou de son renouvellement même tacite, sous peine de dix francs d'amende par chaque contravention.* Il importe donc que les bordereaux et envois de Polices soient faits avec la plus rigoureuse exactitude, tout Agent étant responsable de l'amende que, par un retard inexcusable, il exposerait la Compagnie à payer.

Pénalité.

Envoi des fonds.

ART. 384. — Les fonds provenant de la balance du décompte n° 9 de la fin de chaque mois devront être versés, du 1er au 5 du mois suivant, de la manière indiquée à l'article 398 ci-après. Ce paiement ne doit jamais être différé, *quelque minime que puisse être le solde en caisse.*

Aucune retenue n'est admissible.

ART. 385. — La Compagnie se chargeant de fournir les fonds nécessaires pour le paiement des sinistres, MM. les Agents ne devront jamais retenir ou conserver en mains les fonds de leur comptabilité dans le but de les appliquer aux sinistres.

Recouvrement de primes pour un collègue.

ART. 386. — Lorsqu'un Agent-Général se charge, par obligeance, de recouvrer des primes pour un autre Agent, il ne doit pas faire figurer ces primes dans son compte, mais s'entendre avec son collègue pour lui faire tenir le montant de ces recouvrements (voir art. 254 ci-dessus).

Mois sans opérations. — Avis à donner.

ART. 387. — Lorsqu'il n'aura été fait aucune opération dans le courant d'un mois, l'Agent devra en donner avis à la Compagnie par lettre, en se servant des imprimés destinés à cet usage (voir modèle n° 71).

---

(1) Ceux de MM. les Agents qui mettraient du retard dans l'envoi de leur comptabilité mensuelle, s'exposeraient aux effets prévus par leur traité avec la Compagnie.

Art. 388. — Également, si dans le courant d'un mois il n'a été effectué aucune annulation, changement ou renouvellement de Police, il faut en donner avis à la Compagnie, soit en lui adressant un bordereau négatif certifié, soit en faisant mention de cette circonstance au bas du bordereau n° 1.

Art. 389. — Indépendamment de leur comptabilité avec la Direction, MM. les Agents-Généraux sont invités à tenir un compte courant régulier avec chacun de leurs sous-agents. Ils y porteront les primes et quittances dont ils leur confieront le recouvrement, les versements qu'ils recevront en retour, et les commissions et bonifications dont ils sont convenus entre eux.

Art. 390. — Il est recommandé à MM. les Agents, dans leur intérêt, de ne jamais remettre à leurs sous-agents des quittances de primes à recouvrer en trop grande quantité, et surtout de ne pas leur en confier de nouvelles avant qu'ils n'aient rendu compte de celles précédemment remises.

Art. 391. — Toute la comptabilité relative aux sous-agents doit être représentée à MM. les Inspecteurs, avec toutes les autres pièces, livres, registres et papiers de l'Agence.

Art. 392. — Dans aucun cas, les écritures relatives à la gestion de l'agence ne doivent être confondues avec celles des propres affaires de l'Agent; et les fonds de la Compagnie doivent aussi être mis à part, afin qu'à tout moment les Inspecteurs de la Compagnie puissent en faire la vérification.

L'Administration doit être avisée le jour même des sommes qui sont versées pour son compte, soit à ses Inspecteurs, soit à toutes autres personnes accréditées à cet effet. Cet avis sera toujours accompagné du récépissé remis en échange des sommes versées, de façon que la Compagnie puisse en passer écriture immédiatement.

Aucune dépense n'étant autorisée que sur le vu des pièces justificatives, MM. les Agents exigeront des Inspecteurs de la Compagnie, comme des autres personnes, un reçu fait en double, dont ils conserveront l'un par devers eux, et dont ils adresseront l'autre à la Compagnie.

CHAPITRE XXI.

Mode d'envoi des lettres, pièces de comptabilité, fonds, etc.

Art. 393. — Les avis de sinistres, par *lettres spéciales imprimées*, sont envoyés par la poste (1) (voir art. 258).

Il en est de même de toutes les autres lettres.

(1) La *lettre imprimée* est ployée en forme de lettre et non mise sous bande. On ne doit envoyer sous bande, par la poste, que les journaux et les imprimés ne contenant d'autre écriture que la date et la signature, puisqu'ils jouissent d'une réduction de port, mais à la condition qu'ils *soient affranchis au départ.*

Art. 394. — Sont également envoyés par la poste, le jour même de leur confection : 1° les propositions d'assurances exceptionnelles ou de celles qui ne peuvent être souscrites sans l'autorisation de la Compagnie (voir chapitre X); 2° les Polices et avenants de ces mêmes assurances; 3° le double du récépissé des sommes versées aux Inspecteurs de la Compagnie ou à toute autre personne (voir art. 392).

Envois par les Messageries nationales.

Art. 395. — Toutes les autres pièces, et notamment celles relatives à la comptabilité mensuelle (voir art. 372), celles composant le dossier d'un sinistre (voir art. 340), ou toutes autres dont le poids dépassera celui de 100 grammes, doivent être expédiées par les Messageries nationales, ou leurs correspondants, en un paquet sous toile d'emballage convenablement ficelé et cacheté.

Forme des paquets.

La taxe des lettres et paquets par la poste est ainsi fixée :

25 c. pour un poids de 7 grammes 1/2 et au-dessous;

50 c. » de 7 grammes 1/2 à 15 grammes;

1 fr. » de 15 grammes à 100 grammes.

Par chaque 100 grammes ou fraction de 100 grammes en sus, 1 fr.

Taxe des lettres par la poste.

En sorte qu'un paquet pesant 101 grammes est taxé 2 fr.; celui pesant 201 grammes 3 fr., et ainsi de suite.

Dès-lors, il faut faire attention :

1° A ce que toute lettre simple ne dépasse pas 7 grammes 1/2, ce qui représente une feuille de papier à lettre ordinaire;

Soins économiques.

2° A ce que toute lettre d'un poids supérieur par l'adjonction de quelques pièces ne dépasse pas 15 grammes; car, dans le cas d'excédant, il vaudrait mieux envoyer séparément deux lettres, et en combiner le poids de manière à payer le moins de port possible.

La même remarque est à faire pour le port des paquets. Ainsi, un paquet de 101 grammes payant 2 fr., il sera plus économique de faire deux paquets, l'un de 95 grammes, par exemple, payant 1 fr., et l'autre de 6 grammes, payant 25 c.

Le poids de 100 grammes représente 15 petites ampliations de nos Polices, plus l'enveloppe (*environ 3 onces, ancien poids*).

Si l'on envoie un paquet et un groupe d'argent par les Messageries nationales, il faut exiger que les deux objets soient inscrits en un seul et même article, ce qui évite une double taxe de transport et de factage.

Adresses des lettres : sans nom de rue.

Art. 396. — Les lettres sont adressées à *M. le Directeur de la Compagnie l'Aigle, à Paris* (sans indication de rue ni de numéro) (1).

(1) Les lettres adressées au Directeur de la Compagnie parviennent plus tôt à leur destination quand elles ne portent pas l'indication de la rue, parce que, de cette façon, elles sont versées dans une boîte spéciale dont le contenu est remis à la Compagnie avant l'heure de la distribution générale des lettres.

Les paquets sont adressés également à *M. le Directeur de la Compagnie l'Aigle,* mais *avec indication de rue et de numéro.*

Adresse des paquets : nom de la rue avec n°.

L'adresse des paquets doit porter, en outre, en suscription, d'un côté, le nom du lieu du départ, *Agence de.....,* et de l'autre côté, en gros caractères, le mot *Imprimés* (1). L'Administration fournit des cartes d'adresses toutes préparées à cet effet.

Cartes imprimées ad hoc.

Art. 397. — MM. les Agents ne doivent jamais renfermer dans les paquets aucune lettre cachetée, ni pour la Compagnie, ni autre, *sous peine de supporter l'amende encourue,* si les paquets étaient saisis par l'administration des postes.

Lettres dans les paquets. — Amende encourue.

S'il arrivait que des lettres d'envois ou autres fussent jointes au paquet, elles devront être pliées en quatre et ne porter aucune suscription.

Art. 398. — Pour opérer la remise des fonds dont ils sont dépositaires, soit pour solde de leur comptabilité mensuelle (voir art. 383 et 384), soit pour toute autre cause, MM. les Agents doivent en effectuer le versement de la manière suivante :

Versement des fonds : — à la Banque ; — chez le banquier de la Compagnie ; — aux Messageries nationales.

1° Dans les villes où il existera une succursale de la Banque de France, les fonds devront être versés à cette succursale, et le mandat qu'elle délivrera sera envoyé à la Compagnie avec endos à l'ordre du Directeur général ;

2° Dans les autres villes, les fonds seront versés chez le banquier correspondant de la maison Béchet Dethomas et Cie, qui aura été indiqué à l'Agent par la Direction. Le récépissé de ce banquier sera joint à la lettre d'avis annonçant l'envoi de la comptabilité ;

3° Dans les villes et lieux où il n'existera point de succursale de la Banque de France, ni de correspondant de la maison Béchet Dethomas et Cie, les fonds seront expédiés, comme les paquets, par l'entremise des *Messageries nationales* ou de leurs correspondants.

Les sacs d'argent devront être ficelés et cachetés, et porter sur l'adresse le nom de l'agence et le montant de la somme envoyée.

Art. 399. — MM. les Agents doivent réunir en un seul envoi les espèces et les comptes ou papiers, mais par paquets séparés, et en faisant au bureau des Messageries la déclaration des espèces, afin que l'administration ne puisse décliner sa responsabilité.

Mode d'envoi des espèces et des papiers simultanément.

Art. 400. — L'Administration n'acceptera de la part de MM. les Agents aucun effet, mandat ou billet de commerce en paiement de leurs comptes. Toute valeur, autre que celles indiquées à l'article 398, leur sera retournée à leurs frais.

La Compagnie ne reçoit en paiement aucun billet.

Art. 401. — Il est encore formellement interdit à MM. les Agents d'envoyer, par lettres ou par paquets, ni billets de banque, ni mandats sur la poste, pour quelque paiement que ce soit.

Défense d'envoyer des billets de banque ou des mandats sur la poste.

(1) MM. les Agents doivent déclarer au bureau des Messageries que le paquet contient des *imprimés,* et le faire enregistrer sous cette dénomination. Faute de cette indication, le paquet serait taxé comme *papiers d'affaires,* et, par ce seul fait, paierait double port.

11

CHAPITRE XXII.

Dispositions générales d'ordre et de surveillance.

Correspondance.

ART. 402. — Chaque Agent doit tenir copie de sa correspondance relative aux affaires de la Compagnie, et donner à ses lettres une série suivie de numéros.

Classement des lettres.

Il doit classer par ordre de dates et de numéros, et mettre en liasse toutes les lettres qui lui sont adressées par la Compagnie.

Remise du matériel après décès, démission ou révocation d'un Agent.

ART. 403. — Dans le cas de décès, démission ou révocation d'un Agent, les Polices et avenants, les plaques, les registres, les imprimés, les copies de lettres, la correspondance de la Compagnie, et toutes autres pièces composant le matériel administratif, doivent être remis par l'Agent ou ses ayants-cause à son successeur, ou à l'Inspecteur qui, par ordre de l'Administration, réclamera la remise du service.

Inventaire du matériel de six mois en six mois.

ART. 404. — Pour diminuer les frais de transport, MM. les Agents sont priés d'éviter, autant que possible, les demandes partielles et trop souvent réitérées d'envois de plaques et de matériel. A cet effet, il leur est recommandé de dresser, tous les six mois, en janvier et juillet, un état général de leur approvisionnement, sur le vu duquel ils demanderont, par un seul envoi, tous les objets dont ils seront présumés avoir besoin pendant le semestre suivant. Cette demande sera ainsi renouvelée de six mois en six mois, en tenant compte chaque fois du restant en magasin.

Autorisation préalable de la Compagnie pour impressions, publications.

ART. 405. — MM. les Agents ne peuvent rien faire imprimer, publier ou insérer dans les journaux, sans l'autorisation spéciale et expresse de la Compagnie.

S'il est fait, par d'autres compagnies ou par des particuliers, des publications qui puissent intéresser la Compagnie, ils doivent en donner avis à la Direction.

Sinistres importants. — Avis à donner à la Compagnie.

ART. 406. — Lorsque dans la circonscription d'une agence il surviendra des sinistres importants, étrangers à la Compagnie, surtout s'ils portent sur des établissements industriels, l'Agent devra en donner connaissance à la Compagnie par lettre ordinaire, et lui faire connaître toutes les particularités remarquables que ces incendies pourront présenter dans leurs causes et leurs effets.

Défense expresse concernant les subrogations aux droits des assurés.

ART. 407. — L'Agent-Général, à moins d'autorisation expresse de la Compagnie, ne doit intervenir dans aucun acte ayant pour objet de subroger des tiers aux droits des assurés, en cas d'incendie, pour quelque motif que ce soit. Il ne doit pas non plus relater ou stipuler de semblables subrogations dans les Polices, soit au moment de leur confection, soit postérieurement par avenant.

L'Agent ne doit viser aucun exploit.

ART. 408. — Lorsqu'il sera fait entre les mains de l'Agent des oppositions ou saisies-arrêts sur les sommes que la Compagnie pourrait avoir à payer à un assuré, en cas de sinistre, ou lorsqu'il lui sera signifié tous autres actes concernant la Compagnie, il ne visera point les exploits et n'en délivrera aucun récépissé : il se bornera à les recevoir et à les mentionner en tête des Polices qu'ils concernent, comme aussi dans la colonne d'observations du registre des Polices. Cela fait, il les enverra immédiatement à la Compagnie. Mention des saisies-arrêts ou oppositions.

Art. 409. — MM. les Agents doivent exercer une surveillance suivie et circonspecte sur toutes les assurances de leur agence, et particulièrement sur celles qui garantissent des établissements industriels. Ils doivent faire connaître à la Compagnie toutes les circonstances qui pourraient faire croire ou présumer que ces assurances ont cessé d'offrir, pour quelque cause que ce soit, les garanties morales et matérielles exigées. Surveillance générale sur les assurances de l'agence.

Ils doivent, au besoin, faire aux assurés les recommandations nécessaires pour qu'ils apportent à la conservation des objets assurés autant de soins que si ces objets n'étaient pas assurés. Recommandations aux assurés.

FIN DES INSTRUCTIONS GÉNÉRALES.

INSTRUCTIONS SPÉCIALES.

CHAPITRE XXIII.

Instructions spéciales sur l'assurance des marchandises en route expédiées par les commissaires de roulage.

Les marchandises expédiées directement par les administrations des chemins de fer, sont soumises à des conditions particulières que la Compagnie fait connaître en temps et lieu, et celles transportées par des négociants, marchands ambulants ou messagers, sont exclues de l'assurance. Il ne s'agit donc ici que des marchandises en route expédiées par l'entremise des *commissionnaires de roulage*.

Les marchandises confiées aux commissionnaires de roulage sont expédiées par eux, soit en *roulage ordinaire*, soit en *roulage accéléré*. Des Polices spéciales, dont les conditions sont plus avantageuses que celles des autres compagnies (1), sont destinées à constater l'une ou l'autre de ces assurances.

(1) Les conditions des Polices de roulage de la Compagnie l'*Aigle* ont été examinées, discutées et approuvées par les principaux commissionnaires de roulage de Paris, comme présentant les garanties les plus étendues et les plus complètes. La Compagnie l'*Aigle* jouit, à ce titre, d'une préférence marquée sur les autres compagnies.

ROULAGE ORDINAIRE.

Le roulage ordinaire, que l'on nomme aussi *roulage général* ou *irrégulier*, comprend toutes les marchandises qu'un commissionnaire expédie de quelque manière et à quelque destination que ce soit sur le territoire français. Cette assurance suffit donc, à elle seule, pour assurer à un commissionnaire de roulage l'ensemble de ses expéditions, *sans réserve ni exception.*

Lorsqu'une assurance de cette nature est proposée, il faut examiner :

1° Quelle est la quantité moyenne des expéditions journalières ;

2° Quelle est la valeur moyenne des expéditions journalières ;

2° Quel est le risque continuel ou journalier qui doit servir de base à la fixation de la prime ;

4° Quelle est la somme à assurer au *maximum* sur chaque chargement ;

5° Et enfin quels sont les registres destinés à servir à l'inscription des marchandises expédiées.

§ 1er. — *Quantité moyenne des expéditions journalières.*

Pour connaître la moyenne en kilos des expéditions journalières d'un commissionnaire de roulage, on fait, s'il est possible, le relevé des expéditions des quatre ou cinq années précédentes, et si le chiffre des affaires n'a pas subi des modifications importantes au moment où l'assurance est proposée, on peut accepter, comme expédition annuelle, la moyenne obtenue sur ces quatre ou cinq années. On divise ensuite cette moyenne par 365 (nombre de jours de l'année), et l'on obtient ainsi la moyenne des expéditions journalières. *Exemple :*

Un commissionnaire propose en 1853 son assurance. Il a expédié :

En 1849............... 1,110,000 kilos.
En 1850...............   990,000 d°
En 1851............... 1,185,000 d°
En 1852............... 1,095,000 d°

Total..... 4,380,000 kilos, qui, divisés par 4, donnent une moyenne de 1,095,000 kilos. Voilà le chiffre qui peut servir de base à l'assurance proposée. Ces 1,095,000 kilos, divisés par 365 jours, donnent une moyenne journalière de 3,000 kilos.

Lorsqu'il y aura difficulté pour faire le relevé des années antérieures qui devraient servir de base à l'assurance, on peut se contenter du relevé d'une année, et même de quelques mois pris dans une même année, comme, par exemple, des mois de *mars, juin, septembre* et *décembre,* ou tous autres mois pris à intervalles égaux dans la même année.

Il ne faut pas, d'ailleurs, trop se préoccuper de la minutieuse exactitude de cette moyenne, attendu qu'à la fin de chaque année il est procédé à un relevé de vérification pour constater le montant des expéditions faites dans l'année, et, si le nombre des kilos expédiés dépasse celui qui a été indiqué dans la Police, l'assuré paie un supplément de prime au *prorata* de l'augmentation, de même qu'il a droit à un remboursement de prime dans le cas où l'expédition n'a atteint qu'un chiffre inférieur à celui qui a servi de base à la Police.

§ 2. — *Valeur moyenne des expéditions journalières.*

Après avoir obtenu, comme il est dit ci-dessus, la moyenne du poids des expéditions journalières, il faut chercher à connaître la moyenne de leur valeur. Cette appréciation, qui semble difficile au premier coup d'œil, est assez simple dans la pratique. Pour cela, on cherche à se rendre compte en masse de la nature et du prix approximatif des marchandises expédiées par le commissionnaire, et l'on établit à peu près la proportion pour laquelle elles entrent dans l'expédition annuelle. A l'aide de cette proportion combinée avec le nombre de kilos obtenus, comme il est dit ci-dessus, on arrive de suite à la valeur des expéditions annuelles, et en divisant le total obtenu par 365, on obtient la valeur des expéditions journalières. *Exemple :*

Un commissionnaire expédie dans l'année 1,095,000 kilos de marchandises, savoir :

Environ 2/10ᵉ de marchandises valant 3 fr. le kilog..............				657,000 fr.
dᵒ 3/10ᵉ	dᵒ	5	dᵒ	1,642,500
dᵒ 4/10ᵉ	dᵒ	11	dᵒ	4,818,000
dᵒ 1/10ᵉ	dᵒ	15	dᵒ	1,642,500

Il en résulte que la valeur de l'expédition annuelle s'élève environ à.. 8,760,000 fr.

La valeur de l'expédition journalière (soit 8,760,000 fr. divisés par 365) est donc de 24,000 fr. à une moyenne de 8 fr. le kilogramme.

§ 3. — *Risque continuel ou journalier qui doit servir de base à la fixation de la prime.*

Pour établir le risque continuel ou journalier devant servir de base à la fixation de la prime, il a été procédé à une série de calculs basés tant sur la durée du parcours que sur les distances à parcourir, et il en est résulté qu'il y avait lieu de multiplier par *dix* (ou *dix jours de route*), soit la valeur représentant l'expédition journalière, soit la prime applicable à cette valeur. *Exemple :*

Un commissionnaire expédie chaque jour pour une valeur de 24,000 fr. Son risque continuel ou journalier sera donc, ou de 24,000 multipliés par 10, c'est-à-dire 240,000 fr. payant à 2 fr. p. °/₀₀ une prime annuelle de 480 fr., ou 24,000 fr. payant une prime de 2 fr. multipliés par 10, c'est-à-dire 20 fr. p. °/₀₀, ce qui donne la même prime annuelle de 480 fr.

Dans ces combinaisons, une journée de vingt-quatre heures est comptée comme une distance parcourue de 80 kilomètres (20 lieues), et *vice versâ.*

§ 4. — *Somme à assurer au maximum sur chaque chargement.*

La somme que la Compagnie garantit au *maximum* sur chaque voiture ou chargement est variable, suivant le prix donné au poids moyen du chargement. La fixation de cette somme n'est point arbitraire. Elle doit être calculée, au contraire, de la manière la plus précise, suivant la nature et la valeur des marchandises expédiées, et suivant le genre de véhicules employés par le commissionnaire dont il s'agit de faire l'assurance.

A cet effet, la Compagnie a établi des règles fixes qu'elle n'autorise pas à dépasser.

Lors donc qu'une assurance est proposée par un commissionnaire de roulage, il faut examiner quels sont les genres de véhicules et les voies de locomotion qu'il emploie, et n'admettre comme moyenne ou type du chargement que le nombre de kilos que portent en réalité ses véhicules. Cette moyenne peut être de 1,000, 2,000, 3,000, 4,000 kilos *au plus.* Si l'expédition journalière est supérieure à la moyenne du chargement, il faut en faire la division en ramenant l'expédition journalière à la moyenne du chargement. Par exemple, si la moyenne du chargement est fixée à 3,000 kilos, et si l'expédition journalière est de 6,000 kilos, cette expédition d'un jour se composera de deux chargements de 3,000 kilos chacun, comme, dans le même cas, une expédition journalière de 4,500 kilos se composera d'un chargement et demi en un jour, ou de trois chargements en deux jours.

La somme que la Compagnie garantit au *maximum* sur chaque chargement est fixée suivant le poids. Ainsi, sur un chargement de 2,000 kilos, elle garantit une somme de 10,000 fr., si la valeur du kilo est fixée à 5 fr.; une somme de 12,000 fr., 20,000 fr. ou 30,000 fr., si la valeur du kilo est fixée à 6 fr., 10 fr. ou 15 fr. Elle garantit sur un chargement de 4,000 kilos une somme de 20,000 fr., 40,000 fr. ou 100,000 fr., selon que la valeur du kilo est fixée à 5 fr., 10 fr. ou 25 fr. En règle générale, la Compagnie n'admet pas d'assurance en roulage ordinaire, si la valeur moyenne du kilo n'est fixée à 5 fr. au moins, et cette règle s'appuie sur les considérations les plus graves qui découlent des conditions mêmes des Polices, et qu'il est inutile d'énumérer ici.

D'ailleurs, il faut faire observer à un commissionnaire de roulage que dans les assurances de ce genre, ses intérêts peuvent être gravement compromis, s'il cherche à attribuer à ses chargements une valeur inférieure dans le but de payer une prime moins élevée, attendu que si une partie des marchandises qu'il expédie peut avoir une valeur moindre que la somme assurée, il peut en être aussi beaucoup d'autres qui la dépassent; et, dans le cas où l'un de ces derniers chargements serait frappé d'un sinistre, le commissionnaire resterait son propre assureur pour le surplus, et serait, par conséquent, seul responsable des pertes qui excèderaient la valeur assurée. Mandataires à la fois de la Compagnie et des assurés, c'est donc à MM. les Agents qu'il appartient (dans cette circonstance comme dans toute autre) d'éclairer MM. les commissionnaires sur leurs véritables intérêts.

§ 5. — *Registres destinés à servir à l'inscription des marchandises assurées, lors de leur expédition.*

L'une des conditions principales inhérentes aux assurances de roulage, c'est que l'expédition des marchandises assurées soit constatée d'une manière certaine, au moment de leur départ, par l'inscription régulière sur un ou plusieurs registres à ce destinés. A cet effet, MM. les commissionnaires sont tenus non-seulement d'inscrire jour par jour, et par ordre de date et d'enregistrement, toutes les marchandises qu'ils expédient, mais encore de désigner et de faire connaître à la Compagnie les registres qui servent exclusivement à cette inscription, et de lui communiquer ces registres en tout temps et à toute réquisition.

Il est facile de comprendre l'importance de cette mesure, sans laquelle l'assurance du roulage serait impraticable et illusoire. Il est donc nécessaire qu'au moment où une assurance est contractée, les registres qui lui servent de base et de titre soient indiqués et désignés dans la Police, puis visés et paraphés par la Compagnie ou ses représentants par premier et dernier feuillet, afin de servir non-seulement à constater le bénéfice de l'assurance au moment d'un sinistre, mais encore à opérer la vérification de fin d'année telle qu'elle est prescrite.

C'est dans un intérêt réciproque de l'assureur et de l'assuré que cette mesure est exigée : MM. les Agents sont donc priés de s'y conformer strictement (voir modèles n° 28).

ROULAGE ACCÉLÉRÉ.

Le roulage accéléré, que l'on nomme aussi *roulage spécial* ou *régulier*, n'est qu'une exception faite au roulage ordinaire, en ce sens que les marchandises qui composent le roulage accéléré sont distraites du roulage ordinaire pour en faire l'objet d'un service spécial, et que lorsque ce service spécial vient à cesser, les marchandises retombent dans le roulage ordinaire qui ne cesse jamais, tant qu'une maison de roulage existe. Il résulte de là que lorsqu'un commissionnaire de roulage a fait assurer son roulage ordinaire, toute autre assurance est inutile, puisque le roulage ordinaire comprend tout. Il peut arriver cependant, et notamment lorsqu'un commissionnaire n'a point fait assurer son roulage ordinaire, ou lorsqu'il l'a fait assurer par une autre compagnie (1), qu'il y ait lieu d'établir des assurances sur roulage accéléré, et dès-lors il devient utile de faire connaître les règles qui s'appliquent à ces sortes d'assurances.

(1) Les compagnies qui pratiquent l'assurance du roulage n'ont pas étendu au même degré les conditions de leurs Polices. On peut donc accepter sans difficulté la proposition d'une assurance de roulage accéléré, lorsque le roulage ordinaire du même commissionnaire est assuré par une autre compagnie.

Entre le roulage *accéléré* et le roulage *ordinaire*, il y a cette différence que le roulage accéléré part toujours d'un point déterminé pour se rendre régulièrement sur un autre point également déterminé, dans un délai convenu mais relatif, et avec un chargement qui ne peut varier. Cette assurance fixe et limitée ne donne lieu, par conséquent, à aucune vérification à la fin de l'année.

Pour établir une Police de roulage *accéléré*, on constate :

1° Le point de départ d'où les marchandises sont expédiées, et le point d'arrivée où elles doivent être transportées;

2° Le nombre des véhicules qui doivent transporter lesdites marchandises, et la quantité de kilos devant composer le chargement;

3° La valeur au *maximum* de chaque chargement;

4° La durée du parcours et la distance parcourue, ainsi que la fixation du risque continuel et de la somme qui doit servir de base à la fixation de la prime;

5° Et enfin quels sont les registres destinés à servir à l'inscription des marchandises expédiées.

§ 1° Le point de départ et le point d'arrivée se désignent par leur propre indication; mais il faut observer que les lieux indiqués et la voie suivie ne peuvent être changés.

§ 2° Le nombre des véhicules ou chargements est indiqué à raison de tant par année, par semaine ou par jour, ainsi que la quantité de kilos. Ces indications sont également fixes et invariables, et, contrairement au roulage ordinaire qui n'a pas de limites, tout excédant de transport se trouverait aux risques et périls du commissionnaire de roulage.

§ 3° La valeur au *maximum* à garantir sur chaque véhicule ou chargement se calcule comme dans l'assurance du roulage ordinaire, à raison de la valeur attribuée au poids du chargement.

§ 4° Dans le roulage accéléré, la destination indiquée d'avance étant invariable, la durée du parcours est toujours fixée d'une manière invariable. Cette durée est calculée, comme dans le roulage ordinaire, à raison de 80 kilomètres (20 lieues) par journée de vingt-quatre heures. Cependant lorsque le commissionnaire parcourra moins de 80 kilomètres (20 lieues) en vingt-quatre heures, il faudra calculer la durée du parcours, non par la distance, mais bien par le nombre de jours qu'il met en réalité pour arriver à destination. Dans tous les cas, la durée ne peut jamais être comptée au-dessus de 80 kilomètres (20 lieues) par journée.

La fixation de la prime s'établit, comme dans le roulage ordinaire, en multipliant la valeur du chargement ou la prime par le nombre résultant de la durée du parcours.

Exemple :

Un commissionnaire expédie chaque jour en service accéléré, de Strasbourg à Paris, un chargement d'une valeur de 40,000 fr. Quel sera le risque continuel ou journalier couru par la Compagnie?

En admettant que la distance soit de 480 kilomètres (120 lieues), et la distance de 80 kilomètres (20 lieues) étant comptée comme journée de vingt-quatre heures, ce risque sera donc de 40,000 fr. multipliés par 6, c'est-à-dire 240,000 fr., laquelle somme, à une prime de 2 p. $^o/_{oo}$, produit une prime annuelle de 480 fr., ou bien le risque sera de 40,000 fr. payant une prime de 2 fr. multipliés par 6, soit 12 p. $^o/_{oo}$, ce qui donne une pareille prime annuelle de 480 fr.

§ 5° Tout ce qui a été dit pour le roulage ordinaire au sujet des registres d'inscription des marchandises expédiées, s'applique également au roulage accéléré; il faut donc que ces registres soient indiqués et désignés dans la Police, et visés et paraphés comme dans le roulage ordinaire.

Les instructions qui précèdent et les conditions qu'elles renferment peuvent sembler difficiles à résumer dans les cadres d'une Police; mais elles sont toutes contenues en principe dans les conditions générales des Polices, dont elles ne sont que l'explication ou le commentaire.

Les formules qui suivent indiquent, du reste, dans quels termes précis ces sortes d'assurances doivent être rédigées, et MM. les Agents sont priés de suivre ces formules à la lettre (voir modèles de Polices n° 28).

CHAPITRE XXIV.

Instructions spéciales sur l'assurance des moulins à blé (1).

L'expérience a démontré, que les moulins à blé présentent plus de chances d'incendie, selon que leur mécanisme intérieur est établi sur une plus grande échelle; c'est pour ce motif, que les primes qui leur sont applicables sont basées sur le nombre de paires de meules qu'ils *renferment*.

Le nombre de paires de meules ne se prend pas seulement sur celles qui doivent fonctionner, mais *sur toutes celles, sans exception, qui sont contenues dans le moulin*, quand bien même la prise d'eau ou tout autre motif ne permettrait que leur mise en mouvement partielle.

Lorsque, entre deux moulins contigus, il y a communication, fût-elle interceptée par des portes en fer, lorsque deux moulins sont réunis par un couloir, ou lorsque, séparés par le cours d'eau qui les fait mouvoir, ils ont entre eux des ponts qui les relient, la prime applicable à chaque moulin s'établit *sur le nombre de paires de meules des deux moulins réunis*.

Comme conséquence de ce qui précède, il est indispensable d'insérer la clause suivante dans toute Police d'assurance sur moulins à blé :

« M..... déclare qu'il n'existe pas dans le moulin assuré plus de..... paires de

(1) Voir modèle de Police n° 30.

« meules, et il s'oblige, dans le cas où il y en serait établi un plus grand nombre, à se
« soumettre aux dispositions de l'article 8 des conditions générales de la Police, et à payer,
« s'il y a lieu, une augmentation de prime, conformément au Tarif de la Compagnie. »
Toute Police qui ne contiendrait pas cette clause serait retournée à l'Agent.

CHAPITRE XXV.

Instructions spéciales sur le Tarif, et les conditions applicables aux salles de spectacle et à leurs annexes (1).

Les maisons dans lesquelles on donne accidentellement quelques représentations et
où il n'existe pas un théâtre organisé et permanent, ne sont pas considérées comme
salles de spectacle.

Les primes suivantes sont établies, dans la supposition que les constructions sont de
première classe, et que toutes les précautions ont été prises pour prévenir et arrêter les
progrès du feu.

TARIF DES THÉATRES ET DÉPENDANCES.

SALLES DE SPECTACLES.	TAUX de la prime p. 100.	
	fr.	c.
Donnant jusqu'à 30 représentations, bals ou concerts annuels.	2	»
D° 45 d° d°	3	»
D° 60 d° d°	4	»
D° 90 d° d°	5	»
D° 120 d° d°	6	»
D° 150 d° d°	7	»
D° 180 d° d°	8	»
Spectacles quotidiens.	12	»
Risque d'explosion du gaz.	»	30

MAGASINS DE DÉCORS AVEC OU SANS ATELIERS.

Moitié de la prime applicable au théâtre dont ils dépendent.

RECOURS DES VOISINS.

	TAUX de la prime p. 100.	
Théâtres donnant jusqu'à 3 représentations par semaine.	»	75
D° plus de 3 représentations par semaine.	1	50

MAISONS CONTIGUES AUX THÉATRES, MAIS SANS COMMUNICATION.

	TAUX de la prime p. 100.	
Maisons contiguës aux théâtres, donnant jusqu'à 3 représentations par semaine.	1	»
D° d° plus de 3 représentations par semaine.	2	»

THÉATRES EN CONSTRUCTION, RÉPARATION OU CHOMAGE.

	TAUX de la prime p. 100.	
Pour une année ou pour une durée moindre.	1	»

Le tout sans remise, même pour les propriétés communales.

(1) Voir modèle de Police n° 27.

Moyennant les primes fixées et sans exiger aucun supplément, la Compagnie renonce à tout recours contre les directeurs exploitants, et autorise les villes à donner dans les théâtres des fêtes ou réceptions, lorsqu'elles le jugeront à propos. Concessions.

Lorsque les salles de spectacle sont d'une grande importance, et que la somme à assurer excède 300,000 fr., la Compagnie consent à déroger à la règle proportionnelle stipulée à l'article 20 des conditions générales de la Police, et à payer le dommage jusqu'à concurrence de la somme assurée, moyennant un supplément de 20 p. °/₀ du montant de la prime.

Les conditions particulières suivantes doivent être insérées dans la Police : Conditions particulières.

« Il est expressément convenu que l'on ne pourra donner plus de   représen- « tations, bals ou concerts, et que la responsabilité de la Compagnie cessera du moment « où ce nombre aura été dépassé pendant l'année en cours (1)..» Clause pour le nombre
des représentations.

« La Compagnie jouira d'une franchise d'avarie fixée à *un pour cent* du capital « assuré par elle sur *les décorations et objets mobiliers*. Ainsi, en cas d'incendie, si le « dommage pour la part à sa charge ne s'élève pas au-delà de   , elle « n'aura rien à rembourser; et si le dommage pour sa part excède ladite somme « de   , elle le paiera, toujours sous la déduction du montant de ladite « franchise d'avarie. » Clause pour la franchise
d'avarie.

« Indépendamment des conditions générales et particulières qui précèdent, M « ès-nom, s'oblige, sous peine de n'avoir droit à aucune indemnité en cas de « sinistre : Clause d'ordre.

« 1° A faire exécuter tous les règlements et ordonnances que l'autorité a prescrits « ou pourra prescrire pour prévenir les dangers du feu;

« 2° A entretenir, toujours en bon état et remplis d'eau, les réservoirs qui existent « dans ledit théâtre;

« 3° A entretenir, également en bon état, les pompes qui se trouvent dans le « théâtre;

« 4° A faire veiller nuit et jour une garde de pompiers à la sûreté de la salle;

« *Ou bien* : A commettre à la garde permanente de la salle un gardien ou portier, « qui sera tenu rigoureusement de faire une ou plusieurs rondes chaque nuit et immé- « diatement après chaque représentation, bal ou concert;

---

(1) Cependant on peut stipuler que, si le nombre des représentations primitivement fixé venait à être dépassé, pendant l'année en cours, l'assurance continuerait à avoir son effet pour les représentations supplémentaires, jusqu'à concurrence du nombre correspondant à la catégorie supérieure, moyennant le paiement préalable d'un supplément de prime, qui élèverait le taux primitif au niveau de celui de cette catégorie. Ainsi, par exemple, si la prime avait été fixée à 5 p. °/₀₀ pour 90 représentations, on pourrait convenir, qu'en payant à la 91ᵉ un supplément de prime de 1 fr. p. °/₀₀, on aurait la faculté de donner jusqu'à 120 représentations.

« 5° A ne faire ou permettre aucune représentation ou répétition, bal ou concert,
« sans la présence d'un poste de pompiers;

« 6° A faire baisser tous les soirs, aussitôt après chaque représentation, le rideau
« métallique qui sépare la salle de la scène. »

(Voir modèle de Police n° 27.)

FIN.

MODÈLES.

Modèle N° 1.

POUVOIR D'AGENT-GÉNÉRAL.

(Pouvoir délivré aux Agents-Généraux en même temps que le double de leur traité, et dont le modèle est inutile ici.)

Modèle N° 2.

DIPLOME DE LA COMMISSION

à délivrer par MM. les Agents-Généraux à leurs Sous-Agents.

Je soussigné, ... , Agent-Général de la Compagnie L'AIGLE à . . . . . , déclare nommer pour mon sous-agent, dans le canton d. . . . , M. (1). . . . , demeurant à. . . . .

Ses fonctions consisteront uniquement à recevoir des propositions d'assurances, à les vérifier et à me les transmettre.

Il lui est interdit, en conséquence, de statuer sur lesdites propositions, de signer aucune Police, de prendre aucun engagement verbal ou écrit, au nom de la Compagnie L'AIGLE ou au mien.

Il ne pourra délivrer les Polices, signées par moi, qu'après qu'elles auront été également signées par les assurés, et qu'ils auront payé la prime de la première année; il ne remettra les plaques aux assurés qu'après l'accomplissement de ces deux formalités.

J'autorise, en outre, M. . . . à toucher, *sur quittances signées par moi*, les primes annuelles des assurances de son canton (2), et à me représenter auprès de la justice de paix dans toutes les demandes judiciaires ou poursuites relatives au recouvrement desdites primes.

Les présents pouvoirs révoquent tous ceux qui auraient pu être précédemment donnés à M. . . . . par moi ou par les Agents mes prédécesseurs.

Fait double à. . . . . , le. . . . .

L'AGENT-GÉNÉRAL :

Je soussigné, déclare accepter les pouvoirs ci-dessus, et promets de m'y conformer ponctuellement.

Fait à. . . . . , le. . . . .

(1) Mettre les nom, prénoms et profession.

(2) Ce paragraphe serait à supprimer, si l'Agent-Général ne voulait pas confier au sous-agent le recouvrement des primes.

MODÈLE N° 3.

PROPOSITIONS D'ASSURANCES.

Proposition d'assurance sur risque ordinaire.

M

demeurant

agissant (*a*)

déclar   vouloir faire assurer contre l'incendie, par la Compagnie L'AIGLE,

pendant

la somme de (*b*)

sur les objets ci-après-désignés, savoir :

CAPITAL de L'ASSURANCE.	TAUX de la PRIME.	SOMME payée POUR PRIME

(*Pour libeller une proposition d'assurance, voir les modèles de Polices ci-après.*)

Propositions d'assurances sur fabriques et usines.

Filature de coton.

(1) Dire si c'est comme propriétaire, usufruitier, locataire, négociant, commissionnaire, administrateur, créancier hypothécaire, etc.

(2) Mettre ici le total de l'assurance proposée.

Tous les articles formant un même risque, contenant et contenu, doivent être placés à la suite les uns des autres.

Il faut relater soigneusement à chaque article la lettre sous laquelle le bâtiment est désigné au tracé.

Bâtiments.

Désigner la situation, le nombre d'étages, le genre de construction et de couverture, leur usage et la somme à assurer sur chacun d'eux.
Indiquer s'ils sont séparés ou contigus, avec ou sans communication.

Mobilier industriel.

Répartir la somme à assurer :
Sur Loup;
Batteurs;
Cardes simples;
Id. doubles;
Étirages;
Lanternes;
Bancs à broches;
Métiers à filer en gros;
Id. id. en fin;
Id. continus;
Dévidoirs;
Pièces de rechange;
Ustensiles divers;
Pompe à feu ou autre moteur, et accessoires, etc., etc.

Mobilier personnel.

Mêmes désignations des lieux que pour les bâtiments. — Indiquer, en outre, les étages où se trouve le mobilier, et répartir la somme à assurer :
1° Sur meubles et ustensiles de ménage;
2° Sur linge et effets d'habillement;
3° Sur chevaux et voitures;
4° Sur glaces, pendules et ornements;
5° Sur argenterie de table;
Etc.

Marchandises.

Indiquer la somme à assurer :
Sur coton brut;
Id. en manutention;
Id. filé.

Risques locatifs.

Mêmes désignations qu'à l'article *Bâtiments*, et dire si le propriétaire est ou n'est pas assuré par la Compagnie.

Recours des voisins.

Mêmes désignations qu'à l'article *Bâtiments*, tant pour la maison susceptible de communiquer le feu que pour les maisons contiguës.

Déclarations à faire.

Le proposant doit déclarer s'il a fait faire d'autres assurances sur les mêmes objets ou sur d'autres objets faisant partie des mêmes risques.

M

demeurant à

agissant (1)

propose à la Compagnie L'AIGLE de l assurer contre l'incendie,

pendant la somme de (2)

sur les objets ci-après désignés, savoir :

CAPITAL de L'ASSURANCE.	TAUX de la PRIME.	SOMME payée POUR PRIME

Bâtiments;
Mobilier personnel;
Risques localifs;
Recours de voisins.
(Voir les notes marginales précédentes.)

Mobilier industriel.

Répartir la somme à assurer :
Sur Loup;
Drousses simples;
 Id.   *doubles;*
Boudineries;
Cardes en fin;
 Id.   *doubles;*
Métiers à filer en gros;
 Id.   id.   *en fin;*
 Id.   *à Joannette;*
Ourdissoirs;
Métiers à tisser;
Machines à laîner;
 Id.   *à brosser;*
Tables à tondre;
Tondeuses mécaniques;
Presse hydraulique;
Appareil de décatissage;
Foulon;
Chaudières et autres ustensiles servant
 à la teinture;
Ustensiles divers;
Pompe à feu, ou autre moteur et acces-
 soires;
Pièces de rechange.

Marchandises.

Indiquer la somme à assurer :
Sur laines en balles;
 Id.   *en confection;*
 Id.   *filées;*
Draps au tissage;
 Id.   *à la teinture;*
 Id.   *aux apprêts;*
 Id.   *entièrement confectionnés;*
Articles de teinture.

Déclarations à faire.

Le proposant doit déclarer :
1o Si les bâtiments à assurer ou dans lesquels sont renfermés les objets à as-surer sont ou non contigus à *un théâtre, à une filature de lin, de laine ou de coton, à une fabrique ou raffinerie de sucre, à une fabrique de garance ou à des bâti-ments couverts en chaume.*
2o S'il a fait faire d'autres assurances sur les mêmes objets ou sur d'autres objets faisant partie des mêmes risques.

Filature de laine et fabrique de draps.

M

demeurant à

agissant

propose   à la Compagnie L'AIGLE de l   assurer contre l'incendie,

pendant   la somme de

sur les objets ci-après désignés, savoir :

CAPITAL de L'ASSURANCE.	TAUX de la PRIME.	SOMME payée POUR PRIME.

Bâtiments;
Mobilier personnel;
Risques localifs;
Recours de voisins.
(Voir notes marginales ci-dessus)

Mobilier industriel.

Indiquer les principaux objets dont il se compose et les lieux où ils sont placés.

Marchandises.

Mêmes désignations des lieux que pour les bâtiments. — Indiquer leur nature et si le proposant est propriétaire ou con-signataire.

Déclarations à faire.

Le proposant doit déclarer :
1o Si les bâtiments à assurer ou dans lesquels sont renfermés les objets à as-surer sont ou non contigus à *des bâti-ments couverts en chaume ou en bois, à un théâtre, à une filature de lin, de laine ou de coton, à une fabrique ou raffinerie de sucre, à une fabrique de garance;*
2o S'il y existe ou non une autre profes-sion augmentant le risque, ou des marchandises hasardeuses;
3o S'il a fait faire d'autres assurances sur les mêmes objets ou sur d'autres objets faisant partie du même risque.
NOTA. — Lorsque ces déclarations sont négatives, on se borne à mettre le mot *néant.*

Fabriques de toiles imprimées et teintureries à l'usage des fabriques. — Verreries et fabriques de faïence et de porcelaine. — Brasseries et distilleries à l'usage des fabricants. — Forges et fonderies. — Papeteries. — Raffineries de sucre. — Fabriques de sucre de betteraves, etc., etc.

M

demeurant à

agissant

propose   à la Compagnie L'AIGLE de l   assurer contre l'incendie,

pendant   la somme de

sur les objets ci-après désignés, savoir :

CAPITAL de L'ASSURANCE.	TAUX de la PRIME.	SOMME payée POUR PRIME.

Modèle N° 4.

Renseignements spéciaux sur filatures de coton.

1° Existe-t-il plusieurs corps de bâtiments? Ont-ils été originairement construits pour leur usage actuel? Ceux qui sont contigus ont-ils entre eux des murs de refend en pierres ou en briques? Ces murs sont-ils entièrement pleins jusqu'à la toiture ou bien contiennent-ils des portes en bois ou en fer, ou d'autres ouvertures?

2° Les ateliers sont-ils plafonnés, carrelés ou planchéiés?

3° Le moteur consiste-t-il en un manège, une machine hydraulique ou une pompe à vapeur?

Si c'est une pompe à vapeur, est-elle adjacente ou isolée? Les fourneaux et l'appareil sont-ils en bon état?

4° Les escaliers sont-ils dans l'intérieur ou à l'extérieur, larges ou étroits, en bois ou en pierre?

5° Quel est le genre de chauffage, soit poêles ordinaires, calorifères ou vapeur? Les foyers sont-ils dans l'intérieur ou en dehors? Les tuyaux sont-ils en tôle ou en fonte? Comment sont-ils maintenus? Sont-ils suffisamment éloignés des charpentes? traversent-ils les planchers, et dans ce cas comment les planchers sont-ils garantis?

Quel est le combustible dont on fait usage?

6° Comment l'éclairage a-t-il lieu? Les quinquets ou les becs à gaz sont-ils convenablement éloignés des métiers? Sont-ils renfermés dans des lanternes ou bien la lumière n'est-elle garantie que par de simples verres? Dans ce dernier cas, les verres sont-ils assez épais?

Existe-t-il dans les ateliers un règlement pour le service des quinquets?

7° Quelles sont particulièrement les précautions prises pour l'éclairage et le chauffage de la carderie et du batteur?

8° Passe-t-on quelquefois la nuit au travail?

9° Quel est l'âge des métiers, leur système, les noms des constructeurs qui les ont fournis? Sont-ils dans un bon état d'entretien?

10° L'établissement possède-t-il des pompes à incendie ou d'autres moyens de secours? Quels secours peut-il espérer du voisinage?

11° La somme proposée à l'assurance sur les bâtiments et le mobilier industriel représente-t-elle la valeur de construction, le prix d'achat ou la valeur vénale?

Renseignements spéciaux sur filatures de laine et fabriques de draps.

Modèle N° 5.

1° Existe-t-il plusieurs corps de bâtiments? Ont-ils été originairement construits pour leur usage actuel? Ceux qui sont contigus ont-ils entre eux des murs de refend en pierres ou en briques? Ces murs sont-ils entièrement pleins jusqu'à la toiture ou bien contiennent-ils des portes en bois ou en fer, ou d'autres ouvertures?

2° Les ateliers sont-ils plafonnés, carrelés ou planchéiés?

3° Le moteur consiste-t-il en un manège, une machine hydraulique ou une pompe à vapeur?

Si c'est une pompe à vapeur, est-elle adjacente ou isolée? Les fourneaux et l'appareil sont-ils en bon état?

4° Les escaliers sont-ils dans l'intérieur ou à l'extérieur, larges ou étroits, en bois ou en pierres?

5° Quel est le genre de chauffage, soit poêles ordinaires, calorifères ou vapeur? Les foyers sont-ils dans l'intérieur ou en dehors? les tuyaux sont-ils en tôle ou en fonte? Comment sont-ils maintenus? sont-ils suffisamment éloignés des charpentes? traversent-ils les planchers, et dans ce cas comment les planchers sont-ils garantis?

Quel est le combustible dont on fait usage?

6° Comment l'éclairage a-t-il lieu? Les quinquets ou les becs à gaz sont-ils convenablement éloignés des métiers? Sont-ils renfermés dans des lanternes ou bien la lumière n'est-elle retenue que par de simples verres? Dans ce dernier cas, les verres sont-ils assez épais?

Existe-t-il dans les ateliers un règlement pour le service des quinquets?

7° Passe-t-on quelquefois la nuit au travail?

8° Quel est l'âge des divers métiers servant à la filature de laine, leur système, les noms des constructeurs qui les ont fournis? Sont-ils dans un bon état d'entretien?

9° Les débourrages et déchets de laine ou de tonte sont-ils enlevés chaque jour, et où sont-ils déposés?

10° De quelle manière sèche-t-on les laines et les draps?

S'il existe des séchoirs à chaud, comment sont-ils disposés?

11° Existe-t-il des cuves de teinture? sont-elles chauffées à feu nu ou à la vapeur?

12° L'apprêt des draps a-t-il lieu au moyen de plaques de métal chauffées au feu ou par des cylindres à vapeur?

13° L'établissement possède-t-il des pompes à incendie ou d'autres moyens de secours? Quels secours peut-il espérer du voisinage?

14° La somme proposée à l'assurance sur les bâtiments et le mobilier industriel représente-t-elle la valeur de construction, le prix d'achat ou la valeur vénale?

Renseignements spéciaux sur fabriques de toiles imprimées et teintureries à l'usage des fabriques.

Modèle N° 6.

1° Existe-t-il plusieurs corps de bâtiments? ont-ils été originairement construits pour leur usage actuel? Ceux qui sont contigus ont-ils entre eux des murs de refend? Ces murs sont-ils entièrement pleins jusqu'à la toiture, ou bien contiennent-ils des portes en bois ou en fer, ou d'autres ouvertures?

13

2° Quel est le genre de chauffage, soit poêles ordinaires, calorifères ou vapeur? Les foyers sont-ils dans l'intérieur ou en dehors? les tuyaux sont-ils en tôle ou en fonte? comment sont-ils maintenus? sont-ils suffisamment éloignés des charpentes? traversent-ils les planchers, et, dans ce cas, comment les planchers sont-ils garantis?

Quel est le combustible dont on fait usage?

3° Quelle est la situation du séchoir à chaud et comment est-il disposé?

Quelles sont les précautions employées pour empêcher que le vent ou quelque accident ne fasse toucher au foyer ou au calorifère les pièces mises à l'étendage.

4° L'opération du grillage se fait-elle dans l'établissement et avec la prudence nécessaire?

5° Les préparations au rouge d'Andrinople ont-elles lieu dans l'établissement? Existe-t-il un séchoir particulier pour ce genre de teinture, et quelles précautions y sont prises?

6° L'établissement possède-t-il des pompes à incendie ou d'autres moyens de secours? Quels secours peut-on espérer du voisinage?

7° La somme proposée à l'assurance sur les bâtiments et le mobilier industriel représente-t-elle la valeur de construction, le prix d'achat ou la valeur vénale?

Renseignements spéciaux sur verreries et fabriques de faïence et de porcelaine.

Modèle N° 7.

1° Existe-t-il plusieurs corps de bâtiments? Ceux qui sont contigus ont-ils entre eux des murs de refend en pierres ou briques? ces murs sont-ils entièrement pleins jusqu'à la toiture, ou bien contiennent-ils des portes en bois ou en fer, ou d'autres ouvertures?

2° Combien y a-t-il de fours à cuire?

Quelle est la construction particulière de ces fours?

3° Quelles sont la nature et la quantité du combustible? à quelle distance des bâtiments est-il placé?

4° Comment sèche-t-on le bois, et où place-t-on la portion destinée à la consommation journalière?

5° L'établissement possède-t-il des pompes à incendie ou d'autres moyens de secours? Quels secours peut-il espérer du voisinage?

6° La somme proposée à l'assurance sur les bâtiments et le mobilier industriel représente-t-elle la valeur de construction, le prix d'achat ou la valeur vénale?

Renseignements spéciaux sur brasseries et distilleries à l'usage des fabricants.

Modèle N° 8.

1° Existe-t-il plusieurs corps de bâtiments? Ceux qui sont contigus ont-ils entre eux des murs de refend en pierres ou briques? Ces murs sont-ils entièrement pleins jusqu'à la toiture, ou bien contiennent-ils des portes en bois ou en fer, ou d'autres ouvertures?

2° Les appareils sont-ils placés dans des lieux voûtés?

3° La distillation se fait-elle à feu nu ou au bain-marie?

4° Les alambics sont-ils bien conditionnés, sans fissures et faciles à être bien lutés?

Comment les tourailles sont-elles disposées?

5° L'établissement possède-t-il des pompes à incendie ou d'autres moyens de secours? Quels secours peut-il espérer du voisinage?

6° La somme proposée à l'assurance sur les bâtiments et le mobilier industriel représente-t-elle la valeur de construction, le prix d'achat ou la valeur vénale?

Renseignements spéciaux sur forges et fonderies.

Modèle N° 9.

1° Les bâtiments contigus ont-ils entre eux des murs de refend en pierres ou briques? Les murs sont-ils entièrement pleins jusqu'à la toiture ou bien contiennent-ils des portes en bois ou en fer, ou d'autres ouvertures?

2° Quel est le combustible dont on fait usage?

3° Quelle est la distance entre l'établissement et les lieux où il s'approvisionne de charbon de bois, en combien de temps le transport se fait-il?

4° Quelles précautions prend-on habituellement pour s'assurer que le charbon qui arrive dans les halles est complètement éteint?

5° Lorsque, pendant la nuit, on fait passer du charbon des halles au haut-fourneau ou dans les ateliers de forge, comment éclaire-t-on ce transport?

6° Les halles à charbon sont-elles situées assez loin du haut-fourneau et des ateliers de forge, pour que des étincelles ne puissent s'y introduire?

7° L'établissement possède-t-il des pompes à incendie ou d'autres moyens de secours? Quels secours peut-il espérer du voisinage?

8° La somme proposée à l'assurance sur les bâtiments et le mobilier industriel représente-t-elle la valeur de construction, le prix d'achat ou la valeur vénale.

Renseignements spéciaux sur papeteries.

MODÈLE Nᵒ 10.

1° Existe-t-il plusieurs corps de bâtiments? ont-ils été originairement construits pour leur usage actuel?

Ceux qui sont contigus ont-ils entre eux des murs de refend en pierres ou en briques? Ces murs sont-ils entièrement pleins jusqu'à la toiture, ou bien contiennent-ils des portes en bois ou en fer, ou d'autres ouvertures?

2° Le papier se fabrique-t-il par les anciens procédés ou à la mécanique? Dans ce dernier cas, a-t-on conservé les étendages, ou bien le papier est-il séché au moyen de cylindres chauffés par la vapeur?

3° S'il existe un étendage, y va-t-on avec de la lumière, et est-il quelquefois ou habituellement chauffé?

4° Y a-t-il une chaudière à encollage, et quelle est sa situation?

5° L'emplacement où l'on renferme et trie le chiffon est-il d'un accès facile ou est-il encombré? Y fait-on du feu ou permet-on aux ouvriers l'usage des chaufferettes?

6° Comment est chauffé le local où se fait le choix du papier?

7° S'il existe une pompe à vapeur, est-elle adjacente ou isolée? Les fourneaux et l'appareil sont-ils en bon état?

8° L'établissement possède-t-il des pompes à incendie ou d'autres moyens de secours? Quels secours peut-il espérer du voisinage?

9° La somme proposée à l'assurance sur les bâtiments et le mobilier industriel représente-t-elle la valeur de construction, le prix d'achat ou la valeur vénale?

Renseignements spéciaux sur raffineries de sucre.

MODÈLE Nᵒ 11.

1° Existe-t-il plusieurs corps de bâtiments? Ont-ils été originairement construits pour leur usage actuel? Ceux qui sont contigus ont-ils entre eux des murs de refend en pierre ou en briques? Ces murs sont-ils entièrement pleins jusqu'à la toiture ou bien contiennent-ils des portes en bois ou en fer, ou d'autres ouvertures?

2° Quels sont le nombre et la capacité des chaudières et autres appareils servant à la cuite? Comment est disposé le local qui les renferme? Ce local est-il assez vaste pour que l'ouverture du foyer (si elle est intérieure) ne puisse être en contact avec d'autres objets? Est-il assez élevé pour que la flamme ne puisse atteindre le plafond ou la charpente?

3° La cuite s'opère-t-elle à feu nu, à la vapeur ou dans le vide?

4° Combien y a-t-il de purgeries? Quelle est l'élévation des étages où elles sont placées? Sont-elles chauffées au moyen de la vapeur, par des calorifères ou par des poêles ordinaires? Dans ces deux derniers cas, comment la chaleur est-elle conduite dans les diverses parties des purgeries? Est-ce par des constructions en dedans ou contre les murs, ou par des tuyaux en tôle? Si l'on se sert de ceux-ci, quelles sont

les précautions prises pour garantir de leur voisinage les planchers ou les charpentes, et pour prévenir le déboîtement des tuyaux?

5° Y a-t-il une ou plusieurs étuves? Les ouvertures qui s'y trouvent pratiquées à chaque étage sont-elles fermées par des portes ou fenêtres en fer?

L'ouverture du foyer et les tuyaux d'ascension de la fumée sont-ils extérieurs?

La cloche qui recouvre le foyer est-elle en fonte et en bon état? Se trouve-t-il au-dessus de cette cloche une couverture en tôle ou une voûte en briques?

Quelle est la distance entre la cloche et les premiers rayons ou étagères? Ces derniers sont-ils en bois ou en fer et solidement assujétis?

6° L'établissement possède-t-il des pompes à incendie ou autres moyens de secours? Quels secours peut-il espérer du voisinage?

7° La somme proposée à l'assurance sur les bâtiments et le mobilier industriel représente-t-elle la valeur de construction, le prix d'achat ou la valeur vénale?

Renseignements spéciaux sur fabriques de sucre de betteraves.

MODÈLE Nᵒ 12.

1° Existe-t-il plusieurs corps de bâtiments? ont-ils été originairement construits pour leur usage actuel?

Ceux qui sont contigus ont-ils entre eux des murs de refend en pierres ou en briques? Ces murs sont-ils entièrement pleins jusqu'à la toiture, ou bien contiennent-ils des portes en bois ou en fer, ou d'autres ouvertures?

2° Le fabricant est-il en même temps planteur de betteraves, ou s'approvisionne-t-il chez les cultivateurs voisins?

Dans le premier cas, les terres sont-elles sa propriété? Si elles ne lui appartiennent pas, les afferme-t-il à un taux convenable? Quel est le nombre d'hectares qu'il cultive en betteraves?

Dans le deuxième cas, quelle est la quantité (en poids) de betteraves qu'il achète annuellement?

3° La cuite se fait-elle à la vapeur?

4° Par quel procédé les étuves et les purgeries sont-elles chauffées?

Si c'est par des calorifères, les tuyaux qui traversent les étages sont-ils suffisamment éloignés des planchers ou bien séparés de ces planchers par une maçonnerie suffisante?

Se sert-on à la fois de calorifères et de la vapeur?

5° Fait-on usage de cristallisoirs avec étagères, ou bien de formes et pots en terre?

6° Ne raffine-t-on point de sucre en pains?

7° L'établissement possède-t-il des pompes à incendie ou d'autres moyens de secours? Quels secours peut-il espérer du voisinage?

8° La somme proposée à l'assurance sur les bâtiments et le mobilier industriel représente-t-elle la valeur de construction, le prix d'achat ou la valeur vénale?

Renseignements spéciaux sur risques divers dont l'assurance ne peut être faite que par autorisation spéciale de la Compagnie.

Modèle N° 13.

1° Construction des bâtiments?
2° Leur couverture?
3° Sont-ils en bon état?
4° Renferment-ils des foyers ou des professions augmentant le risque?
5° Combien ont-ils d'étages?
6° Quelle est la hauteur à chaque étage du plancher au plafond?
7° Les pièces intérieures sont-elles plafonnées, planchéiées ou carrelées?
8° Le moteur consiste-t-il en un manège, une machine à vapeur ou une hydraulique?
9° Quel est le mode de chauffage?
10° Quelle est la nature du combustible?
11° Quel est le mode d'éclairage?
12° Le terrain appartient-il au propriétaire des bâtiments?
13° Les bâtiments sont-ils séparés les uns des autres?
14° Quels sont ceux communiquant entre eux?
15° Les communications sont-elles interceptées par des portes en bois, en fer ou doublées de tôle?

16° Y a-t-il quelque part agglomération de marchandises ou de mobilier? en quel endroit?
17° Quels sont les dangers du feu?
18° Quels moyens de secours?
19° Un sinistre peut-il être total ou partiel?
20° Quelle en serait l'importance présumable?
21° La valeur des objets est-elle bien indiquée?
22° La prime du tarif paraît-elle suffisante?
23° Y a-t-il eu assurance antérieure? A quelle Compagnie?
24° Pourquoi a-t-elle cessé?
25° Y a-t-il déjà eu incendie et de quelle importance?
26° Quels sont les risques voisins?
27° A quelle distance sont-ils de ceux proposés?
28° Quels sont les noms et professions des occupants?
29° De quelle réputation jouit le proposant?
30° Qui a donné ce renseignement?
31° La Compagnie a-t-elle d'autres assurances dans le même local ou à côté?
32° Y a-t-il bail, et pour combien de temps?

Renseignements PARTICULIERS ET CONFIDENTIELS à annexer aux propositions d'assurances sur usines, fabriques et risques divers à soumettre à l'autorisation de la Compagnie.

Modèle N° 14.

1° Depuis quelle époque l'établissement existe-t-il?
A-t-il déjà éprouvé quelque sinistre, petit ou grand? Dans ce cas, quelle en a été la cause et qu'en est-il résulté?
2° Était-il précédemment assuré par une autre Compagnie? Dans ce cas, quel est le motif du changement?
3° Le proposant est-il lui-même à la tête des travaux, ou sont-ils confiés aux soins de contre-maîtres ou de directeurs? Les uns et les autres sont-ils soigneux et surveillants?
4° L'établissement marche-t-il bien? Ses produits se vendent-ils facilement et avec avantage?

5° Quelle est la réputation du proposant? Son crédit est-il bon? Son entreprise paraît-elle proportionnée à sa fortune ou à ses capitaux?
6° Le proposant est-il aimé de ses ouvriers? Ne passe-t-il pas pour avoir des ennemis?
7° En résumé, si vous étiez assureur pour votre propre compte, regarderiez-vous cette assurance comme bonne?
Nous conseillez-vous de la prendre, de la refuser ou de la réduire?

Modèle N° 15.

MODÈLE DU TRACÉ LINÉAIRE
à joindre aux propositions d'assurances sur fabriques et usines.

EXPLICATION DES SIGNES DE CONVENTION.

◉ Poêle ou calorifère.
◯ Puits.
———————— Gros mur en pierres, briques ou moëllons, sans ouvertures.
════════ Mur de construction plus légère avec pans de bois.
———————— Cloisons.
——• •——— Ouverture non fermée, ou avec porte en bois.
——•••——— Ouverture fermée par porte en fer ou seulement doublée de fer.

TRACÉ.

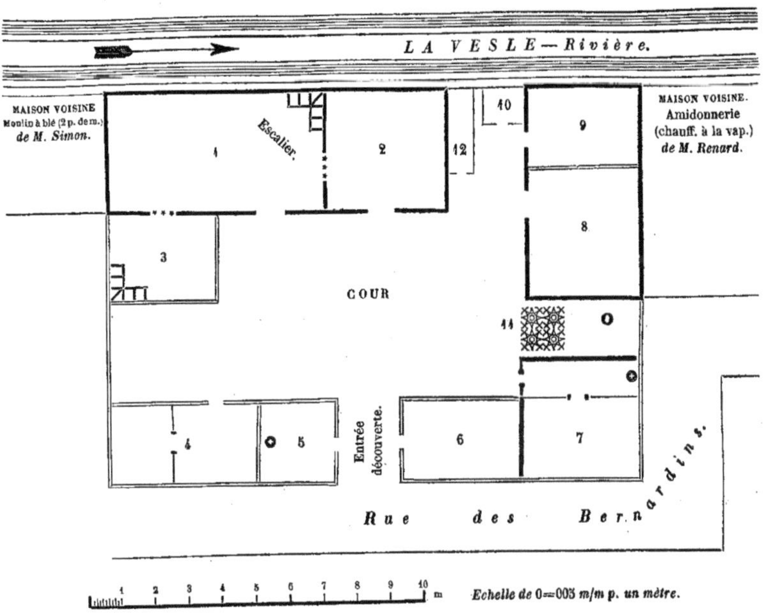

LÉGENDE.

Nº 1. Filature de coton (chauffée à la vapeur, éclairée au gaz) élevée de trois étages.

» 2. Carderie, batteur et machine à vapeur, un étage.

» 3. Atelier des dévideuses et bureaux, deux étages, séparé de la filature par une porte en fer.

» 4. Magasins aux déchets de coton, un étage et grenier.

» 5. Concierge, un étage et grenier.

» 6. Magasin aux cotons filés et en balles, deux étages et grenier.

» 7. Habitation de maître, deux étages et grenier.

» 8.   Dº   du contre-maître, un étage et grenier.

» 9. Remise et écurie, rez-de-chaussée et grenier..

» 10. Lieux d'aisance.

» 11. Charbon de terre à l'air.

» 12. Dépôt de machines.

MODÈLE DE POLICE D'ASSURANCES SUR MAISONS ET BATIMENTS.

CONDITIONS PARTICULIÈRES.

La Compagnie L'Aigle assure, aux conditions générales qui précèdent et à celles particulières ci-après :

A M. ROBERT (*Narcisse*), profession de *propriétaire*, demeurant à *Besançon, rue Saint-Vincent*, 16, arrondissement de *Besançon*, département du *Doubs*, agissant *pour son compte*, comme *propriétaire*, la somme de *cent vingt mille francs, portant sur les objets ci-après désignés*, savoir :

	SOMME assurée sur chaque article.	TAUX de la prime p. °/₀₀.		PRIME pour chaque article.	
	fr.	fr.	c.	fr.	c.
1° Cent mille francs sur la maison qu'il occupe, située à Besançon, rue Saint-Vincent, n° seize; cette somme est répartie ainsi qu'il suit :					
Vingt-cinq mille francs sur un corps de logis, à droite de l'entrée, donnant sur la rue, élevé sur caves, d'un rez-de-chaussée, un étage, mansardés et greniers, servant de simple habitation, ci	25,000	»	30	7	50
Vingt-cinq mille francs sur un corps de bâtiment, à gauche de l'entrée, élevé comme le précédent et occupé par M. Delamarre, épicier, ci	25,000	»	40	10	»
Cinquante mille francs sur un bâtiment situé au milieu de la cour, sans aucune communication avec les précédents, consistant en un rez-de-chaussée, un étage et greniers, et dans lequel sont placés des ateliers de menuiserie, ci	50,000	»	50	25	»
Ces trois bâtiments sont construits en pierres et moellons, et couverts en ardoises.					
2° Dix mille francs sur une maison située audit Besançon, Grande-Rue, n° dix-neuf, élevée sur caves d'un rez-de-chaussée, deux étages et greniers, construite en pierres et moellons, couverte en tuiles, occupée par le sieur Jérôme, rentier, ci	10,000	»	30	3	»
3° Cinq mille francs sur une maison de campagne, occupée par l'assuré, construite en moellons, couverte en tuiles, et située commune de Pouilley-les-Vignes, arrondissement de Besançon, ci	5,000	»	60	3	»
4° Cinq mille francs sur une maison située même commune de Pouilley-les-Vignes, occupée par Julien, cabaretier, construite en pans de bois et plâtre, couverte en chaume, ci	5,000	7	»	35	»
L'assuré déclare que la maison désignée ci-dessus n'est contiguë à aucun autre bâtiment couvert en chaume (1).					
Pour droit de timbre et répertoire, trois centimes par 1,000 fr. de capitaux assurés	»	»	03	3	60
Totaux	120,000			87	10

L'assurance est faite pour une période de *dix* années, conformément à l'article 5 des conditions générales, à partir de demain midi, moyennant une prime annuelle de *quatre-vingt-sept francs dix centimes*.

Pour l'exécution de la présente, l'assuré *a payé comptant*, entre mes mains, la somme de *quatre-vingt-sept francs dix centimes pour prime de première année, plus huit francs pour le coût de la Police et de quatre plaques*, et il s'engage, conformément aux conditions générales et particulières, à déclarer les changements qui pourraient survenir et à payer tous les ans la prime convenue.

Les primes stipulées dans les présentes ayant été arrêtées entre les parties, en raison des conditions imprimées et manuscrites de la Police, ces conditions ne pourront jamais être réputées comminatoires.

Fait triple à *Besançon, le cinq mars mil huit cent cinquante-trois.*

Signature de l'Assuré :

POUR LA COMPAGNIE L'AIGLE,
L'Agent-Général :

(1) Voir article 24 des Instructions.

MODÈLES DE POLICES D'ASSURANCES SUR RISQUES LOCATIFS.

PREMIER EXEMPLE.

Assurance par un locataire, lorsque l'immeuble n'est pas assuré par la Compagnie au propriétaire.

CONDITIONS PARTICULIÈRES.

La Compagnie L'AIGLE assure, aux conditions générales qui précèdent et à celles particulières ci-après :

A M. LEVAILLANT (*Joseph*), profession de *marchand de nouveautés*, demeurant à *Strasbourg, rue des Récollets*, 20, arrondissement de *Strasbourg*, département du *Bas-Rhin*, agissant *pour son compte*, comme *locataire*, la somme de *quarante mille francs portant sur les objets désignés ci-après*, savoir :

	SOMME assurée sur chaque article.	TAUX de la prime p. °/₀₀.		PRIME pour chaque article.	
	fr.	fr.	c.	fr.	c.
Pour garantir l'assuré de ses risques locatifs prévus par les articles 1733 et 1734 du Code Napoléon, portant sur une maison d'habitation élevée de deux étages sur rez-de-chaussée et greniers mansardés, construite en pierres et moellons, couverte en tuiles, située à Strasbourg, rue des Récollets, n° vingt, et appartenant à M. Jean Petit; laquelle maison n'est pas assurée par la Compagnie, ci..	40,000	(1) » 22 ½		9	»
Pour droit de timbre et répertoire, trois centimes par 1,000 fr. de capitaux assurés, ...	»	» 03		1	20

(1) Soit les 3/4 de 30 c. °/₀₀.

DEUXIÈME EXEMPLE.

Assurance par un locataire, lorsque l'immeuble est déjà assuré par la Compagnie au propriétaire.

CONDITIONS PARTICULIÈRES.

La Compagnie L'AIGLE assure, etc., (comme ci-dessus), la somme de quarante mille francs, savoir :

	SOMME assurée par chaque article.	TAUX de la prime p. °/₀₀.		PRIME pour chaque article.	
	fr.	fr.	c.	fr.	c.
Pour garantir l'assuré de ses risques locatifs prévus par les articles 1733 et 1734 du Code Napoléon, portant sur une maison d'habitation, etc., etc. (comme ci-dessus), et appartenant à M. Jean Petit; laquelle maison est déjà assurée par la Compagnie l'AIGLE au propriétaire, suivant police du 14 février 1853, n° 4250 de l'Agence de Strasbourg, ci.	40,000	» 10		4	»
Pour droit de timbre et répertoire, trois centimes par 1,000 fr. de capitaux assurés.....	»	» 03		1	20

La prime du risque locatif de M. Levaillant n'est fixée à dix centimes par mille francs qu'en raison de l'assurance souscrite par M. Jean Petit, suivant la Police n° 4250 sus-énoncée; mais il est bien entendu que si, par une cause quelconque, l'assurance de M. Jean Petit, en tant qu'elle porte sur la maison désignée ci-dessus, venait à cesser son effet, la prime du risque locatif de M. Levaillant serait portée de droit à vingt-deux centimes et demi. par mille francs, à partir du jour où l'assurance de M. Jean Petit aurait cessé son effet.

TROISIÈME EXEMPLE.

Assurance par un locataire faisant assurer ses risques et ceux de son propriétaire.

CONDITIONS PARTICULIÈRES.

La Compagnie L'AIGLE assure, aux conditions générales qui précèdent et à celles particulières ci-après :

A M. LEVAILLANT (*Joseph*), profession de *marchand de nouveautés*, demeurant à *Strasbourg, rue des Récollets*, 20, arrondissement de *Strasbourg*, département du *Bas-Rhin*, agissant *pour son compte* comme *locataire, et pour le compte de M. Jean Petit, comme propriétaire*, la somme de *quarante mille francs portant sur les objets désignés ci-après*, savoir :

	SOMME assurée sur chaque article.	TAUX de la prime p. $^o/_{oo}$.	PRIME pour chaque article.	
	fr.	fr. c.	fr.	c.
Sur une maison d'habitation, etc., etc. (comme ci-dessus); ladite maison est occupée par M. Levaillant, comme locataire, et appartient à M. Jean Petit, ci....................	40,000	» 30	12	»
Au moyen d'une prime supplémentaire de dix centimes par mille francs, la Compagnie renonce au recours qu'en vertu des articles 1733 et 1734 du Code Napoléon, elle pourrait exercer contre ledit sieur Levaillant, ci...	»	» 10	4	»
Pour droit de timbre et répertoire, trois centimes par 1,000 fr. de capitaux assurés.....	»	» 03	4	20

QUATRIÈME EXEMPLE.

Assurance par un propriétaire faisant assurer ses risques et ceux de ses locataires.

CONDITIONS PARTICULIÈRES.

La Compagnie L'AIGLE assure, aux conditions générales qui précèdent et à celles particulières ci-après :

A M. PETIT (*Jean*), profession de *propriétaire*, demeurant à *Strasbourg, rue des Juifs*, 5, arrondissement de *Strasbourg*, département du *Bas-Rhin*, agissant *pour son compte* comme *propriétaire, et pour le compte de ses locataires*, la somme de *quarante mille francs, portant sur les objets ci-après désignés*, savoir :

	SOMME assurée sur chaque article.	TAUX de la prime p. $^o/_{oo}$.	PRIME pour chaque article.	
	fr.	fr. c.	fr.	c.
Sur une maison d'habitation, etc.. etc. (comme ci-dessus).........................	40,000	» 30	12	»
M. Jean Petit voulant que cette assurance profite aux locataires de ladite maison, il est convenu qu'au moyen d'une prime supplémentaire de dix centimes par mille francs, la Compagnie renonce au recours qu'en cas de sinistre elle pourrait exercer contre lesdits locataires, en vertu des articles 1733 et 1734 du Code Napoléon, ci..................	»	» 10	4	»
Pour droit de timbre et répertoire, trois centimes par 1,000 fr. de capitaux assurés.....	»	» 03	4	20

Modèle N° 18.

POLICE POUR GARANTIR DU RECOURS DES VOISINS.

CONDITIONS PARTICULIÈRES.

La Compagnie L'AIGLE assure, aux conditions générales qui précèdent et à celles particulières ci-après :
A M. RICHARD (*Auguste*), profession de *rentier*, demeurant à *Caen*, département du *Calvados*, agissant *pour son compte,* comme *propriétaire,* la somme de *cent mille francs, portant sur les objets désignés ci-après,* savoir :

	SOMME assurée sur chaque article.	TAUX de la prime p. o/oo.		PRIME pour chaque article.	
	fr.	fr.	c.	fr.	c.
1° *Cinquante mille francs* pour le garantir du recours qu'en cas de sinistre les voisins pourraient exercer contre lui, en vertu des articles 1382, 1383 et 1384 du Code Napoléon, en raison d'une maison qu'il occupe à Caen, rue Saint-Pierre, n° dix-huit, ci. .	50,000	»	20	10	»
2° *Trente mille francs* pour même garantie, en raison d'une raffinerie de sucre (cuite et chauffage à la vapeur) qu'il exploite dans la commune de Tilly, arrondissement de Caen, ci	30,000	1	25	37	50
3° *Vingt mille francs* pour même garantie, en raison d'un bâtiment à usage de magasin à sucre qu'il occupe au lieu dit le Bocage, même commune de Tilly, et à côté duquel magasin se trouve une fabrique de noir animal, ci	20,000	1	»	20	»
La maison, la raffinerie et le magasin désignés ci-dessus, ainsi que les bâtiments voisins, sont construits en pierres et moellons, et couverts en tuiles, ardoises ou métaux.					
Pour droit de timbre et répertoire, trois centimes par 1,000 fr. de capitaux assurés......	»	»	03	3	»
TOTAUX.............................	100,000			70	50

Modèle N° 19.

MODÈLES DE POLICE SUR MOBILIER PERSONNEL ET DE MÉNAGE.

PREMIER EXEMPLE.

CONDITIONS PARTICULIÈRES.

La Compagnie L'AIGLE assure, aux conditions générales qui précèdent et à celles particulières ci-après :
A M. DUPUIS (*Charles*), profession d'*avocat,* demeurant à *Metz*, rue du *Rempart-Belle-Ile*, 15, arrondissement de *Metz*, département de la *Moselle*, agissant *pour son compte,* comme *propriétaire,* la somme de *soixante-dix mille francs, portant sur les objets ci-après désignés,* savoir :

	SOMME assurée sur chaque article.	TAUX de la prime p. o/oo.		PRIME pour chaque article.	
	fr.	fr.	c.	fr.	c.
1° *Cinquante mille francs* sur une maison d'habitation, etc., (voir modèle n° 16), ci. .	50,000	»	30	15	»
2° *Vingt mille francs* sur un mobilier personnel réparti dans ladite maison. Cette somme est divisée comme il suit :					
Huit mille francs sur meubles meublants........................ 8,000					
Deux mille francs sur glaces, pendules et ornements.............. 2,000					
Mille francs sur ustensiles de cuisine et de ménage.............. 1,000					
Quatre mille francs sur linge et effets d'habillement. 4,000					
Mille francs sur bibliothèque....................... 1,000	20,000	»	75	15	»
Mille francs sur argenterie de table et bijoux en or............. 1,000					
Mille francs sur tableaux. 1,000					
Mille francs sur tulles, dentelles et cachemires................. 1,000					
Mille francs sur vins, liqueurs et provisions de bouche........... 1,000					
Pour droit de timbre et répertoire, trois centimes par 1,000 fr. de capitaux assurés.....	»	0	03	2	10
TOTAUX..............	70,000			32	10

DEUXIÈME EXEMPLE.

(Police anticipée ou à effet différé.)

CONDITIONS PARTICULIÈRES.

La Compagnie L'AIGLE assure, aux conditions générales qui précèdent et à celles particulières ci-après :

A M. HURÉ (*Paul-Vincent*), profession de *rentier*, demeurant à *Saint-Valery-sur-Somme*, arrondissement d'*Abbeville*, département de la *Somme*, agissant *pour son compte*, comme *propriétaire et locataire*, la somme de *vingt-huit mille francs, portant sur les objets ci-après désignés*, savoir :

	SOMME assurée sur chaque article.	TAUX de la prime p. °/₀₀.		PRIME pour chaque article.	
	fr.	fr.	c.	fr.	c.
1° *Huit mille francs* sur son mobilier personnel, consistant en meubles meublants, glaces, pendules, ornements, lits, linge de toute espèce, hardes et effets d'habillement, ustensiles et provisions de ménage et de cuisine (dans cette somme, l'argenterie de table et les bijoux en or sont compris pour une somme de 800 fr.), ci.	8,000	»	90	7	20
Tous les objets désignés ci-dessus sont répartis dans les différentes localités que l'assuré occupe comme locataire dans une maison construite en pierres et moellons, couverte en tuiles, ardoises ou métaux, et située audit Saint-Valery-sur-Somme.					
2° *Dix mille francs* pour garantir l'assuré de ses risques locatifs, prévus par les articles 1733 et 1734 du Code Napoléon, ci.	10,000	»	25	2	50
4° *Dix mille francs* pour le garantir du recours des voisins, prévu par les articles 1382, 1383 et 1384 du Code Napoléon, ci.	10,000	»	20	2	»
Pour droit de timbre et répertoire, trois centimes par 1,000 fr. de capitaux assurés.	»	»	03	»	85
TOTAUX	28,000			12	55

L'assuré déclare que les objets désignés ci-dessus sont déjà assurés pour pareille somme par la Compagnie D'ASSURANCES GÉNÉRALES, *suivant Police n° 5300, du dix-neuf mars mil huit cent quarante-huit*, qui expirera le *vingt mars mil huit cent cinquante-trois*, et qu'il entend suivre l'exécution de cette dernière Police jusqu'à son échéance. En conséquence, la présente Police est faite par anticipation, et n'aura d'effet qu'à partir du *vingt mars mil huit cent cinquante-trois.*

L'assurance est faite pour une période de *dix* années, conformément à l'article 5 des conditions générales, moyennant une prime annuelle de *douze francs cinquante-cinq centimes, ladite période commençant le vingt mars mil huit cent cinquante-trois.*

Pour l'exécution de la présente, l'assuré *s'oblige à payer contre quittance séparée, le vingt mars mil huit cent cinquante-trois*, en mes mains, la somme de *douze francs cinquante-cinq centimes, pour prime de première année (non compris la Police et la plaque, qui ont été payées comptant)*, et il s'engage, conformément aux conditions générales et particulières, à déclarer les changements qui pourraient survenir et à payer tous les ans la prime convenue.

Les primes stipulées dans les présentes ayant été arrêtées entre les parties, en raison des conditions imprimées et manuscrites de la Police, ces conditions ne pourront jamais être réputées comminatoires.

Fait triple à *Abbeville, le douze avril mil huit cent cinquante-deux.*

Signature de l'Assuré :

POUR LA COMPAGNIE L'AIGLE,
L'Agent-Général :

MODÈLE DE POLICE SUR MAISON, FERME, RÉCOLTES, MOBILIER ARATOIRE ET BESTIAUX

(AVEC REPRISE SUR UNE COMPAGNIE A PRIMES).

CONDITIONS PARTICULIÈRES.

La Compagnie L'AIGLE assure, aux conditions générales qui précèdent et à celles particulières ci-après :
A M. BORDES (*Jean-Baptiste*), profession de *cultivateur, demeurant à la ferme de l'Églantier, commune de Boran*, arrondissement de *Senlis*, département de l'*Oise*, agissant *pour son compte*, comme *propriétaire*, la somme de *soixante-treize mille francs sur les objets ci-après désignés*, savoir :

Désignation	SOMME assurée sur chaque article.	TAUX de la prime p. °/oo.	PRIME pour chaque article.	
	fr.	fr. c.	fr.	c.
1° *Dix mille francs* sur un bâtiment servant uniquement d'habitation et entièrement isolé, faisant partie de la ferme dite de l'Églantier, située commune de Boran, arrondissement de Senlis, département de l'Oise; ladite maison élevée sur caves, d'un rez-de-chaussée, un étage et grenier, construite en pierres et moellons, couverte en ardoises, ci... L'assuré déclare que la maison d'habitation désignée ci-dessus est séparée des bâtiments d'exploitation par un espace de quatre mètres (ou par un mur de refend en pierres, briques ou moellons, sans ouverture ni communication intérieure), et qu'elle ne renferme ni fourrages, ni récoltes non battues (1).	10,000	» 60	6	»
2° *Quatre mille francs* sur blé et avoine battus ou autres grains répartis dans le grenier de ladite maison, ci...	4,000	1 »	4	»
3° *Huit mille francs* sur une grange construite en pierres et moellons, couverte en tuiles, située à gauche de la maison d'habitation, ci...	8,000	1 25	10	»
4° *Dix mille fr.* sur blé et avoine en gerbes, et sur paille, répartis dans ladite grange, ci.	10,000	1 25	12	50
5° *Six mille francs* sur bâtiment divisé en deux parties, isolé des autres bâtiments à distance de dix mètres (2), faisant face au corps de logis, de l'autre côté de la cour, à usage d'écurie et étable, construit en pierres et moellons, et couvert en chaume, ci...	6,000	4 »	24	»
6° *Quatre mille francs* sur chevaux renfermés dans ladite écurie, ci...	4,000	4 »	16	»
7° *Cinq mille francs* sur bêtes à cornes dans ladite étable, ci...	5,000	4 »	20	»
8° *Quatre mille francs* sur foin et fourrages dans les greniers des écurie et étable, ci.	4,000	4 »	16	»
9° *Quatre mille francs* sur une bergerie située sur la même ligne que la maison d'habitation, dont elle est séparée par une porte d'entrée non couverte; cette bergerie est construite en pierres et moellons, et couverte en tuiles, ci...	4,000	1 25	5	»
10° *Trois mille francs* sur moutons, agneaux et brebis dans ladite bergerie, ci...	3,000	1 25	3	75
11° *Deux mille francs* sur foin et fourrages dans le grenier au-dessus de la bergerie; ci.	2,000	1 25	2	50
12° *Mille francs* sur un petit bâtiment isolé placé entre la grange et l'écurie, à douze mètres de la grande (3), construit en pierres et moellons, couvert en chaume, servant de toit à porcs et de poulailler, ci...	1,000	4 »	4	»
13° *Mille francs* sur porcs dans ledit bâtiment...	1,000	4 »	4	»
14° *Deux mille cinq cents francs* sur une charreterie, construite sur poteaux en bois, et couverte en tuiles, située vis-à-vis de la grange, à l'autre extrémité de la cour, ci...	2,500	2 50	6	25
15° *Deux mille fr.* sur les ustensiles aratoires, parmi lesquels se trouvent deux charrettes placées dans les diverses parties de la ferme, mais principalement sous la charreterie, ci.	2,000	2 50	5	»
16° *Deux mille cinq cents francs* sur une meule de blé placée dans un champ, en face la ferme, ci...	2,500	6 »	15	»
17° *Deux mille francs* sur une meule d'avoine placée dans le même champ, ci...	2,000	6 »	12	»
18° *Deux mille francs* sur une meule de foin placée dans un verger attenant à la ferme, ci. L'assuré déclare que les trois meules désignées ci-dessus sont éloignées des bâtiments à une distance de plus de *dix mètres* (4).	2,000	6 »	12	»
Pour droit de timbre et répertoire, trois centimes par 4,000 fr. de capitaux assurés...	»	» 03	2	20
TOTAUX...	73,000		180	20

(1) Voir art. 142 des Instructions. — (2) Voir art. 114 id. — (3) Voir art. 114 id. — (4) Voir art. 24 et 153 id.

M. Bordes déclare que les objets désignés ci-dessus sont déjà assurés pour *pareille* somme de *soixante-treize mille francs* par la Compagnie *la Confiance*, suivant Police n° 366 du 10 *mai* 1845, expirant le 11 *mai* 1855. En conséquence, la Compagnie L'AIGLE paiera, aux lieu et place de l'assuré, et jusqu'à concurrence du montant des primes par elle perçues, les primes dues à la Compagnie *la Confiance*, en raison des objets assurés pour le temps pendant lequel la Compagnie L'AIGLE fournit sa garantie.

L'assuré devra donner immédiatement avis à la Compagnie L'AIGLE de toute réclamation qui lui serait adressée pour ces primes qu'il pourra acquitter lui-même, et dont il remettra dans ce cas les quittances à la Compagnie L'AIGLE en paiement de ses propres primes.

En cas de sinistre, la Compagnie L'AIGLE sera responsable du dommage directement envers l'assuré, à charge par celui-ci de donner à la Compagnie L'AIGLE ou à son délégué tous pouvoirs et subrogation à l'effet d'agir contre la Compagnie *la Confiance*, débitrice principale.

L'assurance est faite pour une période de, etc.

TRACÉ (1).

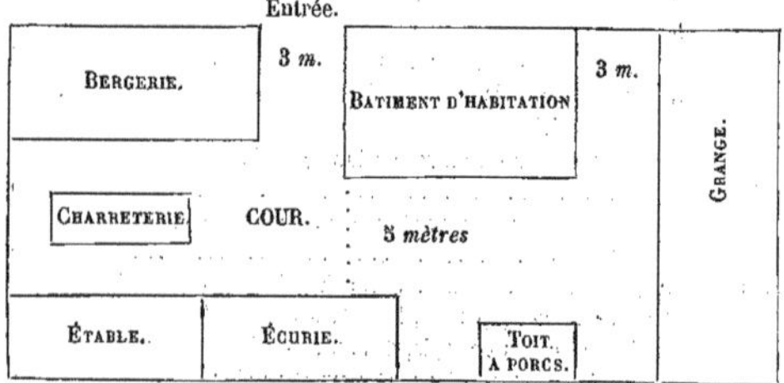

MODÈLE N° 21.

MODÈLES DE POLICES SUR MARCHANDISES ORDINAIRES ET MOBILIER INDUSTRIEL
(AVEC DÉCLARATION D'ASSURANCES PAR D'AUTRES COMPAGNIES).

CONDITIONS PARTICULIÈRES.

La Compagnie L'AIGLE assure, aux conditions générales qui précèdent et à celles particulières ci-après :

A MM. KIENER et Cie, profession de *marchands de draps et de nouveautés*, demeurant à *Colmar, rue des Deux-Clefs, n° 40*, arrondissement de *Colmar,* département du *Haut-Rhin,* agissant *pour leur compte,* comme *propriétaires et locataires*, la somme de *cinquante mille francs* sur les objets ci-après désignés, savoir :

	SOMME assurée sur chaque article.	TAUX de la prime p. °/oo.	PRIME pour chaque article.	
1° *Vingt mille francs* sur draps, casimirs, mérinos, mousselines de laine, calicots, percales, toiles blanches et imprimées, jaconas, mousselines, batistes, linons, madapolams, coutils, et, en général, sur toutes les marchandises de leur commerce, existant ou pouvant exister ; ci..	fr.	fr. c.	fr.	c.
	20,000	» 90	18	»
A reporter............	20,000		18	»

(1) Il faut annexer à chaque ampliation de la Police une copie du tracé linéaire, portant la mention suivante :
« Vu et certifié le présent tracé pour demeurer annexé à la Police n°.... en date de ce jour. »
Senlis, le

	SOMME assurée sur chaque article.	TAUX de la prime p. °/oo.		PRIME pour chaque article.	
	fr.	fr.	c.	fr.	c.
Report............	20,000	»	90	48	»
2° *Deux mille francs* sur tulles, blondes, dentelles et broderies, faisant partie dudit commerce (1); ci..	2,000	»	90	4	80
3° *Trois mille francs* sur comptoirs, rayons, casiers, cartons, glaces, montres vitrées, et, en général, sur tous les objets composant leur mobilier industriel ; ci..............	3,000	»	90	2	70
4° *Cinq mille francs* sur le mobilier personnel de M. Kiener, composé de, etc. (Voir modèle n° 19) ; ci...	5,000	»	90	4	50
Tous les objets désignés ci-dessus sont répartis dans les différentes localités que les assurés occupent dans une maison située à Colmar (Haut-Rhin), rue des deux Clefs, 40, construite en pierres et moellons, couverte en tuiles ou ardoises.					
5° *Dix mille francs* sur risques locatifs prévus, etc. (Voir modèles n°s 17 ou 19) ; ci.	10,000	»	25	2	50
6° *Dix mille francs* sur recours de voisins prévus, etc. (Voir modèles n°s 18 ou 19); ci.	10,000	»	20	2	»
Pour droit de timbre et répertoire, trois centimes par 1,000 fr. de capitaux assurés..	»	»	03	4	50
Totaux......................	50,000			33	»

Pour se conformer aux dispositions de l'article 10 des conditions générales de la présente Police, MM. les assurés déclarent que, *suivant Police du 25 janvier* 1853, *n°* 14,315, ils ont déjà fait couvrir sur les mêmes objets, par la Compagnie du *Soleil*, une somme de *quarante-huit mille francs* répartie comme suit, savoir :

    1° Sur marchandises (art. 1er)................ 20,000 fr.
    2° Sur   id.   (art. 2). 1,000
    3° Sur mobilier industriel (art. 3)............... 2,000
    4° Sur   id.   personnel (art. 4). 5,000
    5° Sur risques locatifs (art. 5)................ 10,000
    6° Sur recours des voisins (art. 6)............. 10,000

        Somme égale. .... 48,000 fr.

La Compagnie leur donne acte de cette déclaration; et, en cas de sinistre, elle ne sera responsable qu'au *prorata* des sommes assurées par elle (2).

AUTRE EXEMPLE.

CONDITIONS PARTICULIÈRES.

La Compagnie L'AIGLE assure, aux conditions générales qui précèdent et à celles particulières ci-après :

A M. MARTEL (*Pierre*), profession de *menuisier*, demeurant à *Quimper*, *rue du Dauphin*, *n°* 5, arrondissement de *Quimper*, département du *Finistère*, agissant *pour son compte*, comme *propriétaire*, la somme de

---

(1) Lorsque la valeur des marchandises faciles à endommager représente plus d'un dixième de l'ensemble des marchandises assurées, on leur applique la prime qui leur est propre (voir art. 151 des Instructions).

(2) Lorsqu'une Police est faite en supplément à une autre Police de la Compagnie L'AIGLE, on le mentionne de la manière suivante : « La présente Police est faite en supplément à celle souscrite par l'assuré le....... n°.... » Ou bien : « *Telle* ou *telle* somme est en supplément à celle de........ déjà garantie à l'assuré sur les mêmes objets par l'article... des conditions particulières de la Police à lui consentie le........... n°.... »

quarante-huit mille francs sur celle de quatre-vingt-seize mille francs, valeur attribuée par l'assuré aux objets ci-après désignés, savoir :

	SOMME assurée sur chaque article.	TAUX de la prime p. °/₀₀.	PRIME pour chaque article.	
	fr.	fr. c.	fr.	c.
1° *Quarante mille francs* sur une maison construite en pierres, moellons et pans de bois, couverte en tuiles, ardoises ou métaux, élevée d'un rez-de-chaussée, d'un étage et grenier, sise à Quimper, rue du Dauphin, 5; ci...................................	40,000	1 50	60	»
2° *Trois mille francs* sur un hangar construit en planches, couvert en tuiles, adossé à ladite maison avec une porte de communication intérieure, et servant de magasin de bois ; ci......................................	3,000	1 50	4	50
3° *Quinze mille francs* sur bois bruts et confectionnés, bois de placage, bois des îles, et, en général, sur toutes les marchandises de sa profession de menuisier; ci..........	15,000	2 »	30	»
4° *Huit mille francs* sur établis, varlets, varlopes, scies, rabots, sergents, pinces, marteaux, guillaumes, becs-d'âne, ciseaux, outils à moulure, et, en général, sur tous les outils et ustensiles composant le mobilier industriel de sa dite profession ; ci...............	8,000	2 »	16	»
5° *Dix mille francs* sur mobilier personnel, composé de, etc. (voir modèle n° 19); ci..	10,000	2 »	20	»
Le mobilier personnel est réparti au premier étage de la maison ci-dessus désignée, le mobilier industriel au rez-de-chaussée, et les marchandises, partie au rez-de-chaussée et partie sous le hangar assuré en l'article 2.				
6° *Vingt mille francs* pour garantir l'assuré du recours que les voisins de ladite maison pourraient exercer contre lui en vertu des articles 1382, 1383 et 1384 du Code Napoléon ; ci...	20,000	» 40	8	»
Totaux.....................	96,000		138	50
Sur laquelle somme de *quatre-vingt-seize mille francs*, la Compagnie *l'Aigle* assure la moitié, soit quarante-huit mille francs; ci......................................	48,000		69	25
Pour droit de timbre et répertoire, trois centimes par 1,000 fr. de capitaux assurés....	»	» 03	1	45
	48,000		70	70

Pour se conformer aux dispositions de l'article 10 des conditions générales de la présente Police, M. Martel déclare qu'il a fait assurer *l'autre moitié* de ladite somme par la Compagnie *la Providence* suivant *Police du 5 du mois courant, n° 230 de l'agence de Quimper.*

La Compagnie l'Aigle lui donne acte de cette déclaration, et, en cas de sinistre, elle ne sera responsable qu'au *prorata* des sommes assurées par elle.

Modèle N° 22.

MODÈLES DE POLICES SUR MARCHANDISES DE DIVERS RISQUES.

Marchandises ordinaires et Marchandises faciles à endommager.

CONDITIONS PARTICULIÈRES.

La Compagnie l'Aigle assure, aux conditions générales qui précèdent et à celles particulières ci-après :

A MM. DESBROSSES et Cⁱᵉ, profession de *négociants-commissionnaires*, demeurant à *Charleville, rue des*

Moulins, n° 10, arrondissement de *Mézières*, département des *Ardennes*, agissant *pour leur compte et pour celui de leurs commettants*, la somme de *quatre-vingt mille francs* sur les objets ci-après désignés, savoir :

	SOMME assurée sur chaque article.	TAUX de la prime p. °/₀₀.	PRIME pour chaque article.	
	fr.	fr. c.	fr.	c.
1° *Cinquante mille francs* sur marchandises ordinaires, telles que merceries, quincailleries et ferblanteries existant ou pouvant exister ; ci........................	50,000	» 90	45	»
2° *Trente mille francs* sur marchandises faciles à endommager, telles que cristaux, faïences, porcelaines et verreries, existant ou pouvant exister ; ci....................	30,000	1 »	30	»
Tous les objets désignés ci-dessus sont répartis dans les différentes localités que les assurés occupent dans une maison située à Charleville, rue des Moulins, 10, construite en pierres et moellons, et couverte en ardoises.				
Pour droit de timbre et répertoire, trois centimes par 1,000 fr. de capitaux assurés...	»	» 03	2	40

Marchandises ordinaires et Marchandises hasardeuses.

CONDITIONS PARTICULIÈRES.

La Compagnie L'AIGLE assure, aux conditions générales qui précèdent et à celles particulières ci-après :

A M. BÉRARD (*Adolphe*), profession de *négociant*, demeurant à *la Villette, rue de Flandres, n° 60*, arrondissement de *Saint-Denis*, département de *la Seine*, agissant *pour son compte et pour le compte de ses commettants*, la somme de *cent mille francs* sur les objets ci-après désignés, savoir :

	SOMME assurée sur chaque article.	TAUX de la prime p. °/₀₀.	PRIME pour chaque article.	
	fr.	fr. c.	fr.	c.
Cent mille francs sur les vins, eaux-de-vie et esprits qui existent ou pourraient exister dans ses magasins construits en pierres et moellons, couverts en tuiles, situés à la Villette, rue de Flandres, 60 ; ci...	100,000	» 75	75	»
Il est expressément convenu, sous peine par l'assuré de n'avoir droit à aucune indemnité en cas de sinistre, que les eaux-de-vie et esprits compris dans lesdites marchandises ne pourront excéder une somme de *dix mille francs*, en comptant les eaux-de-vie et esprits jusqu'à 24 degrés pour leur valeur, et les eaux-de-vie et esprits au-dessus de 24 degrés pour une valeur double (1).				
Pour droit de timbre et répertoire, trois centimes par 1,000 fr. de capitaux assurés...	»	» 03	3	»

Marchandises hasardeuses et Marchandises doublement hasardeuses.

CONDITIONS PARTICULIÈRES.

La Compagnie L'AIGLE assure, aux conditions générales qui précèdent et à celles particulières ci-après :

A M. LECOCQ (*Jules*), profession d'*entrepositaire*, demeurant à *Bourges, rue de l'Horloge-Saint-Paul, n° 10*,

(1) Lorsque la valeur des marchandises hasardeuses ou doublement hasardeuses, calculées comme il vient d'être dit, excède *un dixième*, on applique à l'ensemble la prime la plus forte (voir art. 146 et 147 des Instructions).

arrondissement de *Bourges*, département du *Cher*, agissant *pour son compte et pour celui de qui il appartiendra*, la somme de *soixante-quinze mille francs* sur les objets ci-après désignés, savoir :

	SOMME assurée sur chaque article.	TAUX de la prime p. %.		PRIME pour chaque article.	
	fr.	fr.	c.	fr.	c.
1° *Cinquante mille francs* sur huiles, laines en suint, chanvre, brai, résine, liqueurs, vins, goudron, et, en général, sur toutes les marchandises ordinaires et simplement hasardeuses qui existent ou pourront exister dans un magasin faisant partie d'une maison située à Bourges, rue de l'Horloge-Saint-Paul, 10, construite en pierres et moellons, et couverte en tuiles ou ardoises, ci..	50,000	1	25	62	50
2° *Vingt-cinq mille francs* sur essences, vernis, esprits, eaux-de-vie et autres marchandises qui existent ou pourront exister dans un magasin entièrement isolé, construit et couvert comme le précédent, et situé au fond du terrain dépendant de la maison ci-dessus désignée; ci..	25,000	2	50	62	50
Pour droit de timbre et répertoire, trois centimes par 1,000 fr. de capitaux assurés...	»	»	03	2	25
Totaux............................	75,000			127	25

M. *Lecocq* déclare : 1° que, *suivant Police du 10 juin 1850, n° 14,536*, expirant le 11 *juin* 1850, la Compagnie *Mutuelle du Cher* assure déjà une somme de *quarante-cinq mille francs* sur les objets désignés ci-dessus, savoir : *trente mille francs* sur les marchandises désignées en l'article 1er, et *quinze mille francs* sur celles désignées en l'article 2; 2° que toutes les cotisations antérieures à ce jour ont été payées à la Compagnie *Mutuelle du Cher*.

En conséquence, M. *Lecocq* charge M. *Turpin*, agent de la Compagnie L'AIGLE, de, pour lui et en son nom : 1° faire à la Compagnie *Mutuelle du Cher* toute déclaration de sortie, faire reconnaître, s'il y a lieu, la nullité ou résiliation du contrat de cette société; 2° payer à la *Mutuelle du Cher* les cotisations à écheoir jusqu'à expiration du contrat de cette société, et jusqu'à concurrence du chiffre de la prime payée à la Compagnie L'AIGLE pour les risques assurés à la Compagnie *Mutuelle*.

La présente assurance étant faite en reprise et en supplément à celle de la Compagnie *Mutuelle du Cher*, la Compagnie L'AIGLE garantit à l'assuré, dès à présent, la somme totale de *soixante-quinze mille francs* sur les objets sus-désignés, sauf son recours contre la Compagnie *Mutuelle* jusqu'à due concurrence.

M. *Lecoq* s'oblige à réitérer, sans frais, dans les formes nécessaires, lesdits pouvoirs et subrogation.

MODÈLE N° 23.

MODÈLE DE POLICE SUR FILATURE DE COTON.

CONDITIONS PARTICULIÈRES.

La Compagnie L'AIGLE assure, aux conditions générales qui précèdent et à celles particulières ci-après :

A M. BAUDRY (*Armand*), profession de *filateur de coton*, demeurant à *Willer*, arrondissement de *Belfort*, département du *Haut-Rhin*, agissant pour *son compte* comme *propriétaire*, la somme de *deux cent cinquante mille francs* sur sa filature de coton et ses dépendances, située audit Willer, et désignée en un tracé linéaire certifié par les parties et demeuré ci-annexé, savoir :

	SOMME assurée par chaque article.	TAUX de la prime p. °/₀₀.		PRIME pour chaque article.	
	fr.	fr.	c.	fr.	c.
1° *Vingt mille francs* sur la maison d'habitation désignée au tracé par la lettre A, séparée du bâtiment de la filature par un espace de 15 mètres, construite en pierres, briques et moellons, couverte en tuiles, élevée sur caves d'un rez-de-chaussée, premier étage et grenier; ci....	20,000	»	60	12	»
2° *Quinze mille francs* sur son mobilier personnel réparti dans ladite maison, et consistant, etc. (Voir modèle n° 19); ci....	15,000	1	»	15	»
3° *Vingt mille francs* sur marchandises brutes et fabriquées, déposées dans ladite maison; ci....	20,000	1	»	20	»
4° *Quarante mille francs* sur le bâtiment à usage de filature de coton, désigné au tracé par la lettre B, élevé de deux étages sur rez-de-chaussée et greniers, entièrement isolé, construit en pierres et moellons, couvert en tuiles; ci....	40,000	7	50	300	»

L'assuré déclare que ladite filature est chauffée à la vapeur et éclairée par des quinquets fermés.

5° *Cent trois mille francs* sur le mobilier industriel, construit par MM. Cavé et Cᵗᵉ, et les marchandises renfermés dans le bâtiment de la filature; ladite somme répartie comme suit :

Mille francs sur loup et batteurs; ci.... 1,000 fr.

Trente-six mille francs sur 30 cardes garnies, dont 12 simples et 18 doubles; ci.... 36,000

Deux mille francs sur un banc d'étirage; ci.... 2,000

Huit mille francs sur deux bancs à broches; ci.... 8,000

Quarante mille francs sur vingt métiers Mull-Jenny, dont 8 pour filer en gros et 12 pour filer en fin; ci.... 40,000

Huit mille francs sur dévidoirs, tambour à émeri, bobinoirs, pièces de rechange, transmissions de mouvements, pots, balances, lanternes, quinquets, et, en général, sur tous les autres objets, ustensiles et agrès composant le mobilier industriel à l'usage de la filature, y compris les appareils de chauffage et d'éclairage, et une pompe à incendie et ses accessoires; ci.... 8,000

Huit mille francs sur cotons bruts, sur cotons en manutention et sur cotons filés, ainsi que sur matières d'approvisionnement, le tout existant ou pouvant exister dans les ateliers; ci.... 8,000

	SOMME	TAUX		PRIME	
(5° ensemble)	103,000	7	50	772	50
6° *Quatre mille francs* sur un bâtiment désigné au tracé par la lettre C, renfermant une machine à vapeur, construit en briques, couvert en tuiles, et sans aucune communication avec la filature, si ce n'est pour la transmission du mouvement; ci....	4,000	3	»	12	»
7° *Trente mille francs* sur une machine à vapeur de la force de vingt-huit chevaux, contenue dans ledit bâtiment, avec ses accessoires; ci....	30,000	3	»	90	»
8° *Trois mille francs* sur le bâtiment désigné au tracé par la lettre D, dont une partie à usage de magasin, et l'autre partie à usage de remise; ledit bâtiment séparé de la filature par une distance de 50 mètres, construit en briques et moellons, et couvert en tuiles; ci....	3,000	»	60	4	80
9° *Quinze mille francs* sur cotons en balles, placés dans ledit magasin; ci....	15,000	1	»	15	»
Totaux....	250,000			4,238	30
Pour droit de timbre et répertoire, trois centimes par 1,000 fr. de capitaux assurés...		»	03	7	50
				4,245	80

MODÈLE DE POLICE SUR FILATURE DE LIN

(AVEC RISTOURNE ET DÉCLARATION DE CO-ASSUREURS).

CONDITIONS PARTICULIÈRES.

La Compagnie L'AIGLE assure, aux conditions générales qui précèdent et à celles particulières ci-après :

A MM. DELAUNAY et Cie, profession de *filateurs de lin*, demeurant à *Lille, rue Saint-André, 5, arrondissement de Lille*, département du *Nord*, agissant *pour leur compte et pour celui de qui il appartiendra*, la somme de *quatre-vingt-trois mille francs sur celle de quatre cent quatre-vingt-dix-huit mille francs, valeur attribuée par les assurés aux objets ci-après désignés, savoir :*

	SOMME assurée sur chaque article.	TAUX de la prime p. °/₀₀.	PRIME pour chaque article.	
	fr.	fr. c.	fr.	c.
1° *Quatre-vingt mille francs* sur un bâtiment désigné lettre A, du tracé ci-annexé, à usage de filature de lin avec toutes les préparations, élevé d'un rez-de-chaussée, de deux étages et de greniers mansardés au-dessus, construit en pierres, briques et moellons, couvert en ardoise et zinc, situé à Lille, rue Saint-André, 5; ci.....................	80,000	10 »	800	»
2° *Trois cent mille francs* sur le mobilier industriel renfermé dans ledit bâtiment. Cette somme est répartie comme suit :				
Trente-deux mille francs sur deux grandes et deux petites cardes à étoupe, montées et garnies, situées au rez-de-chaussée, ci................................ 32,000 fr.				
Dix mille francs sur cinq étaleurs doubles, au premier étage; ci...... 10,000				
Vingt mille francs sur trois étirages de six rubans chaque, au premier étage; ci....................................... 20,000				
Quarante mille francs sur quatre bancs à broches de 60 broches chacun, au premier étage; ci............................... 40,000				
Dix mille francs sur deux étirages à étoupes, au deuxième étage; ci... 10,000				
Huit mille francs sur un banc à broches à étoupe, au deuxième étage; ci. 8,000				
Soixante-huit mille francs sur trente-cinq métiers à filer et à retordre, au deuxième étage; ci............................... 68,000				
Seize mille francs sur une turbine, agrès et accessoires; ci.......... 16,000				
Tous ces objets proviennent des ateliers de MM. Middleton et Cie, de Londres.	300,000	10 »	3,000	»
Dix mille francs sur l'appareil de chauffage à la vapeur, tuyaux, conduits en fonte et accessoires; ci................................ 10,000				
Seize mille francs sur l'appareil d'éclairage au gaz, tuyaux, lanternes et accessoires; ci.................................... 16,000				
Soixante-dix mille francs sur dévidoirs, bobines, brochettes, pots en tôle, boîtes en fer-blanc et en bois, machines à canneler, pièces de rechange, transmissions de mouvements, bancs, tables, chaises, perches, et, en général, sur tous les outils, ustensiles et objets quelconques composant le mobilier industriel de l'établissement y compris une pompe à incendie et ses accessoires; ci... 70,000				
3° *Cinquante mille francs* sur marchandises brutes, marchandises en préparation et marchandises confectionnées, existant ou pouvant exister dans le bâtiment désigné en l'article 1er, et principalement dans les greniers mansardés; ci......................	50,000	10 »	500	»
4° *Trois mille francs* sur le bâtiment désigné lettre B du tracé, renfermant une machine à vapeur; ledit bâtiment, à simple rez-de-chaussée, construit en pierres, couvert en tuiles, est contigu au bâtiment A, avec une porte de communication en fer; ci......	3,000	10 »	30	»
5° *Quarante mille francs* sur la machine à vapeur et ses accessoires, renfermés dans ledit bâtiment B, y compris les chaudières, les fourneaux et la pompe alimentaire; ci....	40,000	10 »	400	»
A reporter...............	473,000		4,730	»

	SOMME assurée sur chaque article.	TAUX de la prime p. °/₀₀.		PRIME pour chaque article.	
	fr.	fr.	c.	fr.	c.
Report.....................	473,000			4,730	»
6° *Cinq mille francs* sur le bâtiment désigné lettre C du tracé, à usage de magasin de lin et d'étoupe, élevé de deux étages et d'un grenier, construit en briques et moellons, couvert en ardoises, séparé du bâtiment A par une distance de 20 mètres ; ci..........	5,000	2	»	40	»
7° *Vingt mille francs* sur marchandises existant ou pouvant exister dans ledit bâtiment ; ci..	20,000	2	»	40	»
TOTAUX........................	498,000			4,780	»
Sur laquelle somme de *quatre cent quatre-ving-dix-huit mille francs*, la Compagnie L'AIGLE assure un *sixième*, soit *quatre-vingt-trois-mille francs* ; ci........	83,000	»		796	66
Pour droit de timbre et répertoire, 3 centimes par 1,000 fr. de capitaux assurés. . . .	»	»	03	2	50
				799	16

MM. les assurés déclarent que ladite filature est chauffée à la vapeur et éclairée au gaz par des becs sous lanternes fermées.

Ils déclarent, en outre, avoir fait couvrir la somme complémentaire de *quatre cent quinze mille francs* par les compagnies ci-après nommées, savoir :

Par la Compagnie du *Soleil*, un sixième, ci. . . . .   83,000 fr.
Par la Compagnie *Nationale*, un sixième, ci.   83,000
Par la Compagnie du *Phénix*, un sixième, ci.   83,000
Par la Compagnie *l'Union*, un sixième, ci.   83,000
Par la Compagnie *la France*, un sixième, ci.   83,000

Somme égale. . . . .   415,000 fr.

La Compagnie L'AIGLE donne acte des déclarations ci-dessus, et, en cas de sinistre, elle ne sera responsable que dans la proportion de la somme garantie par elle.

La présente Police résilie et remplace, *à partir de demain*, celle souscrite par les assurés *le 25 septembre* 1850, *n°* 3200, et attendu que la Prime sur la Police remplacée a été payée pour l'année en cours jusqu'au 26 *septembre prochain*, il sera tenu compte à MM. les assurés, contre quittance séparée, d'une somme de *cent quatre-vingt-dix-huit francs*, pour *ristourne de trois mois* sur la prime de la Police remplacée (1).

L'assurance est faite pour une période de *sept* années, conformément à l'article 5 des conditions générales, à partir de demain à midi, moyennant une prime annuelle de *sept cent quatre-vingt-dix-neuf francs seize centimes*.

Pour l'exécution de la présente, les assurés *ont payé comptant*, entre mes mains, la somme de *sept cent quatre-vingt-dix-neuf francs seize centimes pour prime de première année, et deux francs pour le coût de la Police*, et ils s'engagent, etc., etc. (2).

MODÈLE DE POLICE SUR FORGES

(AVEC EFFET IMMÉDIAT ET EFFET DIFFÉRÉ).

CONDITIONS PARTICULIÈRES.

La Compagnie L'AIGLE assure, aux conditions générales qui précèdent et à celles particulières ci-après :

A M. CLÉMENT FILS, profession de *maître de forges*, demeurant à *Bellefontaine*, arrondissement de *Remi-*

---

(1) MM. les Agents doivent encaisser, c'est-à-dire faire recette dans leur comptabilité, de la totalité de la prime de première année de la Police nouvelle, et, ensuite, faire dépense du montant de la somme ristournée, en joignant la quittance de ristourne à leur comptabilité.
(2) Annexer le tracé conformément au modèle n° 15.

remont, département des *Vosges*, agissant pour *son compte*, comme *propriétaire*, la somme de *cent cinquante mille francs*, sur *un établissement de forges et ses dépendances*, situé audit *Bellefontaine*, et désigné en un tracé *linéaire certifié par les parties et ci-annexé*, savoir :

	SOMME assurée sur chaque article.	TAUX de la prime p. °/oo.	PRIME pour chaque article.	
	fr.	fr. c.	fr.	c.
1° Lettre A *du tracé : Vingt mille francs* sur une maison de maître, élevée sur caves, d'un rez-de-chaussée, un étage et grenier, construite en pierres et moellons, couverte en ardoises; ci.	20,000	» 60	12	»
2° *Dix mille francs* sur mobilier personnel réparti dans ladite maison et composé de, etc. (voir modèle n° 19); ci.	10,000	1 »	10	»
3° Lettre B *du tracé : Cinq mille francs* sur une maison d'habitation occupée par le régisseur, composée d'un rez-de-chaussée et grenier mansardé, construite en pierres, moellons et pans de bois, couverte en tuiles; ci.	5,000	» 75	3	75
Les deux maisons désignées ci-dessus sont isolées de tout autre bâtiment à une distance de *vingt-cinq* mètres.				
4° Lettre C *du tracé : Trois mille francs* sur une grande écurie voûtée, avec grenier au-dessus, construite en briques, couverte en ardoises, n'étant séparée de la forge que par un gros mur de refend, s'élevant jusqu'au faîte sans communication intérieure; ci. .	3,000	» 75	2	25
5° *Cinq cents francs* sur fourrages, existant ou pouvant exister dans ladite écurie et le grenier; ci.	500	1 25	»	65
6° *Deux mille francs* sur quatre chevaux dans ladite écurie et sur leurs harnais; ci.	2,000	1 25	2	50
7° Lettre D *du tracé : Vingt mille francs* sur trois hangars, les piliers et les cheminées, pour le travail des forges, ainsi que sur une boutique de maréchal attenant auxdits hangars; le tout construit en pierres, briques et moellons, et couvert en tuiles; ci.	20,000	1 50	30	»
8° *Six mille francs* sur la machine soufflante, l'arbre de couche, la roue et les accessoires du mécanisme, sous lesdits hangars; ci.	6,000	1 50	9	»
9° *Vingt mille francs* sur la roue hydraulique et les engrenages faisant mouvoir les gros et les petits cylindres finisseurs, sous lesdits hangars; ci.	20,000	1 50	30	»
10° *Six mille francs* sur le tour, la roue, l'arbre et les engrenages composant le tour à cylindres, sur le soufflet et tout le mobilier de la maréchallerie, le tout placé sous lesdits hangars; ci	6,000	1 50	9	»
11° Lettre E *du tracé : Six mille francs* sur un autre hangar, construit et couvert comme les précédents, couvrant la coulée près du haut fourneau qui n'est pas compris dans la présente assurance; ci.	6,000	1 50	9	»
12° Lettre F *du tracé : Deux mille francs* sur un petit bâtiment attenant audit hangar, mais sans communication intérieure, et servant de logement aux fondeurs, ledit bâtiment construit en briques et couvert en ardoises; ci	2,000	» 60	1	20
13° Lettre G *du tracé : Huit mille francs* sur un bâtiment servant de logement aux ouvriers, contenant un rez-de-chaussée, un étage et greniers, situé à *vingt* mètres de distance de tout autre bâtiment, construit en pierres, moellons et pans de bois, et couvert en ardoises; ci.	8,000	» 75	6	»
14° Lettre H *du tracé : Neuf mille francs* sur une grande halle à charbon *de bois*, construite en pierres, couverte en ardoises; ci	9,000	4 »	36	»
15° *Quinze mille francs* sur charbon de bois existant ou pouvant exister dans ladite halle; ci.	15,000	4 »	60	»
16° Lettre I *du tracé : Quatre mille francs* sur une petite halle à charbon *de terre*, construite et couverte comme la précédente; ci.	4,000	2 »	8	»
A reporter.	136,500		229	35

	SOMME assurée sur chaque article.	TAUX de la prime p. °/oo.		PRIME pour chaque article.	
	fr.	fr.	c.	fr.	c.
Report.	136,500	»	»	229	35
17° *Cinq mille francs* sur charbon de terre existant ou pouvant exister dans ladite halle; ci.	5,000	2	»	10	»
Lettre K *du tracé : Deux mille francs* sur un bâtiment à usage d'atelier de menuiserie et de bûcher, composé d'un rez-de-chaussée et grenier, construit en pans de bois et couvert en ardoises, isolé à *dix* mètres de tout autre bâtiment; ci.	2,000	2	50	5	»
19° *Lettre* L *du tracé : Trois mille francs* sur un grand bâtiment composé d'un rez-de-chaussée et grenier, dans lesquels sont déposés les modèles à mouler, construit en briques, couvert en tuiles, séparé des autres bâtiments par un intervalle de *quinze* mètres; ci.	3,000	»	60	1	80
20° *Trois mille cinq cents francs* sur les modèles à mouler, existant ou pouvant exister dans ledit bâtiment; ci.	3,500	1	»	3	50
Pour droit de timbre et répertoire, trois centimes par 1,000 fr. de capitaux assurés...	»	»	03	4	50
TOTAUX.	150,000			254	15

M. Clément déclare que, suivant Police du 25 *décembre* 1847, expirant le 26 *décembre* 1853, la Compagnie du *Phénix* assure déjà sur les mêmes objets une somme de *quatre-vingt mille francs*, répartie comme suit, savoir :

1° Sur les bâtiments désignés article *sept.* . . . . 20,000 fr.

2° Sur le mobilier industriel désigné article *huit.* 5,000

3° Sur d° d° d° d° *neuf.* 15,000

4° Sur d° d° d° d° *dix.* 5,000

5° Sur le bâtiment désigné article *onze.* 6,000

6° Sur d° d° d° *douze.* 2,000

7° Sur d° d° d° *quatorze.* 8,000

8° Sur le charbon d° d° *quinze.* 10,000

9° Sur le bâtiment d° d° *seize.* 4,000

10° Sur le charbon d° d° *dix-sept.* 5,000

Somme égale. . . . . 80,000 fr.

En conséquence, il demeure convenu qu'à partir de *demain à midi* jusqu'au *vingt-six décembre mil huit cent cinquante-trois*, la Compagnie L'AIGLE ne garantira que la somme supplémentaire de *soixante-dix mille francs*, et ne touchera que la prime afférente à cette somme; mais qu'à partir dudit jour 26 *décembre* 1853, époque de l'expiration de la Police de la Compagnie du *Phénix*, elle couvrira la somme entière de *cent cinquante mille francs* et touchera la totalité de la prime.

L'assurance est faite pour une période de *dix* années, conformément à l'article 5 des conditions générales, à partir de demain à midi, moyennant une prime annuelle de *cent soixante-sept francs cinq centimes* (1) pour la première année, et de *deux cent cinquante-quatre francs quinze centimes* pour chacune des années suivantes.

Pour l'exécution de la présente, etc., etc.

Fait triple, à Remiremont, le vingt-cinq juin mil huit cent cinquante-trois.

---

(1) Cette somme se compose de six mois de prime sur 70,000 fr., du 26 juin au 26 décembre 1853, et de six mois sur 150,000 fr., du 26 décembre 1853 au 26 juin 1854, timbre compris.

MODÈLE DE POLICE SUR FABRIQUE DE SUCRE DE BETTERAVES.

CONDITIONS PARTICULIÈRES.

La Compagnie L'AIGLE assure, aux conditions générales qui précèdent et à celles particulières ci-après :

A M. CASTEL (*Joseph-Marie-Adolphe*), profession de *fabricant de sucre de betteraves*, demeurant à *Herlies*, arrondissement de *Lille*, département du *Nord*, agissant *pour son compte* comme *propriétaire et locataire*, la somme de *cent sept mille francs*, qui s'applique comme suit aux objets détaillés ci-après, composant une fabrique de sucre de betteraves situé audit Herlies, savoir :

	SOMME assurée sur chaque article.	TAUX de la prime p. °/₀₀.		PRIME pour chaque article.	
	fr.	fr.	c.	fr.	c.
1° *Trente mille francs* pour garantir l'assuré de ces risques locatifs prévus par les articles 1733 et 1734 du Code civil, portant sur un grand corps de bâtiments désignés au tracé ci-annexé par les lettres A, B et C, élevés de deux étages sur caves et rez-de-chaussée, construits en pierres et couverts en tuiles, renfermant tous les appareils de la fabrication de sucre de betteraves ; ci.	30,000	5	»	150	»
2° *Six mille francs* sur une machine à vapeur à haute pression, de la force de huit chevaux, y compris les ouvrages de maçonnerie qui y sont adhérents ; ci.	6,000	5	»	30	»
3° *Seize mille francs* sur trois générateurs ; ci.	16,000	5	»	80	»
4° *Deux mille quatre cents francs* sur une râpe avec bâtis en fonte ; ci.	2,400	5	»	12	»
5° *Neuf mille francs* sur trois presses hydrauliques ; ci.	9,000	5	»	45	»
6° *Trois cents francs* sur une presse en bois ; ci.	300	5	»	1	50
7° *Douze mille francs* sur quatorze chaudières en cuivre rouge, dont trois à défèquer, cinq à évaporer, deux de cuite, avec leurs serpentins aussi en cuivre, renfermant la vapeur qui sert à les mettre en ébulition ; ci.	12,000	5	»	60	»
8° *Trois mille huit cents francs* sur onze cents formes avec leurs pots ; ci.	3,800	5	»	49	»
9° *Sept mille cinq cents francs* sur accessoires, tels que bacs et filtres en bois garnis de cuivre, pompes en bois et en cuivre, tuyaux en cuivre pour porter la vapeur des générateurs aux appareils, claies en osier, sacs aux pulpes, seaux, bidons, et, en général, sur tous les objets composant le mobilier industriel de l'établissement ; ci.	7,500	5	»	37	50
10° *Vingt mille francs* sur les marchandises fabriquées ou en cours de fabrication, existant ou pouvant exister, ainsi que sur matières premières ; ci.	20,000	5	»	100	»
TOTAUX.	107,000			335	»

Tous les objets désignés aux articles deux, trois, quatre, cinq, six, sept, huit, neuf et dix ci-dessus, sont répartis dans les bâtiments désignés en l'article premier.

L'assuré déclare qu'il n'existe point de cristalliserie dans son établissement ; que la défécation, l'évaporation et la cuite du sucre se font à la vapeur, et que les purgeries sont chauffées par des calorifères.

Il déclare, en outre, qu'il ne raffine pas de sucre en pains dans ledit établissement, et il s'engage à ne pas y en raffiner, sous peine de n'avoir droit à aucune indemnité en cas de sinistre.

MODÈLE DE POLICE SUR THÉATRE.

CONDITIONS PARTICULIÈRES.

La Compagnie L'AIGLE assure, aux conditions générales qui précèdent et à celles particulières ci-après :

A M. ADAM (*Jacques*), profession de *maire de la ville de Boulogne-sur-Mer*, demeurant à *Boulogne-sur-Mer*, arrondissement de *Boulogne-sur-Mer*, département du *Pas-de-Calais*, agissant *pour le compte de ladite ville, en sa qualité de maire, en vertu d'une délibération du Conseil municipal, en date du* 22 *septembre* 1852, la somme de *cent quinze mille francs* sur la salle de spectacle de ladite ville, savoir :

	SOMME assurée sur chaque article.	TAUX de la prime p. o/oo.		PRIME pour chaque article.	
	fr.	fr.	c.	fr.	c.
1° *Quatre vingt-mille francs* sur les constructions intérieures et extérieures qui composent ladite salle de spectacle et ses dépendances, le tout construit en pierres et moellons, et couvert en tuiles, ardoises ou métaux ; ci. . . . . Dans cette somme sont compris les loges et leurs décors, les ornements, les peintures, et en général tout le matériel devenu immeuble par destination.	80,000	6	»	480	»
2° *Vingt-mille francs* sur toiles peintes, coulisses, décorations, machines, meubles, cordages, instruments de musique, appareil d'éclairage, et généralement sur tous les objets et accessoires composant le mobilier industriel renfermé dans ledit théâtre ; ci. . . . . 20,000 fr. 3° *Dix mille francs* sur costumes existant ou pouvant exister dans ledit théâtre ; ci. . . . . 10,000 4° *Cinq mille francs* sur bibliothèque musicale et littéraire, placée dans ledit théâtre ; ci. 5,000	35,000	6	»	210	»
Pour droit de timbre et répertoire, 3 centimes par 1,000 fr. de capitaux assurés. . .	»	»	03	3	45
Totaux.	115,000			693	45

L'assuré déclare que la scène est séparée de la salle par un rideau métallique.

Il est expressément convenu que l'on ne pourra donner plus de *cent vingt* (1) représentations, bals ou concerts par année dans ladite salle, et que la responsabilité de la Compagnie cessera du moment où le nombre de *cent vingt* représentations aura été dépassé pendant l'année en cours (2). Ne seront pas comprises dans ce nombre les fêtes ou réceptions que la ville jugerait à propos de donner dans le théâtre de Boulogne-sur-Mer.

Il est convenu, en outre, que la Compagnie jouira d'une franchise d'avarie fixée à *un pour cent* du capital assuré par elle sur les décorations et objets mobiliers. Ainsi, en cas d'incendie, si le dommage pour la part à sa charge ne s'élève pas au-delà de *trois cent cinquante francs*, elle n'aura rien à rembourser, et si le dommage pour sa part excède ladite somme de *trois cent cinquante francs*, elle le paiera, toujours sous la déduction du montant de ladite franchise d'avarie.

Indépendamment des conditions générales et particulières qui précèdent, M. Adam, ès-nom, s'oblige, sous peine de n'avoir droit à aucune indemnité en cas de sinistre :

1° A faire exécuter tous les règlements et ordonnances que l'autorité a prescrits ou pourra prescrire pour prévenir les dangers du feu ;

2° A entretenir toujours en bon état et remplis d'eau les réservoirs qui existent dans ledit théâtre ;

3° A entretenir également en bon état les pompes qui se trouvent dans le théâtre ;

4° A faire veiller nuit et jour une garde de pompiers à la sûreté de la salle ;

« *Ou bien* » : A commettre à la garde permanente de la salle un gardien ou portier, qui sera tenu de faire régulièrement une ou plusieurs rondes chaque nuit, et immédiatement après chaque représentation, bal ou concert ;

5° A ne faire ou permettre aucune représentation ou répétition, bal ou concert, sans la présence d'un poste de pompiers ;

---

(1) La prime varie selon le nombre des représentations annuelles (voir le Tarif des théâtres, page 90).

(2) On peut stipuler que si le nombre des représentations venait à être dépassé pendant l'année en cours, l'assurance continuerait à avoir son effet, moyennant un supplément de prime (voir le Tarif des théâtres, page 90).

6° A faire baisser tous les soirs, aussitôt après chaque représentation, le rideau métallique qui sépare la salle de la scène.

Pour veiller à ce que toutes les mesures prescrites soient ponctuellement exécutées, l'Agent-Général de la Compagnie L'AIGLE, à Boulogne-sur-Mer, et les Inspecteurs de la Compagnie passant par ladite ville, auront le droit d'entrer à toute heure du jour et de la nuit dans l'intérieur de la salle et du théâtre, et ils pourront assister, toutes les fois qu'ils en feront la demande, à toutes les représentations et à tous les bals et concerts, à telles places qu'il leur conviendra, à l'exception des stalles et loges louées.

MODÈLE N° 28.

MODÈLES DE POLICES SUR MARCHANDISES EN ROUTE (1).

ROULAGE ORDINAIRE OU GÉNÉRAL.

PREMIER MODÈLE.

L'évaluation des marchandises à expédier par M. . . . . . . étant de, savoir :

	SOMME assurée sur chaque article.	TAUX de la prime p. °/₀₀.		PRIME pour chaque article.	
	fr.	fr.	c.	fr.	c.
Partant de. . . . . . . à toute destination de France, environ *trois cent soixante-cinq* voitures ou chargements par an, soit *une* voiture ou *un* chargement par *jour*, chaque voiture ou chargement portant ou pouvant porter un poids moyen de *trois mille* kilogrammes de marchandises, d'une valeur au maximum de *vingt-quatre mille* francs par voiture ou chargement, les véhicules et agrès compris, lorsqu'ils appartiendront à l'assuré ou qu'ils seront placés sous sa responsabilité ; ce qui représente une expédition journalière de *vingt-quatre mille* francs.					
Chaque voiture ou chargement se compose de marchandises placées sur un seul et même véhicule.					
La durée moyenne du parcours de chaque voiture ou chargement étant calculée, à raison des distances à parcourir, comme dix jours de route, il en résulte pour la Compagnie un risque continuel de *deux cent quarante mille* francs ; ci.	240,000	2	»	480	»
Droit de timbre et répertoire, 0,03 c. p. °/₀₀ des valeurs assurées ; ci.	»	» 03		7	20
Totaux.	240,000			487	20
Ou bien : En raison des distances à parcourir par les voitures ou chargements composant le service ci-dessus, la prime annuelle de la présente police est calculée à 20 p. °/₀₀ (2) ; ci.	24,000	20	»	480	»
Droit de timbre et répertoire, 0,03 c. p. °/₀₀ des valeurs assurées ; ci.	»	» 03		»	75
Totaux.	24,000			480	75

DEUXIÈME MODÈLE.

	SOMME assurée sur chaque article.	TAUX de la prime p. °/₀₀.		PRIME pour chaque article.	
	fr.	fr.	c.	fr.	c.
Partant de. . . . . . . à toute destination de France, environ *cent quatre-vingt-deux* voitures ou chargements par an, soit *une* voiture ou *un* chargement *tous les deux jours*, chaque voiture ou chargement portant ou pouvant porter un poids moyen de *trois mille* kilogrammes de marchandises d'une valeur au maximum de *vingt-quatre mille* francs par voiture ou chargement, les véhicules et agrès compris lorsqu'ils appartiendront à l'assuré					

(1) Les Polices d'assurances sur marchandises en route ne peuvent être faites que sur des imprimés *spéciaux* fournis par l'Administration (voir chapitre XXIII, page 83).

(2) Cette seconde rédaction a pour but d'éviter un surcroît inutile de droit de timbre, tout en laissant à couvert les intérêts des assurés.

ou qu'ils seront placés sous sa responsabilité ; ce qui représente une expédition journalière de douze mille francs.

Chaque voiture ou chargement se compose des marchandises placées sur un seul et même véhicule.

La durée moyenne du parcours de chaque voiture ou chargement étant calculée, à raison des distances à parcourir, comme dix jours de route, il en résulte pour la Compagnie un risque continuel de cent vingt mille francs ; ci . . . .

Droit de timbre et répertoire à 0,03 c. p. °/oo des valeurs assurées ; ci . . . .

	SOMME assurée sur chaque article.	TAUX de la prime p. °/oo.	PRIME pour chaque article.	
	fr.	fr. c.	fr.	c.
	120,000	2 »	240	»
			3	60
Totaux	120,000		243	60

Ou bien : En raison des distances à parcourir par les voitures ou chargements composant le service ci-dessus, la prime annuelle de la présente Police est calculée à vingt francs pour mille ; ci . . . .

Droit de timbre et répertoire à 0,03 c. p. °/oo des valeurs assurées . . . .

	SOMME assurée sur chaque article.	TAUX de la prime p. °/oo.	PRIME pour chaque article.	
	12,000	20 »	240	»
			»	40
Totaux	12,000		240	40

TROISIÈME MODÈLE.

Partant de . . . . à toute destination de France, environ un million quatre-vingt-quinze mille kilogrammes de marchandises par année, soit environ trois mille kilogrammes de marchandises par jour, dont la valeur moyenne est de huit francs le kilogramme, et sur lesquelles la Compagnie garantit au maximum une somme de vingt-quatre mille francs sur chaque voiture ou chargement, les véhicules ou agrès compris lorsqu'ils appartiendront à l'assuré ou qu'ils seront placés sous sa responsabilité ; ce qui représente une expédition journalière de vingt-quatre mille francs.

Chaque chargement se compose des marchandises placées sur un seul et même véhicule.

En raison des distances à parcourir pour le transport des marchandises assurées par la présente Police, la prime annuelle est calculée à vingt francs p. °/oo ; ci . . . .

Droit de timbre et répertoire à 0,03 c. p. °/oo des valeurs assurées. . . . .

	SOMME assurée sur chaque article.	TAUX de la prime p. °/oo.	PRIME pour chaque article.	
	fr.	fr. c.	fr.	c.
	24,000	20 »	480	»
	»		»	75
Totaux	24,000		480	75

ROULAGE ACCÉLÉRÉ OU SPÉCIAL.

PREMIER MODÈLE.

L'évaluation des marchandises à expédier étant de, savoir :

1° Partant de Strasbourg à destination de Paris, trois cent soixante-cinq voitures par an, soit une voiture par jour, chaque voiture portant ou pouvant porter un poids moyen de quatre mille kilogrammes de marchandises d'une valeur au maximum de quarante mille francs par voiture, les véhicules et agrès compris lorsqu'ils appartiendront à l'assuré ou qu'ils seront placés sous sa responsabilité ; ce qui représente une expédition journalière de quarante mille francs.

	SOMME assurée sur chaque article.	TAUX de la prime p. °/oo.	PRIME pour chaque article.	
	fr.	fr. c.	fr.	c.

2° Partant en retour de Paris à destination de Strasbourg, un même nombre de voitures par année et par jour, chaque voiture portant ou pouvant porter un même poids moyen de quatre mille kilogrammes de marchandises d'une valeur au maximum de quarante mille francs par voiture, les véhicules et agrès compris lorsqu'ils appartiendront à l'assuré ou qu'ils seront placés sous sa responsabilité ; ce qui représente une expédition journalière de quarante mille francs.

La durée moyenne du parcours de chacune des voitures composant le service ci-dessus étant calculée, à raison de la distance à parcourir, comme six jours de route à l'aller et comme six jours de route au retour, il en résulte pour la Compagnie un risque continuel de quatre cent quatre-vingt mille francs ; ci. . . . .

	SOMME assurée sur chaque article.	TAUX de la prime p. °/oo.		PRIME pour chaque article.	
	fr.	fr.	c.	fr.	c.
de quatre cent quatre-vingt mille francs ; ci.	480,000	2	»	960	»
Droit de timbre et répertoire à 0,03 c. p. °/oo des valeurs assurées ; ci.	»		»	14	40
Totaux.	480,000			974	40

Ou bien : En raison des distances à parcourir par les voitures composant le service ci-dessus, tant à l'aller qu'au retour, la prime annuelle de la présente Police est calculée à douze francs p. °/oo, à raison de deux francs p. °/oo par chaque distance parcourue de 80 kilomètres (20 lieues) ; ci. . . . .

	SOMME	TAUX		PRIME	
à 80 kilomètres (20 lieues) ; ci.	80,000	12	»	960	»
Droit de timbre et répertoire à 0,03 c. p. °/oo des valeurs assurées ; ci.	»			2	40
Totaux.	80,000			962	40

DEUXIÈME MODÈLE.

1° Partant de Strasbourg à destination de Paris, cent quatre-vingt-deux voitures par an, soit une voiture tous les deux jours, chaque voiture portant ou pouvant porter un poids moyen de quatre mille kilogrammes de marchandises d'une valeur au maximum de quarante mille francs par voiture, les véhicules et agrès compris lorsqu'ils appartiendront à l'assuré ou qu'ils seront placés sous sa responsabilité ; ce qui représente une expédition journalière de vingt mille francs.

2° Partant en retour de Paris à Strasbourg un même nombre de voitures par année et par jour, chaque voiture portant ou pouvant porter un même poids moyen de quatre mille kilogrammes de marchandises d'une valeur au maximum de quarante mille francs par voiture, les véhicules et agrès compris lorsqu'ils appartiendront à l'assuré ou qu'ils seront placés sous sa responsabilité ; ce qui représente une expédition journalière de vingt mille francs.

La durée moyenne du parcours de chacune des voitures composant le service ci-dessus étant calculée, à raison de la distance à parcourir, comme six jours de route à l'aller et comme six jours de route au retour, il en résulte pour la Compagnie un risque continuel de deux cent quarante mille francs ; ci. . . . .

	SOMME assurée sur chaque article.	TAUX de la prime p. °/oo.		PRIME pour chaque article.	
	fr.	fr.	c.	fr.	c.
de deux cent quarante mille francs ; ci.	240,000	2	»	480	»
Droit de timbre et répertoire à 0,03 c. p. °/oo des valeurs assurées ; ci.	»			7	20
Totaux.	240,000			487	20

Ou bien : En raison des distances à parcourir par les voitures composant le service ci-dessus, tant à l'aller qu'au retour, la prime annuelle de la présente Police est calculée à douze francs p. °/oo à raison de deux francs p. °/oo par chaque distance parcourue de 80 kilomètres (20 lieues) ; ci. . . . .

à 80 kilomètres (20 lieues) ; ci.	40,000	12	»	480	»
Droit de timbre et répertoire à 0,03 c. p. °/oo des valeurs assurées ; ci.	»			1	20
Totaux.	40,000			484	20

MODÈLES DE POLICES SUR BOIS ET FORÊTS.

PREMIER EXEMPLE.

CONDITIONS PARTICULIÈRES.

La Compagnie L'AIGLE assure, aux conditions générales qui précèdent et à celles particulières ci-après :

A M. DUBOIS (*Philippe-Louis*), profession de *propriétaire*, demeurant à *Châtillon-sur-Loire*, arrondissement de *Gien*, département du *Loiret*, agissant *pour le compte et comme mandataire de M. le baron de Jusselin*, pour lequel il se porte fort, la somme de *soixante-sept mille cinq cents francs*, sur les objets ci-après désignés, savoir :

	SOMME assurée sur chaque article.	TAUX de la prime p. °/₀₀.	PRIME pour chaque article.	
Sur *cent cinquante hectares* de bois taillis, appelé le bois de Pommeraux, sans essences résineuses, aménagé à *dix-huit* ans, et situé sur la commune de Saint-Brisson, canton et arrondissement de Gien, département du Loiret ; cette somme représentant une valeur moyenne de *cinquante* francs la feuille (1).................................	fr.	fr. c.	fr.	c.
	67,500	» 50	33	75
Le bois de Pommereux est coupé en quatre parties égales par deux grandes routes qui se croisent à son centre.				

M. Dubois déclare qu'il n'existe dans ses bois ni loges de sabotiers, ni fauldes à charbon, ni usines, et que de mémoire d'homme on n'a pas connaissance qu'un sinistre s'y soit produit.

DEUXIÈME EXEMPLE.

CONDITIONS PARTICULIÈRES.

La Compagnie L'AIGLE assure, aux conditions générales qui précèdent et à celles particulières ci-après :

A M. REVEL (*Stanislas*), profession de *propriétaire*, demeurant à *Lannion*, arrondissement de *Lannion*, département des *Côtes-du-Nord*, agissant *pour son compte*, comme *propriétaire*, la somme de *quatre cent mille francs sur les objets désignés ci-après*, savoir :

	SOMME assurée sur chaque article.	TAUX de la prime p. °/₀₀.	PRIME pour chaque article.	
1° *Deux cent mille francs* sur environ deux cent cinquante hectares de bois-futaie, au-dessus de *vingt-cinq* ans, d'essences diverses non résineuses, formant une seule pièce appelée forêt du Coat-an-Nos, et située sur les communes de Belle-Isle-en-Terre et de Louargat, arrondissement de Guingamp, département des Côtes-du-Nord ; ci..........	fr.	fr. c.	fr.	c.
	200,000	» 30	60	»
2° *Deux cent mille francs* sur environ deux cent vingt-cinq hectares de bois futaie, au-dessus de *vingt-cinq* ans, dont la vingtième partie environ est d'essence résineuse, formant deux pièces contiguës, coupées par un fossé, appelées forêt de Coat-an-Hai, situées sur les mêmes communes de Belle-Isle-en-Terre et de Louargat ; ci............	200,000	» 30	60	»
Pour droit de timbre et répertoire, trois centimes par 1,000 fr. de capitaux assurés..	»	» 03	12	»
TOTAUX.....................	400,000		132	»

M. Revel déclare qu'il n'existe dans ses bois ni fauldes à charbon ni usine, mais seulement une loge de

---

(1) La valeur de la feuille (ou croissance annuelle) étant de 50 fr. par hectare, est de 7,500 fr. pour 150 hectares. Cette dernière somme multipliée par l'âge moyen qui est de 9, dans un aménagement de 18 ans, forme la somme assurée de 67,500 fr. (voir art. 98 des Instructions).

sabotier construite sur une place vide, à cinquante mètres au moins de tous bois ou broussailles. Il déclare, en outre, qu'un sinistre de 1,200 fr. environ a eu lieu en 1850, par l'imprudence d'un charretier qui avait fait du feu dans le bois avec de la paille qui restait dans sa voiture.

L'assurance est faite pour une période de *six* années, conformément à l'article 5 des conditions générales, moyennant une prime annuelle de *cent trente-deux francs*.

Pour l'exécution de la présente, l'assuré *a payé comptant*, entre mes mains, la somme de *six cent soixante francs, montant égal à cinq années de primes, et il lui est fait remise de la prime de sixième année, à titre d'escompte, sans que ce paiement anticipé puisse donner lieu à aucune restitution, lors même que la présente assurance viendrait à cesser son effet avant l'expiration de la période fixée* (1).

Modèle No 30.

MODÈLE DE POLICE SUR MOULIN A BLÉ (2).

CONDITIONS PARTICULIÈRES.

La Compagnie L'AIGLE assure, aux conditions générales qui précèdent et à celles particulières ci-après :

A M. JAMIN (*Étienne*), profession de *meunier*, demeurant au *Chillou*, arrondissement de *Châtellerault*, département de la *Vienne*, agissant pour *son compte* comme *propriétaire*, la somme de *soixante-quinze mille francs*, qui s'applique comme suit aux objets détaillés ci-après, savoir :

	SOMME assurée sur chaque article.	TAUX de la prime p. °/oo.		PRIME pour chaque article.	
	fr.	fr.	c.	fr.	c.
1° *Quarante mille francs*, sur un bâtiment nº 1 du tracé ci-annexé, sis au Chillou, construit en pierres et briques, couvert en tuiles, élevé d'un rez-de-chaussée, trois étages et grenier, éloigné de cent mètres de toute habitation, à usage de moulin à blé mu par l'eau, renfermant six paires de meules, dont quatre seulement sont toujours en mouvement les deux autres ne servant qu'accidentellement (3).	40,000	4	50	180	»
L'assuré déclare que les fondations du dit moulin, construit sur pilotis, sont exclues de l'assurance, jusqu'à la ligne la plus basse du niveau d'eau, (voir art. 82, § 2, des Instructions générales).					
2° *Vingt-cinq mille francs* sur la prisée du dit moulin, consistant en une roue hydraulique, et ses accessoires, six paires de meules complètes montées à l'Anglaise, trémies, blutoirs, cribles, monte-sacs et sur tamis, sacs, vans, paniers, mesures diverses, cordes, poulies, etc.	25,000	4	50	112	50
Dix mille francs sur marchandises appartenant à l'assuré, et qui lui sont ou pourraient lui être confiées, telles que farines, son, recoupe, grains et graines.	10,000	4	50	45	»
L'assuré déclare qu'il n'existe pas dans le moulin assuré ci-dessus plus de six paires de meules et il s'engage dans le cas où il y en serait établi un plus grand nombre, à se soumettre aux dispositions de l'art. 8 des conditions générales de la Police, et à payer s'il y a lieu une augmentation de prime conformément au tarif de la Compagnie.					
Pour droit de timbre et répertoire, trois centimes par 1,000 fr. de capitaux assurés. . .	»	»	03	2	25
Totaux.	75,000			339	75

(1) Voir article 168 des Instructions.

(2) Voir Instructions spéciales, chapitre XXIV, page 89.

(3) Bien que 4 paires de meules seulement fonctionnent, la prime afférente à 6 paires de meules est applicable, puisque c'est ce dernier nombre que le moulin *renferme* (voir Instructions spéciales, chapitre XXIV, page 89).

MODÈLES DE POLICES D'ASSURANCE DE CRÉANCE HYPOTHÉCAIRE (1).

PREMIER EXEMPLE.

Assurance faite par le créancier hypothécaire.

CONDITIONS PARTICULIÈRES.

La Compagnie L'AIGLE assure, aux conditions générales qui précèdent et à celles particulières ci-après :

A M. DORVILLE (*Édouard*), profession de *rentier*, demeurant à *La Rochelle*, *rue des Deux-Écus*, *n° 25*, arrondissement de *La Rochelle*, département de la *Charente-Inférieure*, agissant pour *son compte*, comme *créancier hypothécaire*, la somme de *dix mille francs* sur la maison ci-après désignée, sur laquelle il possède une inscription hypothécaire, savoir :

	SOMME assurée sur chaque article.	TAUX de la prime p. °/₀₀.	PRIME pour chaque article.	
Dix mille francs sur une maison élevée sur caves d'un rez-de-chaussée, deux étages et greniers, construite en pierres, moellons et pans de bois, couverte en ardoises, située à Périgny, Grande-Rue, arrondissement de la Rochelle, et appartenant à M. Sylvestre, son débiteur, ci...	fr. 10,000	fr. c. » 60	fr. 6	c. »
Cette assurance a pour objet de garantir à M. Dorville, jusqu'à concurrence de ladite somme de *dix mille francs*, le montant de la créance hypothécaire contre ledit sieur Sylvestre, dans le cas où, par suite d'un incendie, ladite maison ne lui présenterait plus un gage suffisant.				
Il est expressément convenu que cette garantie de la part de la Compagnie n'aura son effet, qu'autant que l'inscription hypothécaire de l'assuré arrivera en ordre utile, ou pour la portion qui arrivera en ordre utile, eu égard aux frais d'expropriation.				
M. Dorville sera tenu, en recevant le paiement du dommage, de transporter à la Compagnie jusqu'à concurrence de la somme qu'elle lui aura payée et de la subroger avec toute priorité et préférence dans son action personnelle contre son débiteur, ainsi que dans tous les droits hypothécaires et autres résultant de ses titres de créance.				
Pour droit de timbre et répertoire, trois centimes par 1,000 fr. de capitaux assurés...	»	» 03	»	30
TOTAUX...	10,000		6	30

DEUXIÈME EXEMPLE.

Assurance faite conjointement par le propriétaire et le créancier hypothécaire.

CONDITIONS PARTICULIÈRES.

La Compagnie L'AIGLE assure, aux conditions générales qui précèdent et à celles particulières ci-après :

A M. SYLVESTRE (*Joseph*), profession d'*aubergiste*, demeurant à *Périgny, Grande-Rue*, arrondissement de *La Rochelle*, département de la *Charente-Inférieure*, agissant pour *son compte*, comme *propriétaire*, et pour le compte de M. Dorville, ci-après nommé, son créancier hypothécaire, inscrit et intervenant, la somme de *quarante mille francs* sur la maison ci-après désignée, savoir :

	SOMME assurée sur chaque article.	TAUX de la prime p. °/₀₀.	PRIME pour chaque article.	
Quarante mille francs sur une maison élevée sur caves d'un rez-de-chaussée, deux étages et greniers, construite en pierres, moellons et pans de bois, couverte en ardoises, située à Périgny, Grande-Rue, arrondissement de La Rochelle; ci...	fr. 40,000	fr. c. » 60	fr. 24	c. »
A reporter...	40,000		24	»

(1) Voir art. 21 et 99 des Instructions.

	SOMME assurée sur chaque article.	TAUX de la prime p. °/₀₀.	PRIME pour chaque article.	
	fr.	fr. c.	fr.	c.
Report.	40,000	» 60	24	»

M. Sylvestre déclare que la maison sus-désignée est grevée d'une inscription hypothécaire au profit de M. Dorville (Édouard), rentier, demeurant à La Rochelle, rue des Deux-Écus, n° 25, et que la présente assurance est faite tant à son profit qu'au profit de sondit créancier, à ce présent et acceptant.

En conséquence, la Compagnie L'AIGLE s'engage, en cas de sinistre, à payer le montant de l'indemnité dont elle peut-être tenue, d'abord au créancier ci-dessus nommé, jusqu'à concurrence de sa créance, en principal et accessoires, s'il a conservé ses droits hypothécaires, et s'il vient en ordre utile, et le surplus de l'indemnité, s'il y a lieu, audit sieur Sylvestre, propriétaire.

Il est bien entendu que cet engagement de la Compagnie n'est pris, d'une part, qu'autant que M. Sylvestre aura, vis-à-vis d'elle, complétement rempli toutes ses obligations, et, d'autre part, sauf l'effet des saisies-arrêts ou oppositions qui seraient formées entre ses mains, et dont elle aura droit d'exiger qu'il lui soit rapporté main-levée avant d'effectuer aucun paiement.

Les primes annuelles de la présente police sont à la charge de M. Sylvestre ; mais, faute par ce dernier de les acquitter exactement à leur échéance, M. Dorville prend l'engagement solidaire de les payer en son lieu et place, sauf son recours contre lui (1).

Pour droit de timbre et répertoire, trois centimes par 1,000 fr. de capitaux assurés. . .

	SOMME assurée	TAUX	PRIME	c.
Pour droit de timbre...	»	» 03	1	20
TOTAUX.	40,000		25	20

NOTA. — Les conventions stipulées dans le modèle ci-dessus ne confèrent au créancier hypothécaire aucun droit de priorité ou de préférence vis-à-vis des autres créanciers qui formeraient opposition entre les mains de la Compagnie. L'indemnité, dans ce cas, serait partagée entre eux, en concurrence et au marc le franc. Pour conférer au créancier un droit plus efficace, il est d'usage de procéder par voie de cession, c'est-à-dire que le débiteur cède au créancier, soit par l'acte de prêt, soit séparément, tout ou partie de ses droits éventuels sur l'indemnité qui peut lui être due en cas de sinistre. Dans ce cas, il n'y a aucune stipulation à faire dans la Police, qui est rédigée dans la forme ordinaire, suivant le modèle n° 16 ; mais la cession dont il s'agit, pour être valable vis-à-vis de la Compagnie, doit lui être notifiée par acte extra-judiciaire (voir art. 408 des Instructions).

MODÈLE N° 32.

MODÈLES DE POLICES SUR EXPLOSION DE CHAUDIÈRES ET DE GAZ.

PREMIER EXEMPLE.

Assurance contre l'explosion de chaudières.

CONDITIONS PARTICULIÈRES.

La Compagnie L'AIGLE assure, aux conditions générales qui précèdent et à celles particulières ci-après :

A M. GUYON (*Louis-Michel-Auguste*), profession de *fabricant de bronzes*, demeurant à *Belleville*, *rue de la Vierge*, *n° 4*, arrondissement de *Saint-Denis*, département de la *Seine*, agissant pour *son compte*, comme *propriétaire*, la somme de *quarante-cinq mille francs sur les objets ci-après désignés*, savoir :

---

(1) Le créancier a grand intérêt à ce que les primes soient payées exactement, pour ne pas encourir le cas de déchéance prévu par l'article 8 des conditions générales de la Police.

1° *Dix mille francs* sur un bâtiment à usage d'atelier et de fabrique de bronzes, construit en pierres, moellons et pans de bois, couvert en zinc, et situé à Belleville, rue de la Vierge, n° 4; ci..

2° *Quinze mille francs* sur une machine à vapeur, chaudière, fourneaux, transmissions de mouvements et accessoires dans ledit bâtiment; ci............................

3° *Dix mille francs* sur marchandises confectionnées et en confection, existant ou pouvant exister dans ledit bâtiment; ci..

4° *Dix mille francs* sur outils, ustensiles, moules, et, en général, sur tous les objets composant le mobilier industriel renfermé dans ledit bâtiment; ci....................

Pour droit de timbre et répertoire, trois centimes par 1,000 fr. de capitaux assurés ..

	SOMME assurée sur chaque article.	TAUX de la prime p. °/₀₀.		PRIME pour chaque article.	
	fr.	fr.	c.	fr.	c.
	10,000	1	»	10	»
	15,000	1	»	15	»
	10,000	1	»	10	»
	10,000	1	»	10	»
	»	»	03	1	35
TOTAUX...	45,000			46	35

Les sommes désignées ci-dessus ne sont point garanties contre les risques d'incendie, mais seulement contre les bris et dégâts matériels qui pourront survenir aux objets assurés, par suite d'explosion de chaudière de la machine à vapeur, non suivie d'incendie (1).

DEUXIÈME EXEMPLE.

Assurance contre l'incendie et contre l'explosion de chaudières.

CONDITIONS PARTICULIÈRES.

La Compagnie L'AIGLE assure, aux conditions générales qui précèdent et à celles particulières ci-après :

A M. GUYON, etc., etc. (comme ci-dessus), la somme de *quarante-cinq mille francs portant sur les objets désignés ci-après* savoir :

1° *Dix mille francs* sur un bâtiment, etc. (comme ci-dessus); ci.........................

2° *Quinze mille francs* sur une machine à vapeur, etc. (comme ci-dessus); ci..........

3° *Dix mille francs* sur marchandises, etc. (comme ci-dessus); ci........................

4° *Dix mille francs* sur outils, etc. (comme ci-dessus); ci................................

Pour droit de timbre et répertoire, trois centimes par 1,000 fr. de capitaux assurés...

	SOMME assurée sur chaque article.	TAUX de la prime p. °/₀₀.		PRIME pour chaque article.	
	fr.	fr.	c.	fr.	c.
	10,000	3	»	30	»
	15,000	3	»	45	»
	10,000	3	»	30	»
	10,000	3	»	30	»
	»	»	03	1	35
TOTAUX...	45,000			136	35

Toutes les sommes désignées ci-dessus sont garanties non-seulement contre les risques d'incendie, mais encore contre tous bris et dégâts matériels qui pourront survenir aux objets assurés, par suite d'explosion de chaudière de la machine à vapeur, même non suivie d'incendie (2).

TROISIÈME EXEMPLE.

Assurance contre l'explosion du gaz.

Les assurances contre l'explosion du gaz sont faites de la même manière que celles contre l'explosion de

(1) Les primes applicables aux risques d'explosion de chaudières ne sont point tarifées. La Compagnie se réserve d'en indiquer le montant, selon la nature et la gravité du risque dont on peut lui proposer l'assurance.

(2) Dans cet exemple, la prime applicable à l'explosion de la chaudière est ajoutée à celle de l'incendie.

chaudières, soit en appliquant à l'explosion du gaz la prime qui lui est propre selon le Tarif (1), soit en ajoutant la prime d'explosion du gaz à celle de l'incendie, comme dans les deux exemples qui précèdent.

La stipulation en est faite dans la Police de la manière suivante :

Premier cas : « Les sommes désignées ci-dessus ne sont point garanties contre les risques d'incendie, mais « seulement contre les bris et dégâts matériels qui pourront survenir aux objets assurés, par suite d'explosion « de gaz non suivie d'incendie. »

Deuxième cas : « Toutes les sommes désignées ci-dessus sont garanties, non-seulement contre les risques « d'incendie, mais encore contre tous bris et dégâts matériels qui pourront survenir aux objets assurés, par suite « d'explosion de gaz, même non suivie d'incendie. »

Modèle N° 33.

MODÈLES DE POLICES D'ASSURANCES AU-DESSOUS D'UN AN,

et d'assurances variables dans le cours d'une année.

CONDITIONS PARTICULIERES.

La Compagnie L'AIGLE assure, aux conditions générales qui précèdent et à celles particulières ci-après :

A M. JULLIEN (*François-Nicolas*), profession de *cultivateur*, demeurant à *Billy-sur-Aisne*, arrondissement de *Soissons*, département de l'*Aisne*, agissant *pour son compte*, comme *propriétaire*, la somme de *quatre mille cinq cents francs sur les objets ci-après désignés*, savoir :

	SOMME assurée sur chaque article.	TAUX de la prime p. o/oo.		PRIME pour chaque article.	
	fr.	fr.	c.	fr.	c.
1° *Deux mille cinq cents francs* sur une meule de blé (grains et paille compris), située sur une pièce de terre appartenant à l'assuré, au lieu dit la Butte-du-Moulin, commune de Billy-sur-Aisne; ci....................	2,500	4	»	10	»
2° *Deux mille francs* sur une meule d'avoine (grains et paille compris), située à cinq mètres de la précédente, sur la même pièce de terre (2); ci........................	2,000	4	»	8	»
Pour droit de timbre et répertoire, trois centimes par 1,000 fr. de capitaux assurés...	»	»	03	»	15
Totaux	4,500			18	15

L'assurance est faite pour une période de *six* mois, moyennant une prime *unique* de *dix-huit francs quinze centimes*.

Pour l'exécution de la présente, l'assuré *a payé comptant*, entre mes mains, la somme de *dix-huit francs quinze centimes pour prime unique, et six francs pour le coût de la Police et de deux plaques*, etc., etc.

Fait triple à *Soissons, le quatorze août mil huit cent cinquante-deux.*

Signature de l'Assuré, ╂

L'assuré ayant déclaré ne savoir signer, accepte néanmoins la présente assurance, ce qui est attesté par M. N. et M. P., tous les deux *cultivateurs*, demeurant à *Billy-sur-Aisne*, témoins qui ont signé en présence de l'assuré.

(Signature des témoins.)

POUR LA COMPAGNIE L'AIGLE,
L'Agent-Général :

(1) Voir au Tarif les primes applicables à l'explosion du gaz.
(2) Voir le Tarif et articles 24 et 118 des Instructions.

DEUXIÈME EXEMPLE.

CONDITIONS PARTICULIÈRES.

La Compagnie L'AIGLE assure, aux conditions générales qui précèdent et à celles particulières ci-après :

A M. LIONNEL (*Dieudonné*), profession de *marchand de bois*, demeurant à *Dôle, faubourg de Besançon*, n° 32, arrondissement de *Dôle*, département du *Jura*, agissant pour *son compte*, comme *propriétaire*, la somme de *soixante mille francs, portant sur les objets ci-après désignés*, savoir :

	SOMME assurée sur chaque article.	TAUX de la prime p. °/₀₀.	PRIME pour chaque article.	
	fr.	fr. c.	fr.	c.
Soixante mille francs sur bois à brûler de toute espèce, existant ou pouvant exister dans un chantier dit Chantier-de-l'Étoile, situé à Dôle, quai des Célestins, n° 10. Cette somme est garantie par la Compagnie de la manière suivante, savoir :				
Vingt mille francs pendant toute l'année; ci..............................	20,000	» 60	12	»
Vingt mille francs en supplément pendant les mois de juillet, août, septembre, octobre, novembre et décembre de chaque année (1), soit six mois; ci.......................	20,000	⅓ de 60	8	»
Vingt mille francs en deuxième supplément pendant les mois d'octobre, novembre et décembre de chaque année, soit trois mois; ci...................................	20,000	⅙ de 60	4	»
Pour droit de timbre et répertoire, trois centimes par 1,000 fr. de capitaux assurés....	»	» 03	1	80
TOTAUX............................	60,000		25	80

(1) Voir le Tarif et article 163 des Instructions.

MODÈLE N° 34.

Déclarations à faire dans les propositions et les Polices de certains risques, pour justifier l'application de la prime.

Amidonneries, Féculeries, Apprêts de tissus, Blanchisseries, Colle-forte,	*Indiquer :* le mode de chauffage des ateliers, séchoirs ou étuves.	Abattoirs, Fabriques de chandelles, *Indiquer :* avec fonte de suifs. / avec fonte de suifs à la vapeur. / sans fonte de suifs.
Fabriques de { glaces, verreries, porcelaines, faïences, poteries, pipes, } Tuileries,	avec fours chauffés au charbon { de terre. / de bois.	Confiseur, sans raffinerie de sucre.
Fours à { chaux, plâtre, }	chauffés au charbon { de terre. / de bois.	Fabriques de couvertures de { coton, / laine, } sans filature.
Fabriques de { bonneterie, passementerie, } Tisserands,	ayant plus de cinq métiers.	Fabriques de céruse, avec étagère { en bois. / en fer.
Fabriques de soude,	avec chambre de plomb. / sans chambre de plomb.	Corderies, avec goudronnage. / sans goudronnage.
Fabriques de produits chimiques,	inflammables. / non inflammables.	Distilleries, d'eaux-de-vie, / d'esprits, à la vapeur, / d'esprits, par les procédés ordinaires.
		Filatures de coton, batteur séparé, ateliers carrelés, sans préparations, { chauffage, éclairage.
		Filature de laine, grasse, peignée, } chauffage, éclairage.

	Indiquer :		*Indiquer :*
Filatures de lin,	avec préparations. / sans préparations et avec métiers à filer seulement. / sans cardage ou sans peignage. / sans cardage ou sans peignage, mais avec boudinage et étirage.	Fabriques de sucre sans raffinerie,	cuite et chauffage à la vapeur. / d° avec calorifères.
Huilerie,	sans moulin. / avec moulin (voir Moulin).	Tissages de fil ou de coton,	sans parage. / avec parages à la vapeur. / avec parages chauffés par poêles ou calorifères.
Minoteries sans moulin,	avec étuves. / sans étuves.	Tanneries,	sans moulin. / avec moulin (voir Moulin).
Moulin à blé,	le nombre de paires de meules. / (Voir chap. XXIV des Instructions.)	Teintureries,	avec séchoirs à froid. / avec séchoirs à la vapeur. / avec séchoirs à chaud placés à plus de 10 mètres. / avec séchoirs à chaud placés à moins de 10 mètres. / en rouge.
Moulins à tan, à bois de teinture, à huile de graine ou d'olive,	mus par l'eau. / mus par la vapeur. / mus par un manége.	Théâtres,	le nombre annuel des représentations.
Marchandises en route,	sur chemins de fer. / par roulage accéléré. / par roulage ordinaire.	Toiles peintes,	chauffage uniquement à la vapeur. / d° ordinaire.
Fabrique de ouate,	sans carderie. / avec carderie.	Bateaux dragueurs,	avec machine à vapeur. / avec manège.
Papeteries à la mécanique, / Papeteries aux anciens procédés.	sans étendoirs, avec ou sans magasins de chiffons. / avec étendoirs, avec ou sans magasins de chiffons.	Chantiers,	de bois à brûler. / de planches et de bois de construction avec atelier. / de planches et de bois de construction sans atelier. / de constructions nautiques.
Peignage de laine,	chauffage ordinaire pour les peignes. / chauffage à la vapeur pour les peignes.	Bois ou forêts,	résineux, / non résineux âgés de plus de 25 ans. / non résineux âgés de moins de 25 ans.
Peignage de chanvre ou de lin à la main,	ateliers spéciaux. / chez les ouvriers.	Charbons de bois ou charbons de terre,	sur bateaux, / en plein air. / en magasin. / dans des halles dépendantes des forges.
Raffineries de sucre,	anciens procédés. / cuite à la vapeur, chauffage ordinaire. / cuite à la vapeur, étuves voûtées. / cuite et chauffage à la vapeur.		

Modèle N° 35.

FORMULES ET CLAUSES DIVERSES A INSÉRER DANS LES POLICES.

Remplacement d'une Police par une autre Police.

La présente Police résilie et remplace à partir *de demain* celle souscrite par l'assuré, le N°   (Voir art. 193 et 209 des Instructions.)

(*Lorsqu'il y a ristourne à faire, voir modèle de Police, n° 24*).

Nota. Il faut indiquer en tête de la Police le N° de remplacement.

Police en supplément à une autre Police de la Compagnie.

Cette assurance est faite en supplément à celle souscrite par M.   sur les mêmes objets, suivant Police du   N°

Nota. Il faut mettre en tête de la Police ces mots : « *Supplément à la Police N°* ..... »

(Voir modèles de Polices, Nᵒˢ 19, 20, 21, 22 et 25.)

Déclaration d'une assurance faite par une autre Compagnie sur les mêmes objets.

Quoique la présente assurance soit faite, ainsi qu'il est dit ci-après, pour une durée de　　　　ans, il est convenu, néanmoins, que l'assuré et la Compagnie auront réciproquement la faculté de la résilier à la fin de chaque année, en notifiant leur intention trois mois à l'avance, conformément à l'art. 5 des conditions générales de la Police.

Noᴛᴀ. *Cette condition ne doit être consentie que par exception motivée.*

Faculté de résilier chaque année.

(Voir modèle de police, Nᵒ 27.)

Franchise d'avarie.

Il est convenu qu'en cas de sinistre, la Compagnie n'aura jamais à rembourser par chaque tableau, gravure, objet d'art ou de curiosité détruit ou avarié, une somme supérieure à　　　　francs, quelle que soit d'ailleurs sa valeur excédante au moment de l'incendie.

Il est convenu également que la Compagnie n'aura point à répondre des dommages accidentels qui pourraient survenir aux tableaux et gravures par suite de l'approche d'une lumière ou d'une matière inflammable, la garantie de la Compagnie ne s'étendant qu'aux pertes provenant d'un incendie réel.

Polices sur tableaux et objets d'art.

Il est bien entendu qu'en cas d'incendie, la Compagnie n'aura à rembourser que le dommage matériel survenu aux objets de librairie réellement existants dans les localités ci-dessus désignées, au moment de l'incendie, et que l'assurance ne s'étendra, en aucun cas, aux compléments d'ouvrages qui existeraient ailleurs que dans lesdites localités, ou qui seraient à livrer en vertu de souscriptions en cours.

Polices sur objets de librairie.

Il est entendu que la Compagnie ne sera tenue de rembourser que les dégâts résultant d'incendie, et qu'elle ne sera point responsable des avaries que pourront éprouver les marchandises par suite du roussissage.

Polices sur impressions d'étoffes.

(Voir art. 183 des Instructions.)

Polices sur fabrique ou usine non chauffée.

(Voir art. 182 des instructions.)

Clause relative à l'éclairage au gaz.

(Voir art. 82 et modèle Nᵒ 30 des Instructions.)

Exclusion des fondations au-dessous du niveau d'eau.

Mᴏᴅᴇ̀ʟᴇ Nᵒ 36.

MODÈLES D'AVENANTS.

M. GASTON-LEFORT déclare à la Compagnie qu'*il a* transporté les objets garantis par *les articles 1 et 2* de la police, nᵒ 8900, en date du 25 *janvier* 1852, de la *rue Margaux, nᵒ 10,* dans une maison sise *rue du Chapeau-Rouge, nᵒ 40,* au *deuxième* étage.

Transport des objets assurés d'un lieu dans un autre.

Il déclare en outre que ladite maison est construite *en pierres et moellons,* couverte en *tuiles ou ardoises,* et qu'on n'y exerce aucune profession dangereuse.

La compagnie donne acte à M. GASTON-LEFORT de *sa* déclaration, et attendu qu'il n'en résulte pas d'aggravation de risque, elle consent à continuer l'assurance dans le nouveau local qu'*il* occupe, à la charge par *lui* d'exécuter les clauses et conditions de la Police nᵒ 8900 sus-énoncée.

Le présent acte n° 1 (1) restera annexé à la Police primitive pour ne faire qu'un seul et même contrat, et servir, conjointement avec elle, à régler les droits respectifs des parties.

Fait triple, à Bordeaux, le quinze octobre mil huit cent cinquante-deux.

(1) Voir art. 197 des Instructions.

Mutation de propriété par suite de vente, échange, etc. — M. GIRARDIN (*Edme*) déclare à la Compagnie que les objets garantis par la Police n° 1800, en date du 19 *mars* 1850, et compris sous *les divers* articles *de ladite Police*, sont devenus la propriété de M. SELLIÈRE (*Charles-Désiré*), par suite de... (*vente, échange, etc.*)... et demande que ledit sieur SELLIÈRE *soit* subrogé par la Compagnie à tous *ses* droits et actions en raison de la Police précitée.

La compagnie donne acte à M. GIRARDIN de *sa* déclaration, et consent, au profit de M. SELLIÈRE *sus-nommé*, qui l'accepte, la subrogation demandée.

En conséquence, elle reconnaît M. GIRARDIN comme dégagé de son contrat, et M. SELLIÈRE comme à *lui* subrogé dans tous les droits qui *lui* sont garantis par ladite Police n° 1800, à charge par *lui* de remplir les conditions qui y sont stipulées.

Le présent acte restera annexé à la Police primitive, pour ne faire qu'un seul et même contrat, et servir, conjointement avec elle, à régler les droits respectifs des parties.

Fait quadruple (1), *à Épinal, le deux mars mil huit cent cinquante-trois.*

NOTA. Lorsque la mutation ne porte que sur une partie de la Police, il faut constater les changements par de nouvelles Polices (voir art. 193 des Instructions).

(1) Voir art. 196 des Instructions.

Mutation de propriété par suite de décès. — M. POLLARD (Jean), propriétaire, demeurant à Réthel, ayant justifié que, par suite du décès de M. MARINIER, son oncle, il est devenu seul propriétaire des objets assurés à ce dernier par la Compagnie L'AIGLE, suivant Police du   , n°   , il demeure convenu que la Police sus-énoncée aura désormais son plein et entier effet, au nom et au profit de M. POLLARD, lequel accepte toutes les clauses et conditions de la Police, et s'engage à payer les primes stipulées, comme s'il s'y était personnellement engagé.

Fait triple, à. . . . .

Mutation de propriété par suite de dissolution de Société ou de changement de raison sociale. — Pour se conformer aux dispositions de l'article 11 des conditions générales de la Police par eux souscrite le   , n°   , MM. JOURDAIN ET COLLINET déclarent que la société formée entre eux sous la raison sociale JOURDAIN et COLLINET, vient d'être dissoute, et que tous les objets assurés par la Police sus-énoncée sont maintenant la propriété de M. JOURDAIN seul.

La Compagnie leur donne acte de cette déclaration, et, par suite, il demeure convenu que la Police susdite aura désormais son plein et entier effet, au nom et au profit de M. JOURDAIN, qui prend l'engagement de se conformer à toutes les clauses et conditions générales et particulières de la Police, et à payer les primes annuelles qui y sont stipulées.

Fait quadruple (1), *à. . . . .*

(1) Voir art. 196 des Instructions.

Transfert au nom d'une Société. — M. JOURDAIN, assuré suivant Police du   n°   , déclare que, par suite de formation de société, tous les objets assurés par la Police précitée sont devenus la propriété de la société formée entre lui et différents commanditaires, sous la raison sociale JOURDAIN et Cⁱᵉ.

La Compagnie donne acte de cette déclaration, et consent à continuer l'assurance dont s'agit, au nom et au profit de MM. JOURDAIN et Cⁱᵉ, à charge par ceux-ci de se conformer à toutes les clauses et conditions, tant générales que particulières, de la Police, et à payer les primes annuelles qui y sont stipulées.

Fait triple, à. . . . . le. . . . .

M. SAINT-MAIXENT, assuré suivant Police du   , n°   , déclare qu'*il a fait démolir une aile de bâtiment assuré par l'article premier de ladite Police, et qu'il l'a fait remplacer par un cellier et par une remise construits en pierres et moellons, et couverts en tuiles.*

La Compagnie lui donne acte de cette déclaration; et attendu que les nouvelles constructions n'aggravent pas les risques, et qu'elles sont de même valeur (1) que celles qui existaient antérieurement, il est convenu que la Police continuera son effet sans autre changement.

Fait triple, à. . . . .

(1) Si la valeur était augmentée ou diminuée, il faudrait faire une nouvelle Police (voir art. 193 des Instructions).

Changements dans les distributions ou localités.

M. BANCELIN déclare que les récoltes en meules à lui assurées, suivant Police du. . . . . n° . . . ., ont été transportées dans une grange dépendante de la ferme qu'il occupe à Saint-Maurice, ladite grange isolée de tous autres bâtiments, construite en pierre et moellons, et couverte en tuiles (1).

La Compagnie lui donne acte de cette déclaration, et consent à maintenir l'assurance desdites récoltes dans le bâtiment sus-désigné, jusqu'à l'expiration de la période fixée par la Police.

Fait triple, à. . . . .

(1) Voir le Tarif et art. 134 des Instructions.

Récoltes en meules rentrées dans les bâtiments de 1ʳᵉ classe.

Pour se conformer à l'article 15 des conditions générales de la Police par lui souscrite le   , n°   , M. CHAVANON déclare qu'en supplément à la somme de *cinquante mille francs* garantie par ladite Police, il a fait couvrir sur les mêmes objets, par la Compagnie du SOLEIL celle de *vingt mille francs*, répartie comme suit, savoir :

Déclaration d'une assurance sur les mêmes objets par une autre Compagnie.

1° *Cinq mille francs* sur marchandises, ci.	5,000 fr.
2° *Deux mille cinq cents francs* sur mobilier industriel.	2,500
3° *Deux mille cinq cents francs* sur mobilier personnel.	2,500
4° *Cinq mille francs* sur risques locatifs.	5,000
5° *Cinq mille francs* sur recours des voisins.	5,000
Somme égale.	20,000 fr.

La Compagnie lui donne acte de cette déclaration, et, en cas de sinistre, elle ne sera responsable qu'au prorata de la somme assurée par elle.

Fait triple, à. . . . .

NOTA. Pour faire cette déclaration par la Police, voir modèle de Police n° 24.

Résiliation d'une assurance par consentement mutuel.

Entre les soussignés :

M. (*noms de l'agent général*), agent général de la Compagnie L'AIGLE, stipulant en cette qualité, d'une part ;

Et M. (*noms et prénoms de l'assuré*), assuré à la même Compagnie, suivant Police du.... n°... de l'agence de (*nom de l'agence*), d'autre part ;

Il a été convenu que l'assurance résultant de la Police ci-dessus relatée est et demeure résiliée à dater de *ce jour*, pour cause de *sinistre* (1).

Fait triple, à. . . . .

(1) Ou toute autre cause qu'il faut indiquer (voir art. 207, 211, 212 et 353 des Instructions).

MODÈLE N° 37.

MODÈLE DE SIGNIFICATION DE RÉSILIATION D'ASSURANCE
Pour cause de fin de période (1).

L'an mil huit cent   , à la requête de la Compagnie anonyme d'assurance contre l'incendie, dite L'AIGLE, poursuites et diligences de M. Thomas d'Alvarès, son directeur général, demeurant au siége de la Compagnie, à Paris, rue du Helder, n° 13, lequel élit domicile en la demeure de M.   , Agent-Général de ladite Compagnie à. . .

J'ai,   huissier, soussigné, signifié et déclaré au sieur   , demeurant à   , parlant à. . . .

Que la période fixée pour la durée de l'assurance verbalement contractée entre les parties, expire le   , et que la Compagnie n'entend pas continuer l'effet de ladite assurance après l'expiration de la période fixée, voulant et entendant, au contraire, qu'à partir dudit jour,   , à midi, cette assurance soit considérée comme non avenue, sous la réserve du paiement des primes qui pourraient être dues.

Et à ce qu'il n'en ignore, et sous toutes autres réserves, je lui ai, au domicile et parlant comme dessus, laissé copie du présent dont le coût est de. . . .

(1) Voir art. 207 des Instructions.

MODÈLE N° 38.

MODÈLE DE SIGNIFICATION DE RÉSILIATION D'ASSURANCE
Pour cause de non paiement de prime (1).

L'an mil huit cent

(*Même préambule que ci-dessus*) ,

J'ai , ... huissier soussigné, signifié et déclaré au sieur, etc. ,

Que , faute par lui d'avoir payé la prime échue le   , de son assurance verbalement contractée avec la Compagnie L'AIGLE suivant Police N°   de l'agence de   , cette Compagnie usant de la faculté qu'elle s'est réservée en pareil cas, déclare qu'elle entend résilier, comme de fait elle résilie dès à présent l'assurance dont s'agit, voulant que cette assurance soit considérée comme non avenue à partir de ce jour, sous toute réserve.

Et à ce qu'il n'en ignore, je lui ai, au domicile et parlant, etc.

(1) Voir art. 243 des Instructions.

Modèle N° 39.

MODÈLES DE LETTRES A ÉCRIRE AUX ASSURÉS RETARDATAIRES.

Lettre de premier Avis (1).

MONSIEUR,

Aux termes des conditions générales de votre Police d'assurance, la prime de chaque année doit être payée, au plus tard, dans la quinzaine qui suit l'échéance, sous peine de n'avoir droit, en cas d'incendie, à aucune indemnité et sans préjudice des poursuites que la Compagnie peut exercer contre les retardataires.

Veuillez, dans votre intérêt, faire acquitter au plus tôt, en mon bureau, à   , la somme de   que vous devez pour prime d'assurance échue le

J'ai l'honneur de vous saluer.

(1) Voir art. 246 des Instructions.

Lettre de deuxième Avis.

MONSIEUR,

Le   , j'ai eu l'honneur de vous prévenir que, faute par vous d'avoir acquitté la prime de Fr.   dont vous êtes redevable à la Compagnie, vous n'auriez droit, en cas de sinistre, à aucune indemnité. Je dois aujourd'hui vous avertir que si vous différiez plus longtemps ce paiement, je ne pourrais me dispenser d'exercer contre vous les poursuites de droit, et que, conformément aux conditions générales de votre Police, tous les frais et déboursés, même ceux de timbre et enregistrement, seraient à votre charge.

J'ai l'honneur de vous saluer.

Lettre de dernier Avis (1).

MONSIEUR,

J'ai eu l'honneur de vous informer que votre prime d'assurance à la Compagnie L'AIGLE était échue, et que vous deviez l'aquitter sans retard au bureau de l'agence.

Cet avertissement étant resté sans effet, je vous préviens cette fois que si, dans les CINQ JOURS qui suivront la date présente, vous n'avez pas rempli vos obligations envers cette Compagnie, je serai forcé de diriger contre vous des *poursuites judiciaires*, dont les frais considérables resteront à votre charge.

Veuillez donc, Monsieur, vous éviter ce désagrément, et en même temps comprendre que ce dernier avis (dont le coût, à votre charge, est de 5 centimes) est tout-à-fait dans votre intérêt, puisque, conformément aux dispositions de votre Police, ce retard vous prive de l'indemnité qui vous serait due en cas d'incendie.

Prenez note que toute lettre d'avis d'huissier ou de justice de paix, dont le coût est de 25 centimes, sera à votre charge.

J'ai l'honneur de vous saluer.

(1) Voir art. 246 des Instructions.

Modèle N° 40.

Lettre de Juge de Paix (1).

Le Juge de Paix du canton d

MONSIEUR,

Je vous invite à vous rendre le   , à   heure   du   , à mon bureau de Paix,

(1) Voir art. 247 des Instructions.

rue   , à   pour affaire qui vous concerne, et que je désire concilier. Veuillez bien, s'il vous plaît, n'y pas manquer.

Il s'agit de vous entendre sur une réclamation formée contre vous par la Compagnie L'AIGLE.

J'ai l'honneur de vous saluer.

NOTA. La présente invitation a pour objet d'éviter les frais.

IL FAUT LA RAPPORTER.

MODÈLE N° 41.   **Lettre d'Huissier** (1).

J'ai l'honneur de vous prévenir que la Compagnie L'AIGLE m'a chargé de faire rentrer, par toutes les voies de droit, les primes que vous lui devez, aux termes de votre Police d'assurance.

Je vous prie donc de vouloir bien acquitter entre mes mains, avant la huitaine, la somme de   .

Faute par vous de répondre dans ce délai à mon avis, je me verrai forcé de commencer contre vous des poursuites dont tous les frais seront à votre charge.

J'ai l'honneur de vous saluer.

(1) Voir art. 248 des Instructions.

MODÈLE N° 42.   **MODÈLE DE CITATION POUR PAIEMENT DE PRIMES** (1).

L'an 18   , à la requête de la Compagnie anonyme d'Assurance contre l'Incendie, L'AIGLE, patentée pour l'anné 18   , à Paris, le   , sous le n°   , poursuite et diligences de M. THOMAS d'Alvarès, son directeur général, demeurant au siége de ladite Compagnie, rue du Helder, n° 13, lequel élit domicile en la demeure du sieur   , agent général de la Compagnie, à

J'ai   huissier soussigné, cité le sieur   , demeurant à   , à comparaître le   heure de   , en l'audience et par-devant M. le juge du canton de   , au lieu ordinaire de ses séances, à   , pour s'entendre condamner à payer à la partie requérante la somme de   , qu'il lui doit depuis le   , pour les causes qui seront déduites à l'audience, et dont il sera justifié en cas de déni ; se voir en outre condamner aux intérêts de ladite somme, tels que de droit et aux dépens, sous toutes réserves.

(1) Voir art. 247 des Instructions.

MODÈLE N° 43.   **MODÈLE DE DÉSISTEMENT COLLECTIF** (1).

« L'an......, à la requête de : 1° N......, sociétaire de la mutualité dite......, sous le n°....,
  demeurant à......;
2° N......, sociétaire de ladite mutualité, sous le n°......, demeurant à......;
3° id.   id.   id.   id.   ;
4° id.   id.   id.   id.   ;
5° id.   id.   id.   id.   .

(left bracket label: Tous co-intéressés.)

« Tous, agissant en ladite qualité, et élisant au besoin domicile en ma demeure ; j'ai...... signifié et
« déclaré à ladite Société, en la personne de M......, son Agent principal dans l'arrondissement de......,
« parlant à......, que les requérants usant de la faculté qui leur est réservée par les statuts de ladite

(1) Voir art. 218 des Instructions.

« Société, entendent cesser d'en faire partie, tant activement que passivement, à l'expiration de la période
« quinquennale en cours pour chacun d'eux ; requérant que mention soit faite des présentes partout où
« besoin sera.

« J'ai laissé à ladite Société, en parlant comme est dit, copie du présent exploit, etc. »

Modèle N° 44.

MODÈLE DE LETTRE D'AVIS DE SINISTRE (1).

AGENCE *de Saint-Quentin*, *ce 8 janvier* 1853.

AGENCE *de Saint-Quentin.*

Police (2) { N° 3125.
{ DATE : 3 *août* 1850.

SINISTRE.

Canton de Saint-Quentin.

ARTICLES DE LA POLICE
ATTEINTS PAR L'INCENDIE... **1er et 3.**

NATURE DES OBJETS BRULÉS } *Bâtiment et Objets*
OU ENDOMMAGÉS........... } *mobiliers.*

Commune de Saint-Quentin.

MONTANT APPROXIMATIF
DES DOMMAGES............ **10,000** fr.

PREMIER AVIS.

Assuré : M. LEBLOND.

Quelle est la date du sinistre?	*7 janvier 1853, sur les 3 heures du matin.*
Quelles sont les causes connues ou présumées?	*L'imprudence d'un domestique.*
A quelle date la prime de l'année courante a-t-elle été payée?	*Le 4 août dernier.*
L'assuré ne se trouve-t-il dans aucun cas de nullité? (*Voyez art.* 270 *des Instructions générales.*)	*Non.*
La Compagnie peut-elle avoir un recours à exercer contre des voisins, locataires, etc.? (*Voyez art.* 272 *des Instructions générales,* et *Code Napoléon, art.* 1733, 1734, 1382, 1383 *et* 1384.)	*Non.*
A-t-il été fait des oppositions ou saisies-arrêts? En cas d'affirmative, quel est leur montant et quels sont les noms des saisissants?	*Une saisie-arrêt de fr. 1300 au nom d'un sieur Blandin. J'ai envoyé cet acte à la Compagnie avec les pièces de ma comptabilité de décembre 1851.*
L'assurance a-t-elle été faite par l'intermédiaire d'un sous-agent? Dans ce cas, quel est son nom et sa demeure?	*L'assurance a été faite par le sieur Gomard, parent de l'assuré et mon sous-agent, demeurant au village d'Artimont.*

DÉTAILS ET OBSERVATIONS DIVERS.

On attribue ce sinistre à l'imprudence d'un domestique. Le feu a éclaté avec beaucoup de violence et a fait de grands dégâts. J'ai été sur pied toute la nuit, et j'ai veillé avec soin au sauvetage. Je vous donnerai demain des renseignements circonstanciés.

Je préviens aujourd'hui même M. Fosseville, inspecteur de la Compagnie, qui s'est dirigé avant-hier sur Chauny.

---

(1) Cette lettre est rédigée sur un imprimé spécial (voir art. 258 des Instructions).

(2) Lorsque la Police n'a pas été envoyée à la Compagnie, il faut la joindre à cet avis. Si le risque est commun avec une autre Police, il faut l'indiquer.

MODÈLE DE DÉCLARATION D'INCENDIE A FAIRE PAR L'ASSURÉ A L'AGENT (1).

Déclaration d'incendie

Faite par *M. LEBLOND (Louis-Désiré), propriétaire de la maison incendiée à Saint-Quentin, rue de Cambrai, n° 12*, à M. DURAND, agent général de la Compagnie L'AIGLE, à *Saint-Quentin*.

. Cejourd'hui, *huit janvier mil huit cent cinquante-trois, heure de midi, le sieur LEBLOND, demeurant comme il est dit ci-dessus*, m'a déclaré qu'un incendie avait *détruit la presque totalité d'un corps de bâtiment, son mobilier et ses marchandises*, assurés par la Compagnie L'AIGLE, suivant Police du 3 *août* 1850, *n°* 3125, de l'agence de *Saint-Quentin*, pour la somme de *trente mille francs*, et qu'il estime le dommage à la somme de *dix mille francs*.

En conséquence des instructions de l'administration, j'ai adressé *au sieur LEBLOND* les questions suivantes et consigné *ses* réponses au bas de chacune.

1° *D*. A quelle heure a-t-on eu connaissance de l'incendie?

R. A deux heures et demie de la nuit du sept au huit janvier.

2° Où a-t-il commencé?

Dans une mansarde où couchait un domestique.

3° Où étiez-vous en ce moment (2)?

Couché dans ma chambre, au premier étage.

4° Quelles sont les personnes qui ont porté les premiers secours?

Le domestique et moi d'abord, puis le voisin Lachâble et le pompier Rabot.

5° Où étaient les autres personnes de la maison quand le feu a éclaté?

Une domestique âgée était couchée dans une mansarde voisine de celle où le feu a pris ; ma femme et ses deux enfants étaient depuis dix jours à Vervins, chez mon père.

6° D'autres personnes habitent-elles *votre* maison?

Un locataire nommé Jean Barbe, sa femme et une servante, occupaient le second étage.

7° Etiez-vous précédemment assuré par d'autres compagnies, soit dans votre intérêt, soit dans celui de tout autre ?

Précédemment, j'étais assuré par la Compagnie mutuelle, pour ma maison seulement. A l'époque où l'agent de la Compagnie L'AIGLE fit mon assurance, il y comprit mon mobilier et mes marchandises.

8° Etiez-vous seul et unique propriétaire des objets assurés, et à quel titre?

Je suis seul propriétaire de cette maison depuis 1841 : le prix en a été acquitté en trois ans ; j'ai successivement acheté le mobilier, ou j'en ai hérité.

9° Veuillez me dire ce que vous savez de l'incendie, de ses causes et de son résultat?

L'incendie a eu lieu par l'imprudence du domestique, dont la lumière a mis le feu à son lit. Le feu s'est de là communiqué avec tant de rapidité et de violence aux différentes parties du mobilier et du bâtiment, que les secours ont été inefficaces. La maison a brûlé en totalité, sauf quelques murs qui sont encore debout. Une partie du mobilier et des marchandises a été brûlée, une partie a été endommagée, une autre partie a été sauvée. Les locataires, gens riches et aisés, n'avaient pas voulu se faire assurer ; ils ont perdu presque tout leur mobilier, etc.

Lecture faite de la présente déclaration, le sieur *LEBLOND* l'a certifiée véritable, y a persisté et l'a signée avec nous.

L'Assuré : L'Agent-Général :

---

(1) Voir art. 261 des Instructions.

(2) Si l'assuré était absent, s'informer avec prudence et circonspection depuis combien de temps, et des motifs de l'absence.

Modèle N° 46.

MODÈLE D'INVENTAIRE

D'Objets laissés à la disposition d'un Assuré après sinistre (1).

Inventaire des objets mobiliers et marchandises, endommagés ou non, sauvés de l'incendie de la maison de M. LEBLOND, et laissés à la disposition de ce dernier, à charge de les représenter.

N°s D'ORDRE.	DÉSIGNATION DES OBJETS.	ÉTAT APPROXIMATIF dans lequel ils se trouvent.	LIEUX OU ILS SONT DÉPOSÉS.
1	Deux comptoirs en bois de chêne..................	Endommagés.	Dans le principal corps de bâtiment non incendié.
2	Six chaises de paille............................	*Idem.*	*Idem.*
3	Soixante-trois pièces de calicot.................	*Idem.*	Chez M. Martin.
4	Vingt-deux pièces de toile.......................	*Idem.*	*Idem.*
5	Cinq pièces coutil rayé de couleur...............	Intactes.	*Idem.*
6	Une table en noyer..............................	*Idem.*	*Idem.*
	Etc., etc.		

Lesquels objets, au nombre de *vingt-huit* espèces d'articles, déposés comme il est dit ci-dessus, ont été laissés à la disposition de *M. LEBLOND*, sous la réserve que fait la Compagnie de tous les moyens et exceptions de fait et de droit, *M. LEBLOND* s'obligeant à les représenter lorsqu'il en sera requis.

Fait double, à *Saint-Quentin, le huit janvier mil huit cent cinquante-trois.*

  L'Assuré :   *L'Agent-Général .*

(1) Voir art. 262 des Instructions.

Modèle N° 47.

MODÈLE DE DÉCLARATION D'INCENDIE

A faire par l'Assuré devant le juge de paix (1).

Cejourd'hui, *samedi, huit janvier mil huit cent cinquante-trois, neuf heures du matin,*

Pardevant nous, juge de paix (2) du canton de *Saint-Quentin, arrondissement de Saint-Quentin, département de l'Aisne,*

Est comparu (3) M. *Louis-Désiré LEBLOND, négociant,* demeurant à *Saint-Quentin, rue de Cambrai, n° 12.*

Lequel nous a déclaré que les objets qui ont été assurés par la Compagnie L'AIGLE, suivant Police du *trois août mil huit cent cinquante, n° 3125, ont été détruits* (4) *en partie* par (5) un incendie *causé* (6) *par la négligence d'un domestique et arrivé ce matin, sur les trois heures,* et qu'il estime le dommage à la somme de *dix mille francs.*

---

(1) Voir art. 266 des Instructions.

(2) En cas d'absence du juge de paix, la déclaration peut être reçue par son suppléant.

(3) Si ce n'est pas l'assuré qui se présente, on doit avoir soin d'indiquer le nom et la qualité de la personne qui se présente pour lui.

(4) Énoncer si la perte a été partielle ou totale.

(5) Indiquer si la perte a eu lieu par un incendie, par une explosion ou par une démolition ordonnée par l'autorité, pour couper la communication du feu.

(6) Désigner les causes et les circonstances du sinistre, Indiquer également les auteurs, s'ils sont connus, afin de mettre la Compagnie à même d'exercer les recours auxquels elle pourrait avoir droit.

Desquelles déclarations *ledit sieur LEBLOND* a requis acte, comme les ayant faites pour satisfaire aux conditions de la Police précitée.

En foi de quoi, nous avons dressé le présent procès-verbal pour servir et valoir ce que de droit.

Fait lesdits jour, heure et an que dessus, et, après lecture à lui faite, ledit comparant a signé avec nous (1).

(1) Les frais de cette déclaration sont à la charge de l'assuré (art. 16 de la Police).

MODÈLE N° 48.

MODÈLE DE SIGNIFICATION DE RÉSILIATION D'ASSURANCE
Pour cause de sinistre (1).

L'an

(*Même préambule qu'au Modèle n° 37*).

Que par suite de l'incendie survenu le   sur les objets assurés au sus-nommé par la Compagnie L'AIGLE, cette Compagnie, usant de la faculté qui lui est réservée en cette circonstance, entend résilier, comme de fait elle résilie dès à présent, l'assurance consentie audit sieur   ; voulant que cette assurance soit considérée comme non avenue à dater de ce jour. Et à ce qu'il n'en ignore, et sous toutes réserves de fait et de droit, je lui ai, au domicile et parlant comme ci-dessus, laissé copie du présent dont le coût est de

(1) Voir art. 269 des Instructions.

MODÈLE N° 49.

MODÈLE DE SOMMATION A FAIRE AUX LOCATAIRES, VOISINS, ETC.,
Après sinistre (1).

L'an

A la requête 1° de M. A.   propriétaire, demeurant à

Et 2° de la Compagnie d'assurance contre l'incendie, dite L'AIGLE, poursuites et diligences de M. THOMAS d'Alvarès, son directeur général, demeurant au siége de la Compagnie, à Paris, rue du Helder, 13, ladite Compagnie agissant comme pouvant être subrogée aux droits dudit sieur A.

Et pour lesquels requérants domicile est élu en la demeure de M.   , agent général de ladite Compagnie L'AIGLE à

J'ai   huissier   soussigné, signifié et déclaré à M. X.   demeurant à   , en son domicile où étant, et parlant à

1° Qu'un incendie a éclaté le   , dans une maison située à   et appartenant au sieur A   , laquelle était assurée par la Compagnie L'AIGLE;

2° Qu'il importe de faire constater les dommages occasionnés par cet incendie, tant pour que ledit sieur A   puisse jouir des bénéfices de son assurance, que pour éviter toutes détériorations ultérieures ;

3° Qu'en vertu des articles 1733 et 1734 (ou 1382, 1383 et 1384) du Code Napoléon, le sieur A.   et la Compagnie L'AIGLE se croient fondés à exercer contre M. X.   une action en garantie pour le montant des dommages.

En conséquence, sans rien préjuger de la validité de ladite action, et réservant à M. X.   tous les moyens de défense, je, huissier susdit, lui ai fait sommation de comparaître, ou se faire représenter le   heure de   , à   , à l'effet d'être présent aux enquêtes et exper-

(1) Voir art. 273 des Instructions.

tises qui auront lieu par MM. B. et C., faire tous dires et observations qu'il pourra éventuellement juger utiles à ses intérèts, et même y faire concourir, si bon lui semble, un troisième expert.

Lui déclarant que, faute par lui de se trouver ou de se faire représenter auxdits lieu, jour et heure, il sera procédé, en son absence, auxdites expertises et enquètes, lesquelles seront réputées faites contradictoirement avec lui, pour être ensuite par les requérants usé de leurs droits comme ils le jugeront convenable.

Dont acte

MODÈLE N° 50.

MODÈLE DE TRANSACTION POUR LE REMBOURSEMENT DE DOMMAGES
Après sinistre (1).

Entre les soussignés,

M. LECŒUR, Agent-Général de la Compagnie L'AIGLE, à la résidence de Moulins, stipulant en cette qualité, au nom de la Compagnie, d'une part;

Et M. BARDONNET (Jean-Baptiste), propriétaire, demeurant à Marigny, arrondissement de Moulins, agissant pour son compte, comme propriétaire, d'autre part;

A été dit et convenu ce qui suit :

La Compagnie L'AIGLE a, suivant Police N° 1247, en date du 15 *mai* 1850, Agence de *Moulins*, assuré contre l'incendie, à *M. BARDONNET, sus-nommé,* une somme de *vingt mille francs,* sur les objets désignés dans ladite Police;

Et le 10 *du mois courant* les objets assurés ont été endommagés par un incendie.

D'après une estimation approximative des dommages, l'assuré demande à la Compagnie une indemnité de *trois cents francs,* savoir :

Pour *cinq cents tuiles à raison de 25 fr. le cent, ci*	125 fr.
Pour *deux cents lattes à raison de 50 fr. le cent, ci*	100
Pour *fourniture de clous et main-d'œuvre, 75 fr. ci*	75
Somme égale.	300

Les parties, pour éteindre toute contestation, ont, à titre de transaction amiable et définitive, fixé à forfait, à la somme de deux cent cinquante francs, le montant de l'indemnité à rembourser par la Compagnie.

Fait double, *à Moulins, le douze avril mil huit cent cinquante-trois.*

SAUF APPROBATION DU CONSEIL D'ADMINISTRATION.

(1) Voir art. 283 des Instructions.

MODÈLE N° 51.

MODÈLE D'ACTE DE NOMINATION D'EXPERTS (1).

Entre nous soussignés,

Antoine DURAND, agent général de la Compagnie L'AIGLE, à la résidence de *Saint-Quentin, arrondissement de Saint-Quentin, département de l'Aisne,* stipulant pour ladite Compagnie, en ma susdite qualité, d'une part;

Et *Louis-Désiré LEBLOND,* négociant, demeurant à *Saint-Quentin, rue de Cambrai, 12,* stipulant pour *son* compte comme *propriétaire,* d'autre part;

A été dit et convenu ce qui suit :

La Compagnie L'AIGLE a, suivant Police n° 3125, en date du *trois août mil huit cent cinquante,* assuré contre

---

(1) Voir art. 293 des Instructions.

l'incendie, à *M. LEBLOND*, une somme de *trente mille francs* sur les objets désignés dans ladite Police, aux conditions générales et particulières qui y sont énoncées.

Et le *sept janvier mil huit cent cinquante-trois*, *à trois heures de la nuit*, les objets assurés ont été *endommagés ou détruits* par un incendie causé *par la négligence d'un domestique*, suivant déclaration faite et signée par l'assuré, et dont une expédition a été remise à l'agent sus-nommé et soussigné.

Dans cet état, les parties sont convenues, sans nuire ni préjudicier à leurs droits respectifs qui leur demeurent réservés, de faire procéder à l'estimation de la perte réelle que les objets assurés ont éprouvée par ledit incendie, et ce, conformément à l'article 4 de la Police.

En conséquence, elles nomment pour experts, savoir :

La Compagnie L'AIGLE, *M. Bernard PERRIN, architecte*, demeurant à *Saint-Quentin, rue Saint-Jean, n° 3* ;

Et l'assuré, *M. DELRUE (Jean), architecte*, demeurant à *Saint-Quentin, rue de la Somme, n° 10* ;

Lesquels sont autorisés à se faire assister, au besoin, pour l'estimation des objets détruits ou endommagés, par des personnes ayant des connaissances à ce sujet.

Les experts ont pour mission :

1° D'établir, tant sur les titres de propriété, les livres, les factures et autres documents qui leur seront fournis, que sur les renseignements qu'ils pourront se procurer, en quoi consistaient les objets assurés, et d'en constater la valeur vénale, au moment de l'incendie ;

2° De vérifier et constater l'état et la valeur des objets sauvés ou endommagés ;

3° De déterminer et fixer le montant des pertes réelles que l'incendie a occasionnées aux objets assurés ;

4° Enfin de désigner l'endroit où le feu a pris naissance et à quelles causes on peut attribuer l'incendie.

Les parties donnent pouvoir aux experts de s'adjoindre un tiers expert pour les départager en cas de dissentiment. Faute par eux de le faire, il en sera nommé un par le Président du tribunal civil ou de commerce, à la requête de la partie la plus diligente.

Les parties dispensent les experts de la prestation du serment en justice, et de toutes formalités judiciaires.

Le procès-verbal sera dressé en double expédition, dont une pour l'assuré et l'autre pour la Compagnie.

Fait double, *à Saint-Quentin, le 8 janvier mil huit cent cinquante-trois.*

      L'Assuré :   *L'Agent-Général :*

Nous, experts dénommés dans l'acte ci-dessus, déclarons accepter la mission qui nous est confiée et promettons de la remplir en notre âme et conscience, conformément au vœu dudit acte et de la Police d'assurance.

Saint-Quentin, le huit janvier mil huit cent cinquante-trois.

MODÈLE DE PROCÈS-VERBAL D'EXPERTISE (1).

L'an *mil huit cent cinquante trois*, le *neuf janvier, neuf heures du matin*, nous, *Bernard PERRIN, architecte*, demeurant à *Saint-Quentin, rue Saint-Jean, n° 3*, expert nommé par la Compagnie L'AIGLE, d'une part, et *Jean DELRUE, architecte*, demeurant à *Saint-Quentin, rue de la Somme, n° 10*, expert nommé par *M. LEBLOND*, d'autre part, ainsi qu'il résulte (2) de l'acte de nomination d'experts signé en double original, le *huit janvier, présent mois*, pour vérifier et estimer le dommage causé par un incendie arrivé le *sept janvier courant*, à la *maison, au mobilier et aux marchandises de M. LEBLOND*, assuré par la Compagnie L'AIGLE ;

Nous nous sommes transportés à *ladite maison située à Saint-Quentin, rue de Cambrai, n° 12*, où étant arrivés, nous avons trouvé *MM. LEBLOND, assuré*, et *DURAND, agent de la Compagnie* L'AIGLE, lesquels

---

(1) Voir art. 306 des Instructions.

(2) Si la nomination des experts a été faite par le tribunal, on mettra : « du jugement rendu le *huit janvier, présent mois*. »

ont offert de nous donner tous les renseignements qui sont en leur pouvoir, pour faciliter les opérations dont nous sommes chargés.

Lecture faite de l'acte précité, nous nous sommes fait représenter la Police en date du *trois août mil huit cent cinquante*, énoncée dans l'acte de nomination d'experts, et nous avons demandé *au sieur LEBLOND ses titres de propriété, ses livres, factures et quittances* nécessaires pour la justification de ses pertes.

Aussitôt *le sieur LEBLOND nous a présenté ses titres de propriété au nombre de trois pièces : un registre-journal, un livre de caisse, un livre de comptes et vingt factures* (1).

Examen fait desdites pièces, nous avons reconnu que le sieur LEBLOND est unique propriétaire des bâtiments assurés, qu'il les a acquis en mil huit cent quarante-un, pour la somme de vingt-six mille francs.

Après différentes informations prises chez les voisins et auprès des autorités, nous avons procédé à l'expertise ainsi qu'il suit :

ESTIMATION DES BATIMENTS ET PERTES Y RELATIVES.

1° *Le principal corps de bâtiment dont la façade est sur la rue*, assuré pour la somme de *vingt mille francs, n'ayant éprouvé aucun dommage, ne donne lieu à aucune perte.* La valeur vénale de ce bâtiment est de *dix-hui mille francs*, conformément au devis estimatif ci-annexé (État A).

2° *Le corps de logis ayant vue sur le jardin, et séparé du premier bâtiment par une cour*, assuré pour la somme de *six mille francs*, est celui où s'est manifesté l'incendie. Ce *bâtiment*, conformément à l'état *B* détaillé ci-annexé et signé de nous, était d'une valeur vénale de *cinq mille trois cent cinquante-cinq francs*, ci. 5,355 fr. 00 c.

Les objets non détruits compris dans le même état sont d'une valeur de *mille cent quatre-vingt francs*, ci. 1,180   00

La perte sur *ce bâtiment* est donc de la somme de *quatre mille cent soixante-quinze francs*, ci. 4,175   00

ESTIMATION DES MARCHANDISES, ET PERTES Y RELATIVES.

Suivant l'état annexé (état côté C),

La valeur vénale du mobilier et des marchandises au moment de l'incendie était de *sept mille quatre cent vingt-trois francs cinquante centimes*, ci. 7,423   50

La valeur des objets non endommagés est de *cinq cent soixante-six francs*, ci. 566   00

La valeur des objets sur lesquels il y a lieu d'établir la perte est donc de *six mille huit cent cinquante-sept francs cinquante centimes*, ci. 6,857   50

La valeur des objets endommagés est de *trois mille six cent dix-sept francs*, ci 3,617   00

La perte sur le mobilier et les marchandises est donc de *trois mille deux cent quarante francs cinquante centimes* 3,240   50

RÉSUMÉ.

La perte sur les bâtiments est de *quatre mille cent soixante-quinze francs*, ci 4,175   00

La perte sur les mobilier et marchandises est de *trois mille deux cent quarante francs cinquante centimes*, ci. 3,240   50

TOTAL de la perte : *sept mille quatre cent quinze francs cinquante centimes*, ci 7,415   50

En conséquence, nous déclarons que la perte totale éprouvée par le sieur *LEBLOND* est fixée et arrêtée à la somme de *sept mille quatre cent quinze francs, cinquante centimes*, conformément aux détails contenus dans le présent procès-verbal et dans les deux états cotés *B* et *C* qui y sont annexés.

Il nous reste, pour remplir le dernier objet de notre mission, à désigner le lieu où l'incendie a pris naissance, et à quelles causes on peut l'attribuer.

---

(1) Si l'assuré ne représente pas ses pièces, on mettra sa déclaration, soit qu'il dise n'avoir pas les pièces demandées, soit qu'il dise les avoir perdues dans l'incendie.

Il résulte des renseignements que nous avons pris sur cet objet, que le feu a pris naissance *dans la chambre du domestique, située dans les mansardes, où il a laissé brûler une chandelle, qui est tombée sur des hardes pendant qu'il dormait, ce qui a occasionné l'incendie, ainsi déclaré par lui-même. Il a déclaré de plus qu'aussitôt que le feu avait gagné le lit, il s'était sauvé pour réveiller le maître de la maison ; mais qu'en revenant à sa chambre avec les secours, les flammes et la fumée étaient déjà tellement fortes qu'il leur avait été impossible de les éteindre, etc.*, etc.

De tout ce que dessus, nous avons dressé le présent procès-verbal que nous offrons d'affirmer au besoin, à la rédaction duquel il a été vaqué par double vacation *depuis neuf heures du matin jusqu'à trois heures de relevée,* et avons signé avec les parties qui ont déclaré, savoir : *M. DURAND,* agent général de la Compagnie L'AIGLE. que c'était sans aucune approbation préjudiciable et sous la réserve des droits de ladite Compagnie, à laquelle il allait en rendre compte, et le sieur *LEBLOND,* qu'il n'avait rien à y objecter.

Fait en double original, dont un a été remis à *M. LEBLOND,* assuré, et l'autre à *M. DURAND,* agent général de la Compagnie L'AIGLE, à *Saint-Quentin,* lesdits jour, mois et an que dessus.

   L'Assuré :   *Les Experts :*   *L'Agent-Général de la Compagnie :*

N. B. Les signatures ci-dessus devront être légalisées par M. le maire du lieu où l'expertise a été faite.

MODÈLE N° 53.

MODÈLE D'UN ÉTAT A (1).

Estimation d'un bâtiment.

Agence de *St-Quentin.*   Police N° **3125.**

Département de *l'Aisne.*   Assuré, M. *LEBLOND.*

Estimation détaillée à annexer au procès-verbal en date de ce jour, *délivré par les experts soussignés à la Compagnie* L'AIGLE *et à M. LEBLOND.*

(Établir ici le plan, la coupe et l'élévation des bâtiments (2)).

ARTICLES de la POLICE.	DÉSIGNATION DES OBJETS PAR NATURE DE TRAVAUX.	VALEUR DE CONSTRUCTION A NEUF.			OBSERVATIONS. Énoncer ici brièvement en quoi consiste le dommage aux principaux objets avariés.
		Mesure et quantité.	PRIX.	TOTAL.	
			fr. c.	fr. c.	
2	Cube moellon dur pour fondations..	340ᵐ »	9 »	3,060 »	Ce bâtiment, de vieille construction, est mal distribué, et nécessite des réparations immédiates.
»	Id. id. ordinaire en élévation...... ,...	560ᵐ »	14 »	6,460 »	
»	Id. pierre de taille pour encadrement de croisées et autre taille comprise......	88ᵐ »	65 »	5,720 »	
»	Stère, bois de charpente divers pour pan de bois et comble...............	38,500	75 »	2,887 50	
»	Superficie légère, ouvrages en plâtre...	906ᵐ »	3 »	2,718 »	
»	Couverture en ardoises compris volige..... ...	740ᵐ »	3 »	2,220 »	
»	Objets divers, menuiserie, serrurerie, peinture, vitrerie, marbre, etc............................	....	....	3,250 »	
	TOTAL.............	....	....	26,045 50	
	A déduire pour vétusté.............	....	....	8,045 50	
	RESTE NET.............	....	....	18,000 »	

Arrêté le présent état à la somme de *dix-huit mille francs.*
 Saint-Quentin, le 9 janvier 1853.

---

(1) Voir art. 306 et 312 des Instructions.

(2) MM. les Experts devront faire le croquis des bâtiments incendiés avec les distributions, la coupe et l'élévation ; le tout devra être coté et indiquera le nombre des fermes et les équarissages des bois.

Modèle N° 54.

MODÈLE D'UN ÉTAT **B** [1]

(OU DEUXIÈME ÉTAT. — LE TROISIÈME ÉTAT SERA COTÉ **C**, ET AINSI DE SUITE).

Agence de *St-Quentin*. **Estimation d'un bâtiment et des pertes y relatives.** Police N° **3125**.

Département de *l'Aisne*. Assuré, M. *LEBLOND*.

Estimation détaillée à annexer au procès-verbal en date de ce jour, *délivré par les experts soussignés à la Compagnie* L'AIGLE *et à* M. *LEBLOND.*

Nota. — MM. les Experts devront faire ici le **CROQUIS** du bâtiment incendié avec les **DISTRIBUTIONS**, **COUPE** et **ÉLÉVA-TION**; le tout devra être coté et indiquer le nombre des **FERMES** et les **ÉQUARRISSAGES** des bois.

ARTICLES DE LA POLICE.	DÉSIGNATION DES OBJETS — PAR NATURE DE TRAVAUX.	VALEUR DE CONSTRUCTION A NEUF.			SAUVETAGE INTACT OU AVEC AVARIES.			OBSERVATIONS. Énoncer ici brièvement en quoi consiste le dommage aux principaux objets avariés.
		Mesures et quantités.	PRIX.	TOTAL.	Mesures et quantités	PRIX.	TOTAL.	
			fr.	fr. c.		fr.	fr. c.	
1	Cube-moellon dur pour fondation et élévation....................	225ᵐ »	9	2,025 »	23ᵐ »	9	207 »	
»	Cube-moellon dur pour élévation.....	»	»	»	33,84	5	169 20	
»	Pierre de taille pour encadrement et autre, cube....................	17ᵐ »	65	1,105 »	5ᵘⁿ »	42	210 »	
»	Charpente en bois de chêne pour combles et pans de bois, stères........	14,250	75	1,068 75	4ˢ »	31	124 »	
»	Couverture en ardoises, voliges comprises	260ᵐ »	3	780 »	»	»	34 90	
»	Objets divers, menuiserie, serrurerie, peinture, vitrerie................			576 35	»	»	70 »	
	TOTAL..............	....	....	5,555 10			844 10	
	A déduire : 1° pour différence du vieux au neuf, la construction remontant à 1840	....	....	566 »				
	Valeur vénale.....................	....	....	4,989 10				
	2° pour sauvetage..................	....	....	844 40				
	TOTAL des dommages........	....	....	4,175 »				

Arrê'é le présent état à la somme de *quatre mille cent soixante-quinze francs.*

Fait double, *à Saint-Quentin, le 9 janvier* 1853.

Les experts :

B. PERRIN.

JEAN DELRUE

(1) Voir art. 306 et 312 des Instructions.

Modèle N° 55.

MODÈLE D'UN ÉTAT **C** [1].

ÉTAT des pertes sur mobilier et marchandises éprouvées par M. *LEBLOND, dans l'incendie qui a eu lieu le 7 janvier 1853, à sa maison, rue de Cambrai, 12, à Saint-Quentin.*

DÉSIGNATION ET SITUATION DES OBJETS ASSURÉS.	ÉTAT dans lequel les objets ont été trouvés au moment de l'expertise.	VALEUR VÉNALE DES OBJETS ASSURÉS			PERTE réelle sur les objets totalement brûlés ou seulement endommagés.
		au moment de l'incendie.	sauvés.	endommagés.	
DANS UN MAGASIN DONNANT SUR LA RUE DE CAMBRAI.		fr. c.	fr.	fr.	fr. c.
Deux comptoirs en bois de chêne................	Bien endommagés.	20 »	»	40	40 »
Six chaises en paille.......................	Idem.	40 »	»	5	5 »
A reporter.............		30 »	»	45	45 »

(1) Voir art. 306 et 320 des Instructions.

DÉSIGNATION et SITUATION DES OBJETS ASSURÉS.	ÉTAT dans lequel les objets ont été trouvés au moment de l'expertise.	VALEUR VÉNALE DES OBJETS ASSURÉS — au moment de l'incendie.	sauvés.	endommagés.	PERTE réelle sur les objets totalement brûlés ou seulement endommagés.
		fr. c.	fr.	fr.	fr. c.
Suite et report...		30 »	»	15	15 »
Rayons et tablettes.	Bien endommagés.	20 »	»	10	10 »
Soixante-trois pièces de calicot, estimées, l'une dans l'autre, à 30 fr. pièce.	Idem.	1,890 »	»	880	1,000 »
Vingt-deux pièces de toile, estimées, l'une dans l'autre, à 50 fr. pièce.	Idem.	1,100 »	»	500	600 »
Sept pièces de coutil rayé de couleur, en fil.	Peu endommagées.	515 »	»	500	15 »
Cinq id. id. blanc, id.	Idem.	405 »	»	335	70 »
Cinq id. id. de couleur, coton.	Intactes.	500 »	500	»	» »
Quinze id. id. blanc, id.	Peu endommagées.	1,000 »	»	900	100 »
DANS UN VESTIBULE AYANT ENTRÉE PAR LA RUE ET SORTIE SUR LE JARDIN.					
Six vieilles chaises en paille.	Intactes.	6 »	6	»	» »
Une table en noyer.	Idem.	8 »	8	»	» »
DANS UNE CUISINE, A GAUCHE DU VESTIBULE.					
Six douzaines d'assiettes en faïence.	Presque toutes cassées.	9 »	»	2	7 »
Deux soupières.	Cassées.	2 50	»	»	2 50
Quatre casseroles en cuivre.	Intactes.	17 »	17	»	» »
Un chaudron en fonte.	Idem.	15 »	15	»	» »
Une marmite en fer, et menus objets en fer-blanc.	Avariés.	7 »	»	5	2 »
DANS UNE SALLE, AU PREMIER.					
Deux bergères, 6 fauteuils, noyer et velours d'Utrecht jaune.	Moitié brûlés.	200 »	»	100	100 »
Une console en noyer et son marbre.	Bien endommagés.	40 »	»	20	20 »
Une table de jeu en acajou.	Intacte.	20 »	20	»	» »
Une table ronde de milieu, noyer, dessus de marbre.	Endommagée.	40 »	»	20	20 »
Une glace et un trumeau dans leurs parquets.	Brisés.	175 »	»	50	125 »
Une pendule et deux vases d'albâtre.	Abîmés.	100 »	»	20	80 »
Deux flambeaux argentés.	Brisés.	6 »	»	»	6 »
Garniture de feu.	Idem.	10 »	»	»	10 »
Six chaises en noyer et velours d'Utrecht.	Détruites.	30 »	»	»	30 »
Rideaux de croisées, en toile de Jouy jaune.	Idem.	40 »	»	»	40 »
DANS UNE CHAMBRE A COUCHER.					
Un lit en noyer.	Très-endommagé.	30 »	»	10	20 »
Deux matelas, paillasse, oreiller, traversin, deux couvertures en laine.	Brûlés.	100 »	»	»	100 »
Rideaux de lit et de fenêtre, en mousseline.	Idem.	40 »	»	»	40 »
Une commode et secrétaire en noyer, dessus de marbre.	Idem.	100 »	»	»	100 »
Une bergère en merisier et crin noir.	Idem.	20 »	»	»	20 »
Quatre chaises en merisier et paille.	Idem.	6 »	»	»	6 »
Une grande armoire en chêne.	Idem.	25 »	»	»	25 »
LINGE DE CORPS ET DE MÉNAGE.					
Deux douzaines de chemises d'homme.	Très-endommagées.	72 »	»	30	42 »
Deux douzaines de chemises de femme, moitié usées.	Idem.	36 »	»	9	27 »
Quatre douzaines de serviettes en toile, neuves.	Idem.	96 »	»	16	80 »
Quatre douzaines de serviettes en toile, vieilles.	Brûlées.	48 »	»	»	48 »
Douze paires de draps de lit.	Moitié brûlées.	300 »	»	150	150 »
Six nappes.	Très-avariées.	45 »	»	15	30 »
A reporter...		7,103 50	566	3,587	2,950 50

DÉSIGNATION et SITUATION DES OBJETS ASSURÉS.	ÉTAT dans lequel les objets ont été trouvés au moment de l'expertise.	VALEUR VÉNALE DES OBJETS ASSURÉS au moment de l'incendie.		sauvés.	endommagés.	PERTE réelle sur les objets totalement brûlés ou seulement endommagés.	
		fr.	c.	fr.	fr.	fr.	c.
Suite et report.........	....	7,103	50	566	3,587	2,950	50
EFFETS D'HABILLEMENT.							
Un habit en drap bleu....................	Brûlé.	40	»	»	»	40	»
Une redingote, idem.....................	Idem.	50	»	»	»	50	»
Un manteau, idem......................	Très-endommagé..	80	»	»	30	50	»
Trois robes de femme, en mousseline...............	Brûlées.	50	»	»	»	50	»
Deux bonnets brodés....................	Idem.	20	»	»	»	20	»
M. et Mme J. Barbe, qui occupent tout le second, avaient refusé de faire assurer leur mobilier.............	P. M.	»		»	»	»	»
DANS UNE MANSARDE, SOUS LES COMBLES, SERVANT DE CHAMBRE AU DOMESTIQUE.							
Un mauvais bois de lit, un coffre en bois, une vieille chaise, ensemble estimés...................	Brûlés.	8	»	»	»	8	»
Un matelas et une paillasse.................	Idem.	16	»	»	»	16	»
Couverture et dedans de lit.................	Idem.	10	»	»	»	10	»
DANS UNE SECONDE MANSARDE, SERVANT DE CHAMBRE À LA BONNE.							
Un vieux bois de lit, une vieille malle, une petite table et deux chaises, estimées ensemble.............	Idem.	11	»	»	»	11	»
Un matelas, une paillasse, un traversin, couvertures et dedans de lit, ensemble estimés	Idem.	35	»	»	»	35	»
TOTAUX...................		7,423	50	566	3,617	3,240	50

RÉSUMÉ DE L'ÉTAT CI-DESSUS.

Valeur des marchandises au moment de l'incendie..................	7,423	50
A déduire : Valeur des marchandises et mobilier entièrement sauvés. . . 566 ⎫ Valeur restant aux marchandises et mobilier plus ou moins endommagés. . 3,617 ⎬	4,183	00
Montant de la perte éprouvée par l'assuré, *trois mille deux cent quarante francs cinquante centimes*, ci.............	3,240	50

Certifié sincère et véritable par nous, experts soussignés, et fait double pour être annexé au procès-verbal de ce jour, *à Saint-Quentin, le neuf janvier mil huit cent cinquante-trois*, et avons signé.

MODÈLE N° 56.

MODÈLE DE TABLEAU SYNOPTIQUE
A remplir par l'expert de la Compagnie (1).

Maison du sieur	à		incendiée le					Observations.
SUPERFICIE TOTALE DU BATIMENT			Nombre d'étages.	NATURE des divers matériaux qui le composent.	Date de sa construction primitive.	Proportion de la vétusté.	DISTRIBUTION ET DÉCORATION INTÉRIEURE.			Indiquer si ce bâtiment est bien ou mal entretenu, ou tous autres renseignements pour servir à la révision générale de l'expertise.
Longueur.	Largeur.	Superficie.					Riche.	Mixte.	Pauvre.	
Renseignements.								

(1) Voir art. 306 des Instructions.

MAÇONNERIE.

PRIX DES MATÉRIAUX RENDUS A PIED-D'OEUVRE.

LE MÈTRE CUBE DE				LE MILLE DE		L'HECTOLITRE DE		Les cent bottes de lattes de cœur.	Les cent kilogram. de clous à lattes.	JOURNÉES DE		Le mètre superficiel de légers ouvrages.
Pierres.	Moellons.	Pizé.	Chaux.	Briques.	Carreaux.	Chaux.	Plâtre.			Maçon.	Aide.	

COUVERTURE.

PRIX DES MATÉRIAUX RENDUS A PIED-D'OEUVRE.

ARDOISES le mille.	TUILES NEUVES LE MILLE.				Le mètre superficiel chaume.	Le cent de voliges à ardoises.	L'hectolit. de plâtre.	JOURNÉES DE		Les cent bottes de lattes.	Observations.
	gr. moule.	pet. moule	creuses.	pannes.				compagn.	garçons.		

MENUISERIE.

PRIX DES MATÉRIAUX RENDUS A PIED-D'OEUVRE.

LE CENT DE PLANCHES de 0,27.		BOIS DE BATEAUX, le mètre superficiel.		JOURNÉES.	Observations.
Chêne.	Sapin.	Chêne.	Sapin.		

CHARPENTE.

PRIX DES MATÉRIAUX RENDUS A PIED-D'OEUVRE.

LE STÈRE CUBE de		LINÉAIRE de chevron.		JOURNÉES de charpentier.	Observations.
Chêne.	Sapin.	Chêne.	Sapin.		

SERRURERIE.

Gros fer, les 100 kil. employé.	QUINCAILLERIE.		Journées.	Le stère cube de charbon.	Observations.
	D'où elle vient.	proportion avec Paris			
Plomb les 100 kilogr.	Journées.	Zinc n° 14, le mètre superficiel sur voliges	Gouttières de 10 c. le mèt. lin.		

PEINTURE ET VITRERIE.

LE MÈTRE SUPERFICIEL DE			Journées.	Observations.
Colle 2 c.	Huile 3 c.	Verre.		

Certifié le présent État véritable.

A   le   18

MODÈLE N° 57. **MODÈLE DE BULLETIN DE PAIEMENT DE SINISTRE** [1].

Incendie du   **M**   **incendié à**

MONTANT DE LA PERTE POUR LA COMPAGNIE. . . . . .

DÉTAIL.

Paiement à l'incendié. . . . . suivant quittance. . . . .

   Id.   aux experts.   Id.   . . . .

   Id.   à   Id.   . . . .

   Id.   à   Id.   . . . .

   Id.   à   Id.   . . . .

   Id.   à   Id.   . . . .

   Id.   à   Id.   . . . .

SOMME ÉGALE. . . . .

(1) Voir article 341 des Instructions.

Laquelle somme, appuyée des diverses quittances, est passée en dépense dans mon compte du mois

d   18

Certifié véritable,

L'Agent-Général :

Nota. — MM. les Agents ne feront qu'un seul article de dépense sur leur bordereau n° 9, pour paiement du même sinistre et des frais y relatifs.

Modèle N° 58.

MODÈLE DE QUITTANCE DE PAIEMENT D'INDEMNITÉ DE SINISTRE (1).

Je soussigné, *Louis-Désiré LEBLOND*, *négociant*, demeurant à *Saint-Quentin*, déclare et reconnais avoir reçu aujourd'hui de la Compagnie L'AIGLE, par les mains de M. DURAND, agent général de ladite Compagnie, à *Saint-Quentin*, la somme de *sept mille quatre cent quinze francs cinquante centimes*, en acquit du montant des dommages, à la charge de la Compagnie, occasionnés par l'incendie, survenu le *sept janvier courant*, aux objets que j'avais fait assurer par ladite Compagnie, suivant Police *N°* 3125, en date du 3 *août* 1850, laquelle est *maintenue* (2).

Au moyen de ce paiement, je tiens quitte et décharge la Compagnie L'AIGLE de toutes choses relatives audit incendie et aux dommages qui en sont résultés; et je la subroge, mais sans garantie, dans tous mes droits, recours et actions, contre tous auteurs reconnus ou présumés dudit incendie; contre tous voisins, locataires et autres généralement quelconques, ainsi que contre tous assureurs.

Fait à Saint-Quentin, le dix janvier mil huit cent cinquante-trois.

APPROUVÉ L'ÉCRITURE CI-DESSUS.

Vu par nous, maire de la commune de Saint-Quentin, pour légalisation de la signature du sieur LEBLOND, apposée ci-dessus.

L. D. LEBLOND.

Fait à Saint-Quentin, le 10 janvier 1853.

(1) Voir art. 350 et 353 des Instructions.

(2) Mettre ici si la Police est maintenue et résiliée. Dans ce dernier cas, voir l'art. 353 des Instructions.

Modèle N° 59.

MODÈLE DE LA PROCURATION NOTARIÉE

A donner, en cas de sinistre, par un Assuré qui ne sait pas signer, pour toucher l'indemnité (1).

Par-devant, etc.

est comparu M.   , lequel a fait et constitué pour son mandataire

M.   , auquel il donne pouvoir de, pour lui et en son nom, donner quittance à la Compagnie d'assurance contre l'incendie dite L'AIGLE, établie à Paris, rue du Helder, n° 13, de toutes sommes qui sont dues au constituant par ladite Compagnie, à cause de l'incendie survenu le

Consentir, si la Compagnie l'exige, à la résiliation de la Police d'assurance; subroger ladite Compagnie dans tous ses droits, actions et recours contre tous auteurs reconnus ou présumés dudit incendie et autres garants généralement quelconques; à cet effet, faire et signer tous actes; le constituant déclarant, d'ailleurs, donner dès à présent décharge pleine et entière à son mandataire de tout ce qu'il fera pour l'exécution du présent mandat.

Dont acte, etc.

Nota. — Cette procuration doit être relatée dans la quittance et y être annexée.

---

(1) Voir art. 358 des Instructions.

Modèle Nᵒ 60.

MODÈLE DU REGISTRE

Mois de

POLICES		NOMS ET PRÉNOMS DES ASSURÉS.	DÉSIGNATION DES OBJETS ASSURÉS.	LIEUX où les RISQUES SONT SITUÉS	DURÉE des POLICES.	SOMMES ASSURÉES.	PRIMES convenues.	
Nᵒˢ.	DATES.					fr.	fr.	c.
750 (1)	5 septembre effet 10 janv.	MARTIN (Jean)........	Bâtiments et mobilier...	Paris (canton de)..	10 ans.	20,000	16	40
837	5 janvier.	JOLLY (Jacques-Nicolas).	Bâtiments et mobilier..	Versailles id......	7 »	18,000	12	»
838	5 »	LANDAIS (Désiré).....	Bâtiments et mobilier..	Villeneuve id......	10 »	40,000	30	»
839	5 »	GOBERT (Alexis).......	Bâtiment............	St-Maur id......	10 »	16,000	9	»
840	5 »	BERGERON (Louis).....	Bâtiment et mobilier...	St-Ouen id......	3 »	30,000	24	60
841	5 »	SEVESTRE (Isidore)....	Récoltes en meules....	Versailles id.....	6 mois	12,000	36	»
842	15 »	TRIBERT (Jean-Baptiste)	Bâtiment de ferme.....	Charenton id......	1 an.	25,000	34	»
843	15 »	LAFEUILLE (Marc).....	Bâtim., mobilier, récoltes	Versailles id......	7 ans.	50,000	76	50
844	15 »	GRENAULT (Antoine)...	Bâtiment et mobilier...	St-Denis id......	10 »	30,000	23	50
845	15 »	GRENAULT (Ernest)....	Bâtim., mobil., bestiaux	Versailles id......	10 »	24,000	18	30
846	15 »	LEMAIRE (Vincent).....	Bâtiment et moulin....	Versailles id......	10 »	85,000	98	78
847	25 »	DOUILLET (Philippe)...	Bâtiment et mobilier...	Versailles id......	10 »	20,000	15	40
848 (2)	25 »	Effet avril 1853........ M. RIVIERRE (Pierre).	Valeurs, 20,000 f. Pr. 25 f.		10 »	»	»	
849	25 »	MOUSSET (Paul).......	Mobilier et risques locat	Versailles (cant. de)	7 »	10,000	5	»
850	25 »	RUELLE, Vᵉ de Casimir.	Bâtiments et récoltes...	Courbevoie id....	10 »	40,000	27	»
	14 Polic. (3)		Totaux du mois de janvier...........			420,000	420	40
	759 id.		Totaux nets antérieurs............			10,200,000	8,230	20
Total .	773 Polices.		Ensemble.............			10,620,000	8,650	60
	5 id.	A déduire pour résiliations, remplacements et annulations pendant le mois suivant, Bordereau Nᵒ 5, la quantité de cinq Polices, Nᵒˢ 42, 65, 207, 235 et 838 ; ci........				420,000	110	»
	768 Polices.		Reste net au 34 janvier 1853........			10,500,000	8,540	60

(1) Cette Police étant anticipée, doit être inscrite tout entière à l'encre rouge (voir l'art. 367 des Instructions).

(2) Cette Police étant anticipée, doit être inscrite à nouveau en tête du mois d'avril 1853 (voir art. 367 des Instructions). La deuxième inscription se fait à l'encre rouge, comme celle de la Police Nᵒ 750 ci-dessus. Lorsque l'assuré en paiera la prime, l'Agent la portera en recette dans la 9ᵉ colonne du Bordereau Nᵒ 1ᵉʳ; si on la lui paie postérieurement, il en fera recette sur le Bordereau Nᵒ 2.

(3) La Police Nᵒ 848 n'est pas comptée dans ce mois; elle ne sera comptée que dans le mois d'avril 1853, époque où elle entrera en force.

DES POLICES.

Janvier 1853.

PRIMES DE										OBSERVATIONS.
1853.	1854.	1855.	1856.	1857.	1858.	1859.	1860.	1861.	1862.	
fr. c.	fr. c.	fr. c.	fr. c.	fr. c.	fr. c.	fr. c.	fr. c.	fr. c.	fr. c.	
16 40										Police anticipée. Effet du 10 janv.
12 »										Remplace le N° 42.
»	»	»	»	»	»	»	»	»	»	Nulle, non signée, refusée.
9 »										
21 60										Supplément au N° 430.
36 »	»	»	»	»	»	»	»	»	»	
34 »	»	»	»	»	»	»	»	»	»	
76 50										Remplace le N° 65.
(*)										
(*)										Autorisation du 15 janv. 1853.
98 70										Remplace les N°s 35, 220, 346.
(*)										
»	»	»	»	»	»	»	»	»	»	Anticipée, effet avril 1853.
(*)										
(*)										

(*) Les primes ne devront être portées dans cette colonne que lorsqu'elles auront été encaissées (voir art. 365 des Instructions).

Modèle N° 64.

MODÈLE DU LIVRE DE CAISSE.

NUMÉRO DES POLICES.	NUMÉRO D'ORDRE des quittances à souches.	DÉSIGNATION DES RECETTES ET DÉPENSES.	PRIX DES POLICES et avenants	PRIX DES PLAQUES	PRIMES de 1re ANNÉE.	ANNÉE de l'assurance	ÉCHUES.	TOTAL des RECETTES.	TOTAL des DÉPENSES.
			fr. c.	fr. c.	fr. c.		fr. c.	fr. c.	fr. c.
		5 Janvier 1853.							
440	9541	Reçu de M. Gauthier jeune ; septembre				1851	120 »	120 »	
750	Eff.Janv.	id. Martin (jeune)................	Payée.	Payée.	16 40			16 40	
		15 Janvier.							
545	10650	Reçu de M. Dubois (Félix).....janvier				1852	110 »		
529	9955	id. Roussel (Antoine)........février				1852	115 »	245 »	
340	10706	id, Lange (Gabriel) ....décembre				1850	120 »		
837		id. Jolly (Jaques-Nicolas)..........	2 »	» »	12 »				
839		id. Gobert (Alexis)................	2 »	1 50	9 »		....	50 10	
840		id. Bergeron (Louis).............	2 »	» »	21 60				
		25 Janvier.							
704	11101	Reçu de Boucher (Louis).....décembre	»	» »	» »	1852	130 »	130 »	
826		id. Lafond (Edme).............	2 »	1 50	7 75				
829		id. Berthier (Auguste)..........	2 »	2 50	24 25		....	52 50	
833		id. Berthaud (Étienne)	2 »	1 50	9 »				
835		id. Pichard (Félix).............	2 »	1 50	6 »		....	9 50	
836		id. Laurent (Benoît)...........	2 »	1 50	18 »		....	21 50	
841		id. Sevestre (Isidor)..........	2 »	2 50	36 »				
842		id. Tribert (J.-B.).............	2 »	2 50	31 »		....	154 50	
843		id. Lafeuille (Marc)..........	2 »	» »	76 50				
		A reporter.......	22 »	15 50	267 50		495 »	799 50	

Suite du MODÈLE DU LIVRE DE CAISSE.

NUMÉRO DES POLICES.	NUMÉRO D'ORDRE des quittances à souches.	DÉSIGNATION DES RECETTES ET DÉPENSES.	PRIX DES POLICES et avenants	PLAQUES	PRIMES de 1re ANNÉE.	ANNÉE de l'assurance	ÉCHUES.	TOTAL des RECETTES.	TOTAL des DÉPENSES.
			fr. c.	fr. c.	fr. c.		fr. c.	fr. c.	fr. c.
		25 *Janvier* 1853. *Report.*	22 »	15 »	267 50	»	495 »	799 50	
846		Reçu de M. Lemaire (Vincent).........	2 »	2 50	98 70	»	» »	103 20	
848		Reçu de Rivierre (Pierre)	2 »	1 50	anticipée.	»	» »	3 50	
Avenant		Changement de domicile avenant au n° 545.	1 »	» »	» »			1 »	
			27 »	19 00	366 20		495 »	907 20	
		Reçu de la Compagnie un mandat ordre Chardon, incendié...................						2,500 »	
		Payé audit Chardon par la remise du mandat, suivant quittance...							2,500 »
		Payé pour frais de règlement du sinistre Chardon							50 »
		Payé à la Société mutuelle *ou* Compagnie X. (ou remboursé à des assurés suivant quittance)............							10 50
		Restitué à la Compagnie la remise prélevée sur le remboursement des primes ci-dessus							1 05
		Rectification aux comptabilités d'octobre, novembre et décembre suivant lettre du 15 janvier..............							25 »
		Payé à Chartier, incendié, sur autorisation de la Compagnie, et suivant quittance							25 »
			27 »	19 »	366 20		495 »	3,433 25	2,585 50
		Remise sur 13 polices à 1 fr. l'une							13 »
		d° sur 1 avenant à 0 50 l'un							» 50
		d° sur 6 petites plaques à 0 50................ ...							3 »
		d° sur 4 grandes id. à 0 75.............. ...							3 »
		d° sur 366 fr. 20 c. de primes de 1re année suivant Bordereau n° 8...........................							127 25
		Remise sur 495 fr. de primes échues à 10 p. °/°........							49 50
		Mon envoi de ce jour à la Compagnie, pour solde, par les Messageries Nationales.......................							651 50
		TOTAL ÉGAL...........							3,433 25

Arrêté le solde en faveur de la Compagnie à la somme de *six cent cinquante-un francs cinquante centimes,* dont je lui ai fait l'envoi par les Messageries Nationales, cejourd'hui.

Paris, *le* 31 *janvier* 1853.

NOTA. — Les recettes sur les Bordereaux Nᵒˢ 1, 2, 3, doivent être conformes au livre de caisse.

Modèle N° 62.

Agence *de Paris.*
Département *de la Seine.*

MODÉLE DU

Bordereau des Polices souscrites

NUMÉRO de L'AGENCE.	DATES DES POLICES.	DURÉE des POLICES.	NOMS ET PRÉNOMS DES ASSURÉS.	NATURE DES OBJETS ASSURÉS.	SITUATION DES OBJETS ASSURÉS.
750 (1)	5 sept. 1852.	10 ans	MARTIN (Jean)............	Bâtiment et mobilier.......	Paris (canton de).........
837	5 janv. 1853.	7 »	JOLLY (Jacques Nicolas)	id............	Versailles id............
838	5 »	10 »	LANDAIS (Désiré)..........	id............	Villeneuve id............
839	5 »	10 »	GOBERT (Alexis)..........	Bâtiment.................	St-Maur id............
840	5 »	3 »	BERGERON (Louis)........	Bâtiment et mobilier.......	St-Ouen id............
841	5 »	6 mois	SEVESTRE (Isidore)........	Récoltes en meules........	Versailles id............
842	15 »	1 an	TRIBERT (Jean-Baptiste)....	Bâtiment de ferme.........	Charenton id............
843	15 »	7 ans	LAFEUILLE (Marc).........	Bâtiment, mobilier, récoltes.	Versailles id............
844 (2)	15 »	10 »	GRENAULT (Antoine).......	Bâtiment et mobilier.......	St-Denis id............
845	15 »	10 »	GRENAULT (Ernest)........	Bâtiment, mobilier, bestiaux.	Versailles id............
846	15 »	10 »	LEMAIRE (Vincent)	Bâtiment et moulin	Versailles id............
847	25 »	10 »	DOUILLET (Philippe).......	Bâtiment et mobilier.......	Versailles id............
848	25 »	10 »	RIVIERRE (Pierre).........	Effet avril 1853	Asnières id............
849	25 »	7 »	MOUSSET (Paul)..........	Mobilier et risque locatif....	Versailles id............
850	25 »	10 »	RUELLE (veuve de Casimir) .	Bâtiments et récoltes.......	Courbevoie id............

14 Polices (3)
759 id.

TOTAUX du mois de janvier...................
TOTAUX nets antérieurs.....................

773 Polices.

ENSEMBLE.................

A déduire pour résiliations et remplacements pendant le mois suivant Bordereau n° 5 la quantité de cinq Polices, n°s 42, 65, 207, 235 et 838, ci.......................................

5 id.

768 Polices.

Reste net au 31 janvier 1853..........

(1) Cette Police doit être inscrite à l'encre rouge sur le Bordereau comme au registre des Polices (voir modèle n° 60).

(2) Les primes des Polices n°s 844, 845, 849 et 850 n'ayant pas été payées dans le mois, on ne porte rien en recette dans les colonnes 9, 10 et 11. Lorsque ces primes sont payées plus tard, on les inscrit au Bordereau n° 2 du mois dans lequel elles sont payées (voir art. 374 des Instructions).

(3) La Police n° 848 n'est pas comptée dans ce mois; elle ne sera comptée que dans le mois d'avril 1853, époque où elle entrera en force.

BORDEREAU N° 1.

pendant le mois de janvier 1853 par l'Agent soussigné.

Année 1853.
Mois *de janvier*.

VALEURS ASSURÉES.	MONTANT DES PRIMES convenues.	PRIMES REÇUES.	PRIX		TOTAL des RECETTES	NOMS DES SOUS-AGENTS qui ont procuré LES ASSURANCES.	OBSERVATIONS.
			des POLICES.	des PLAQUES.			
fr.	fr. c.	fr. c.	fr. c.	fr. c.	fr. c.		
20,000	16 40	16 40	» »	» »	16 40	L'Agent-Général.	Police antic.; effet du 10 janv. 1853
18,000	12 »	12 »	2 »	» »	14 »	Rousseau, sous-agent.	Remplace le n° 42.
40,000	30 »	» »	» »	» »	» »		Nulle, non signée, refusée.
16,000	9 »	9 »	2 »	1 50	12 50	L'Agent-Général.	
30,000	21 60	21 60	2 »	» »	23 60	id.	Supplément au n° 430.
12,000	36 »	36 »	2 »	2 50	40 50	Cantret, sous-agent.	
25,000	34 »	34 »	2 »	2 50	35 50	id.	
50,000	76 50	76 50	2 »		78 50	L'Agent-Général.	Remplace le n° 65.
30,000	23 50	» »	» »		» »	Dubois, sous-agent.	
24,000	18 30	» »	» »		» »	id.	
85,000	98 70	98 70	2 »	2 50	103 20	L'Agent-Général.	Autorisation du 15 janvier 1853.
20,000	15 40	» »	» »	» »	» »	id.	
» »	» »	» »	2 »	1 50	3 50	id.	Anticipée ; effet avril 1853.
10,000	5 »	» »	» »	» »	» »	Gauthier, sous-agent.	
40,000	27 »	» »	» »	» »	» »	id.	
420,000	420 40	301 20	16 »	10 50	327 70		
10,200,000	8,230 20		26 50				
10,620,000	8,650 60						
120,000	110 »						
10,500,000	8,540 60						

Arrêté le présent Bordereau conformément au registre des Polices (voir modèle n° 60).
A Paris, *le* 31 *janvier* 1853.

L'Agent-Général :

Modèle N° 63.

MODÈLE DE BORDEREAU N° 2.

Agence *de Paris.*

Département *de la Seine.*

Année 1853.

Mois de *janvier.*

Bordereau des Polices rentrées pendant le mois de *janvier* 1853, et dont les primes n'avaient pas été payées à leur date.

NUMÉROS des POLICES.	PRIMES REÇUES.	PRIX		TOTAL DES RECETTES.	OBSERVATIONS.
		des POLICES.	des PLAQUES.		
	fr. c.	fr. c.	fr. c.	fr. c.	
826	7 75	2 »	1 50	11 25	Nouvelle.
829	24 25	2 »	2 50	28 75	Remplace n° 207.
833	9 »	2 »	1 50	12 50	Id. n° 236.
835	6 »	2 »	1 50	9 50	Nouvelle.
836	18 »	2 »	1 50	24 50	D°.
Avenant.	» »	1 »	» »	1 »	
	65 »	11 »	8 50	84 50	

Arrêté le présent Bordereau, présentant une recette de *quatre-vingt-quatre francs cinquante centimes.*

Fait *à Paris, le* 31 *janvier* 1853.

L'Agent-Général :

Modèle N° 64.

MODÈLE DU BORDEREAU N° 3.

Agence *de Paris.*

1er semestre.

Bordereau des recettes faites pendant le mois de *janvier* 1853, pour primes échues.

NUMÉRO DES POLICES.	NOMS DES ASSURÉS.	ANNÉE de L'ASSURANCE.	MONTANT des PRIMES arriérées. (1)	PRIMES ÉCHUES PENDANT LE PREMIER SEMESTRE 1853.					
				JANVIER.	FÉVRIER.	MARS.	AVRIL.	MAI.	JUIN.
			fr. c.	fr. c.	fr. c.	fr. c.	fr. c.	fr. c.	fr. c.
440	BERVILLE (Jean)..............	6e	120 »	»	»				
515	LAINÉ (Isidore)...............	5e	»	110 »	»				
529	BOUCHÉ (Charles)............	4e	115 »	»	»				
670	RAVAUD (Louis-Auguste)........	3e	»	20 »	»				
704	THAMIN (Nicolas)...	2e	»	130 »	»				
			235 »	260 »	»				

495 fr.

Arrêté le présent Bordereau à la somme de *quatre cent quatre-vingt-quinze francs.*

Fait *à Paris, le* 31 *janvier* 1853.

L'Agent-Général :

(1) On porte dans cette colonne toutes les primes échues antérieurement au semestre courant, et dont l'Agent a fait recette dans le mois.

Modèle N° 65.

MODÈLE DU BORDEREAU N° 4.

Agence *de Paris.*

Mois de *janvier* 1853.

État des primes échues pendant le mois d'octobre 1852, et non recouvrées au 31 *janvier* 1853.

NUMÉRO DES POLICES.	PRIMES		PRIMES ARRIÉRÉES (1)	TOTAL GÉNÉRAL.	OBSERVATIONS.
	au-dessous de 10 FRANCS	de 10 FRANCS et au-dessus.			
	fr. c.	fr. c.	fr. c.	fr. c.	
160	8 »			8 »	En poursuite ; pièces chez l'huissier Nicole.
365	» »	15 »	15 »	30 »	Il y a déjà jugement pour la prime de 1851. Peu solvable.
120	» »	62 »		62 »	A vendu sa ferme sans obliger l'acquéreur à continuer l'assurance, en poursuite chez l'huissier Nicole.
				100 »	

Arrêté le présent Bordereau à la somme de *cent francs.*

Fait à Paris, *le* 31 *janvier* 1853.

L'Agent-Général :

(1) On n'inscrit dans cette colonne que les primes des années antérieures échues dans le mois auquel ce Bordereau correspond.

Modèle N° 66.

MODÈLE DU BORDEREAU N° 5 (1).

Agence *de Paris.*

Mois de *janvier* 1853.

Bordereau des Polices remplacées, résiliées, expirées ou annulées pendant le mois de janvier 1853.

NUMÉRO des POLICES.	DATES DES POLICES.	NOMS DES ASSURÉS.	VALEURS ASSURÉES.	PRIMES CONVENUES	OBSERVATIONS.
			fr.	fr. c.	
42	15 juin 1843.	JOLLY (Jacq.-Nicolas).	9,000	9 »	Remplacée par 837.
65	2 novembre 1843	LAFEUILLE (Marc)...	30,000	35 50	id. par 843.
207	14 janvier 1845.	DELAHAIE (Jean)....	38,000	19 »	Expirée. — Désistement par huissier ci-joint.
235	22 mars 1845.	CHARDON (Michel....	3,000	16 50	Résiliée pour cause de sinistre, suiv. aven* ci-joint.
838	5 janvier 1853.	LANDAIS (Désiré)....	40,000	30 »	Police nulle ; sans effet.
			120,000	110 »	

Arrêté le présent Bordereau montant à la somme de *cent dix francs.*

Fait à Paris, *le* 31 *janvier* 1853.

L'Agent-Général :

(1) Toutes les *annulations* ou *résiliations* doivent être constatées par un avenant fait en double, indiquant la date précise et les motifs de la résiliation.

Les Polices *expirées* doivent être appuyées d'un désistement signifié par l'assuré dans le délai fixé par l'art. 5 des conditions générales de la Police ou par un avenant de résiliation fait double (voir Instructions générales, articles 210, 211, 212 et 377).

Modèle N° 67.

MODÈLE DU BORDEREAU N° 6

(ancien *Bordereau n° 8*).

Agence *de Paris.*   Mois *de janvier* 1853.

État des Polices et plaques reçues et payées pendant le mois de janvier 1853.

DATES.	DÉSIGNATION.	POLICES TRIPLES.	PLAQUES PETITES.	PLAQUES GRANDES.
Le 1er janvier 1853.	L'Agent restait comptable de...........................	25	20	15
	Reçu de la Direction pendant le mois de janvier 1853.......	100	75	25
	TOTAL de la recette..............	125	95	40
	DÉPENSES A DÉDUIRE :			
	Quantités portées en recette sur le décompte de janvier......	13	6	4
	Polices et plaques renvoyées gâtées à la Direction...........	»	»	»
	TOTAL des dépenses...........	13	6	4
	Le total de la recette est de.......................	125	95	40
	Et celui de la dépense de..........................	13	6	4
Le 1er février.	Partant, l'Agent se reconnaît comptable de..............	112	89	36

NOTA. — L'Agent ne doit porter dans la dépense du présent Bordereau que les Polices et les plaques dont il fait recette dans les Bordereaux N°ˢ 1er, 2 et 9.

Certifié exact.
Paris, *le* 31 *janvier* 1853.
L'Agent-Général :

Modèle N° 68.

MODÈLE DU BORDEREAU N° 7 (1).

Agence *de Paris.*   Mois *de janvier* 1853.

État des ports de lettres et paquets.

RÉCEPTION NUMÉRO D'ORDRE.	RÉCEPTION DATE.	LIEUX DE DÉPART	DATES DES LETTRES ou envois.	NUMÉRO de la DIRECTION.	PAR QUI ADRESSÉS.	TAXÉS PAR LA POSTE.	TAXÉS PAR diligences ou messageries	OBSERVATIONS.
						fr. c.	fr. c.	
1er.	11	Paris.	1er janvier.	Paquet.	Direction générale.	»	1 75	La Compagnie ne rembourse à MM. les Agents que les ports de lettres et paquets venant de la Direction (art. 52 et 379 des Instructions générales).
2e.	12	Id.	Id.	250	Idem.	» 25	»	
						» 25	1 75	
Arrêté le présent Bordereau à la somme de *deux francs.*................						2 fr.		

Paris, le 31 janvier 1853.

L'Agent-Général :

(1) Ce Bordereau ne sert qu'aux agences de l'Étranger, l'Administration affranchissant au départ, pour la France et l'Algérie, toutes les lettres et les paquets.

MODÈLE N° 69.

MODÈLE DU BORDEREAU N° 8

(ancien *Bordereau n° 6*).

Agence *de Paris.*   Mois *de janvier* 1853.

Décompte des remises à prélever sur les primes de première année des assurances portées en recette sur les Bordereaux n°s 1 et 2.

NUMÉROS des POLICES.	DURÉE.	MONTANT des PRIMES.	RENOUVELLEMENTS OU REFONTE DES POLICES			TAUX de REMISES.	PRODUIT.	OBSERVATIONS.
			NUMÉROS des Anciennes Polices.	ANNÉES restant à courir	PRIMES ANCIENNES.			
		fr. c.			fr. c.		fr. c.	
750	10 ans.	16 40	nouvelle.	»	» »	50 p. %	8 20	
826	10 »	7 75	id.	»	» »	50 »	3 87	
829	10 »	24 25	207	2 ans.	20 »	20 »	4 »	
			augmentation.	»	4 25	50 »	2 43	
833	10 »	9 »	235	1 an.	15 »	25 »	2 25	
235	10 »	6 »	nouvelle.	»	» »	50 »	3 »	
836	10 »	18 »	id.	»	» »	50 »	9 »	
837	7 »	12 »	42	expirée	9 »	30 »	2 70	
			augmentatton.	»	3 »	40 »	1 20	
839	10 »	9 »	nouvelle.	»	» »	50 »	4 50	
840	3 »	24 60	id.	»	» »	20 »	4 35	
841	6 mois.	36 »	id.	»	» »	15 »	5 40	
842	1 an.	31 »	id.	»	» »	15 »	4 65	
843	7 ans.	76 50	65	4 mois.	35 50	30 »	10 65	
			augmentation.	»	30 »	40 »	12 »	
846	10 »	98 70	nouvelle.	»	» »	50 »	49 35	
		366 20 (1)					127 25	A reporter à l'art. 1er du décompte (aux Dépenses)

Arrêté le total de la recette des primes de première année, suivant Bordereaux N°s 1 et 2, à la somme de *trois cent soixante-six francs vingt centimes*, et là dépense pour remises prélevées conformément à mon traité à *cent vingt-sept francs vingt-cinq centimes.*

Paris, *le* 31 *janvier* 1853.

L'*Agent-Général* :

(1) La colonne des primes doit toujours être additionnée, et son total servir de contrôle à celui des primes portées en recette sur les Bordereaux N°s 1 et 2, réunis dans le Bordereau N° 9.

NOTA. — Ce Bordereau doit accompagner régulièrement la comptabilité de MM. les Agents, et être annexé avec soin au décompte.

Modèle N° 70.

MODÈLE DU BORDEREAU N° 9

(ancien *Bordereau n° 7*).

N°_______________

Agence *de Paris.*
Département *de la Seine.*

Décompte du mois de janvier 1853.

RECETTES.	fr.	c.
Solde du dernier décompte..	»	»
Reçu pour primes de première année, suivant Bordereaux N°ˢ 1 et 2.................	366	20
Id. id. échues, suivant Bordereau N° 3......................	495	»
Id. pour 13 Polices, à 2 fr. l'une............................	26	»
Id. pour 1 avenant, à 1 fr. l'un.............................	1	»
Id. pour 6 petites plaques, à 1 fr. 50 cent. l'une...................	9	»
Id. pour 4 grandes plaques, à 2 fr. 50 cent. l'une..................	10	»
Restitué 10 p. % sur 10 fr. 50 cent. remboursés à des Compagnies ou à des assurés.........	1	05
Id. à la Compagnie pour rectifications signalées par lettre du 15 janvier...........	25	»
Reçu de la Compagnie un mandat ordre de l'incendié Chardon....................	2,500	»
TOTAL DE LA RECETTE......	3,433	25

DÉPENSES.	fr.	c.		
Remises sur primes de première année, suivant décompte au Bordereau N° 8.....	127	25		
10 p. % sur 495 fr. de primes échues, suivant Bordereau N° 3............	49	50		
Remise sur 13 Polices, à 1 fr. l'une.........................	13	»		
Id. sur 1 avenant, à 0 fr. 50 cent. l'un...................	»	50		
Id. sur 6 petites plaques, à 0 fr. 50 cent. l'une, 4 grandes à 0 fr. 75 cent. l'une, ensemble..............................	6	»	3,433	25
Paiement de sinistres et frais y relatifs, suivant bulletins de paiement N°ˢ 1 et 2...	2,575	»		
Primes remboursées à des Compagnies ou assurés, suivant Bordereau et quittances ci-jointes.............................	10	50		
Pour mon envoi à la Compagnie en espèces par les Messageries Nationales.......	651	50		
Id. id. récépissé.....................	»	»		
Id. id. en un mandat sur la Banque de France.........	»	»		

L'Agent soussigné se reconnaît dépositaire envers la Compagnie L'AIGLE de la somme de *zéro*, *ayant adressé à la Direction, à Paris, le solde du présent décompte.*

	0	00

Fait à Paris, le 31 *janvier* 1853.

L'Agent-Général :

NOTA. — Conformément à l'art. 398 des Instructions, MM. les Agents-Receveurs doivent toujours joindre à leur comptabilité le solde du présent décompte, en mandats sur la Banque de France, en récépissés du banquier indiqué par la Compagnie, et à défaut de banquier, en espèces par les diligences.

MODÈLE DU BORDEREAU Nº 10 (1).

Agence *de Paris.*
Département *de la Seine.*

Mois de *janvier* 1853.

État des sommes dues par M. X., agent général, pour primes échues de l'agence de Paris, dont la recette lui est confiée.

	PRIMES ARRIÉRÉES OU A RECOUVRER SUR								OBSERVATIONS.
	SEMESTRES antérieurs. (2)	JANVIER	FÉVRIER	MARS.	AVRIL.	MAI.	JUIN.	TOTAL.	
	fr. c.	fr. c.	fr. c	fr. c.	fr. c.	fr. c.	fr. c.	fr. c.	
Primes dues sur semestres antérieurs et celles à recouvrer sur le 1er semestre de 1853..............	450 50	550 50	430 50	650 50	545 50	450 50	650 50	3,728 50	
A déduire : Pour résiliations AUTORISÉES......	110 »	» »	» »	» »	» »	» »	» »	110 »	
Reste à payer à la Compagnie.......	340 50	550 50	430 50	650 50	545 50	450 50	650 50	3,618 50	
A déduire : primes payées suivant décompte du mois de janvier 1853...	235 »	260 »	» »	» »	» »	» »	» »	495 »	
Reste dû au 1er février 1853........	105 50	290 50	430 50	650 50	545 50	450 50	650 50	3,123 50	
Nota. — Il y a en primes de 1res années dans les primes ci-dessus..........	110 »	74 »	» »	» »	» »	» »	» »	» »	

Certifié conforme le présent état d'après lequel je reste comptable envers la Compagnie l'Aigle, au 1er février 1853, pour primes non perçues et dues par MM. les assurés, de la somme de *trois mille cent vingt-trois francs cinquante centimes.*

A Paris, le 31 *janvier* 1853.

L'Agent-Général :

(1) Voir le renvoi de la page 75 des Instructions.
(2) Porter dans cette colonne les primes dues antérieurement au semestre courant.

	PRIMES ARRIÉRÉES OU A RECOUVRER SUR							OBSERVATIONS.
MODÈLE DU TABLEAU POUR LE DEUXIÈME SEMESTRE.	SEMESTRES antérieurs.	JUILLET	AOUT.	SEPTEM.	OCTOB.	NOVEM.	DÉCEM.	TOTAL.	

Modèle N° 71.

MODÈLES DE LETTRE DE COMPTABILITÉ.

PREMIER MODÈLE.

Agence *de Paris*.
Département *de la Seine*.

Paris, le 2 février 1853.

A M. le Directeur de la Compagnie L'AIGLE.

MONSIEUR,

Conformément aux chapitres XX et XXI des Instructions générales, je vous remets ci-joint les pièces relatives à ma comptabilité du mois de *janvier* 1853 dont détail suit, savoir :

1° Le Bordereau n° 1 des assurances souscrites s'élevant :

en capitaux, à. . . . . 420,000 fr.

en primes convenues, à. 420   40 c.

en primes encaissées, à. . . . . 301 fr. 20 c.

en Polices et plaques, à. 26   50

2° Le Bordereau n° 2 des Polices rentrées pendant le mois. . . , ... 84   50

3° Le Bordereau n° 3 des primes échues et recouvrées, s'élevant à. 495   »

4° Le Bordereau n° 4 des primes échues et non recouvrées. 100   »

5° Le Bordereau n° 5, annulations et résiliations, s'élevant à. 110   »

6° Le Bordereau n° 6, état des Polices et plaques. . . . . »   »

7° Le Bordereau n° 8, décompte des remises de première année, s'élevant à. 127   25

8° Le Bordereau n° 9, décompte du mois, soldant en faveur de la Compagnie par fr. 651 50, que je vous remets en *espèces par messageries*. 651   50

9° Le Bordereau n° 10, état des primes arriérées. 3,123   50

10° Les bulletins de paiement n°ˢ 1 et 2, avec les pièces de dépenses de sinistres à l'appui. 2,575   »

11° Les Polices régularisées, au nombre de *treize*. . . . . »   »

12° Les Polices annulées ou résiliées, au nombre de *cinq*. . . . . »   »

13° Les avenants divers, au nombre de *un*. . . . . »   »

14°

J'ai l'honneur de vous saluer avec une considération distinguée.

L'Agent-Général :

NOTA. — Afin que les pièces annoncées soient conformes au détail contenu dans la présente, les blancs ne doivent être remplis qu'au moment d'expédier le paquet.

DEUXIÈME MODÈLE.

A   *le*   185

L'Agent-Général soussigné déclare à M. le Directeur de la Compagnie L'AIGLE qu'il est bien pénétré de l'esprit des articles 383, 384, 385, 387 et 388 des Instructions générales de la Compagnie; et, conformément à ces articles, il lui donne avis qu'il n'a fait aucune recette, souscrit aucune Police, ni fait aucune opération pour le compte de la Compagnie pendant le mois écoulé, et qu'en conséquence il n'a aucun Bordereau ni aucune Police à expédier à la Direction.

L'Agent-Général :

NOTA. — Il faut dater cet avis par *ville, jour, mois* et *année, le signer* et l'affranchir au prix de 1 centime ¼ en le mettant *sous bande*, à l'adresse du Directeur de la Compagnie L'AIGLE, à Paris.

FIN DES MODÈLES.

TABLE DES MATIÈRES.

Nota. — Les numéros indiqués dans la Table des Matières correspondent aux articles des Instructions.

CHAPITRE PREMIER.

De l'assurance en général; — sa destination; — ses règles; — explication des termes employés.

Articles.

Définition de l'assurance...................... 1
Principes généraux........................... 2, 3, 4
Valeur vénale; — appréciation des risques; — règle proportionnelle.. .... 5, 6, 7
Obligation de l'assuré........................ 8
Explication des termes employés en assurance : *Police; — avenant; — prime; — ristourne; — risque; — plein; — sinistre*................. 9, 10

CHAPITRE II.

Des divers systèmes d'assurances contre l'incendie.

Assurance mutuelle; — charges qu'elle impose; — ses inconvénients sérieux................. 12, 13, 14
Assurance à primes fixes; — ses avantages....... 15
Compagnies anonymes; — Sociétés en commandite.. 16

CHAPITRE III.

Organisation de la Compagnie L'AIGLE.

Constitution de la Compagnie L'AIGLE; — son fonds social; — sa manière d'opérer; — ses relations; son traité avec la Compagnie du Soleil..... 17, 18, 19

CHAPITRE IV.

Des objets qu'assure la Compagnie et de ceux qu'elle excepte, ou qu'elle n'assure qu'à des conditions particulières.

Objets qu'assure la Compagnie : Maisons et bâtiments; — bois et forêts; — mobilier personnel; — mobilier industriel; — mobilier aratoire; — récoltes; — bestiaux; — marchandises; — bateaux; — créances hypothécaires; — risques locatifs; — recours des voisins................ 20, 21
Objets que la Compagnie n'assure pas d'après ses statuts; — risques prohibés par prudence...... 22, 23
Exceptions : Moulins à vent; — meules; — mobilier dans les habitations rurales; — maisons isolées; — groupe de trois maisons couvertes en bois ou en chaume.. 24

CHAPITRE V.

Des fonctions des Agents-Généraux, de leurs devoirs et de leurs attributions.

Circonscription des agences..................... 26
Contrôle des Inspecteurs..................... 27, 28
Attributions des Agents-Généraux.............. 29

Articles.

Contestations avec les assurés................... 30
Démarches à faire en cas d'incendie............. 31
Propagation des assurances................:.... 32
Grandes propriétés; — édifices publics (voir art. 159) 33, 34
Propriétés assurées par d'autres compagnies..... 35
Renouvellement des assurances de la Compagnie; — marche à suivre......................... 36
Persévérance des démarches................... 37
Cautionnement 38, 39

CHAPITRE VI.

Organisation des agences; — des sous-agents.

Sous-Agents; — leurs attributions.............. 41
Ils ne peuvent suppléer l'Agent-Général.......... 42
Il faut en multiplier le nombre.................. 43
Choix des sous-agents : Personnes qui conviennent le mieux.................................. 44, 45
Surveillance à exercer......................... 46
Remplacements des sous-agents................. 47
Renseignements à fournir sur les sous-agents; — *recommandation expresse*................... 48

CHAPITRE VII.

Des rétributions des Agents-Généraux et de celles des sous-agents.

Rétributions des Agents-Généraux............... 49
Rétributions des sous-agents; — avantages à leur concéder.............................. 50, 51
Frais supportés par la Compagnie; — frais à la charge des Agents-Généraux.................. 52
Transmission d'une Agence..................... 53
Révocation d'un Agent-Général; — indemnité en cas de remplacement....................... 54
Décès, démission, révocation d'un Agent-Général; — suppression d'une Agence................. 55, 56

CHAPITRE VIII.

Des propositions d'assurances et de leur vérification.

SECTION PREMIÈRE.

Forme des propositions; — ce qu'elles doivent contenir.................................. 57
La proposition n'est qu'un projet................ 58
Vérification des propositions; — sur quoi elle doit porter. 59, 60

§ Ier.

Des vérifications morales.

Manière de vérifier........................... 61

Articles.

Propositions à rejeter............................ 62
Établissements défectueux ou en décadence........ 63
Malveillance; — voisinage dangereux............ 64

§ II.

Vérification de la nature des risques : — Chances et dangers d'incendie.

But de la vérification; — en quoi elle consiste..... 65, 66
Assurances à refuser............................ 67
Appréciation des risques de voisinage; — assurances exagérées sur maisons voisines................ 68, 69
Assurances sur fabrique ou usines; — tracé à relever; — retards à éviter. 70
Assurances sur théâtres (voir chapitre XXV)...... 71
Assurances sur moulins à blé (voir chapitre XXIV).. 72
Assurances sur marchandises; — mobiliers; — récoltes................................. 73
Assurances sur bois et forêts; — règles spéciales............................... 74
Il ne doit être laissé à l'assuré aucune pièce relative à la vérification........................ 75

§ III.

Vérification des sommes à assurer.

Explications à donner aux proposants; — valeur abaissée; — valeur surélevée; — valeur réelle.. 76
Dangers de l'exagération des valeurs............ 77
Il ne peut être fait d'expertise préalable.......... 78, 79
Modes d'appréciation...................... 80, 81
Défense d'excepter les parties combustibles; ainsi que les caves et fondations; — pilotis......... 82
Appréciation des bâtiments de ferme............. 83
Appréciation des châteaux..................... 84
Appréciation des établissements industriels........ 85
Appréciation distincte de chaque bâtiment......... 86
Appréciation d'un mobilier 87
Appréciation des tulles, dentelles, cachemires, argenterie, tableaux et objets d'art.............. 88
Appréciation des mobiliers industriels de peu d'importance............................ 89
Appréciation du mobilier industriel des fabriques et usines................................ 90
Appréciation de la somme à assurer sur marchandises.............................. 91, 92
Proportion des tulles, dentelles, cachemires, dans la valeur de l'assurance.................... 93
Marchandises en route (voir chapitre XXIII)...... 94
Appréciation des récoltes, du mobilier aratoire, des bestiaux........................ 95, 96, 97
Appréciation des bois et forêts................. 98
Créances hypothécaires...................... 99
Risques locatifs............................ 100
Recours des voisins......................... 101
Aggravation des risques en cours.............. 102

SECTION DEUXIÈME.

Propositions d'assurances sur objets déjà garantis par d'autres compagnies; — assurances anticipées, supplémentaires.

Articles.

Reprise d'assurance; — assurance anticipée; — assurance supplémentaire.................. 103, 104
Avantages des assurances anticipées et supplémentaires.............................. 105
Déclaration d'assurances faites par d'autres compagnies; — observation importante............. 106

CHAPITRE IX.

Des risques en général. — Ce qu'on entend par un seul et même risque. — Risques contigus.

Définition du mot *risque*; — appréciation de certains risques............................ 107
Ce que l'on entend par un seul et même risque. — Exemple............................ 108
Bâtiments contigus; — mur de refend.......... 109
Bâtiments contigus couverts en chaume ou en bois. 110
Bâtiments contigus à un théâtre, à une usine..... 111
Bâtiments contigus de couvertures diverses....... 112
Bâtiments séparés considérés comme un même risque. 113
Bâtiments couverts en bois ou chaume séparés de moins de dix mètres...................... 114
Meules séparées par moins de dix mètres........ 115
Le bâtiment et le mobilier qui y est contenu forment un même risque........................ 116
Division des risques dans l'agence.............. 117

CHAPITRE X.

Limites des pouvoirs des Agents-Généraux. — Des assurances qui ne peuvent être souscrites par eux sans l'autorisation préalable de la Compagnie.

Maximum des sommes à assurer sur un seul et même risque........................ 118
Autorisation préalable à demander à la Compagnie. 119
Communes rurales privées de pompes à incendie... 120
Risques soumis également à l'approbation préalable de la Compagnie...................... 121, 122
Assurances *Exceptionnelles*................. 123
Assurance proposée hors de l'agence............ 124
Assurance personnelle à l'agent 125
Restriction pour les Assurances Exceptionnelles ... 126
Confection des Polices Exceptionnelles; — réserve à stipuler; — mode d'envoi................. 127
Durée des autorisations 128

CHAPITRE XI.

Des primes et de leur application.

Tarifs; — primes obligatoires; — responsabilité... 129
Risques communs........................ 130
Primes distinctes......................... 131

Articles.

Primes de contiguïté ; — séparation par un mur de refend ; — exception...................... 132, 133
Séparation par des portes en fer ou doublées de fer ; — risques exceptés....................... 134
Ouverture pour la transmission de mouvement.... 135
Bâtiment en simple appentis ; — carde peigneuse dans une filature de laine sèche................ 136
Risques différents dans un même bâtiment........ 137
Hangars couverts en bois dans les établissements industriels..................................... 138
Ponts de communication dans les fabriques ou usines... 139
Machines à vapeur ; — moteurs hydrauliques..... 140
Bâtiments ruraux ; — petits cultivateurs.......... 141
Fermes : Maison du fermier séparée ; — stipulation à faire....................................... 142
Bâtiments de couverture mixte.................... 143
Primes des moulins à blé........................ 144
Renonciation aux recours contre les associés et les héritiers directs d'un établissement............. 145
Réunion de risques mobiliers de diverses espèces... 146
Tolérance dans de certaines limites. — Exemple... 147
Latitude dans certains cas.......... 148, 149, 150, 151
Débits de poudre................................ 152
Meules et bâtiments rapprochés.................. 153
Rentrée des meules dans des bâtiments........... 154
Primes du risque locatif : Si l'immeuble est assuré par une autre Compagnie ; — si l'immeuble est assuré par la Compagnie, stipulation à faire.... 155
Prime du recours des voisins..................... 156
Les risques locatifs et les recours des voisins ne peuvent être assurés cumulativement........... 157
Établissements de charité ; — édifices publics ; — remise accordée ; — renonciation de recours ; — Tolérance ; — orgues et bibliothèques ; — théâtres exceptés.................................. 158, 159
Explosion du gaz................................ 160
Assurances pour moins d'une année ; — pour une année plus une fraction d'année ; — droit de de timbre à percevoir...................... 161, 162
Marchandises variables dans le cours d'une année. 163
Exceptions pour les usines et les bateaux à vapeur. 164
Magasins de simple risque........................ id.
Amélioration de risque ; — avantage concédé...... 165
Le chômage n'est pas une amélioration........... id.
Aggravation de risque............................ id.
Coque d'un bateau à vapeur...................... 166
Cas imprévus ; — marche à suivre................ 167
Primes escomptées ; — stipulation à faire........ 168

CHAPITRE XII.

De la Police.

Forme et effets de la Police...................... 169
Triple expédition ; — signature : — assuré ne sachant pas signer ; — fondé de pouvoirs................ 170

Articles.

Conditions de la Police : — Conditions générales ; on ne peut y déroger ni les commenter. — Conditions particulières ; ce qu'elles doivent contenir.............................. 171, 172, 173
Blancs à remplir ; — ratures, surcharges, mots interlignés ; — feuilles intercalaires ; — timbre.... 174
Sommes et dates en toutes lettres................ 175
Modèles à consulter ; — détails des objets ; — locutions à éviter ; — clause de résiliation.......... 176
Ce qu'on peut assurer par une même police........ 177
Mention des locataires.......................... 178
Assurance distincte sur chaque bâtiment.......... 179
Récoltes en meules.............................. id.
Tracé linéaire ; — indications indispensables...... 180
Batteur dans les filatures de coton............... 181
Fabriques de toiles peintes...................... id.
Clause pour la suspension momentanée de l'éclairage au gaz... 182
Clause pour les établissements industriels sans chauffage.. 183
Fractions de chiffres à éviter.................... 184
Délivrance des Polices ; — réserve importante...... 185
L'Agent ne doit pas confier des Polices signées en blanc ou non remplies........................ 186
Numéros d'ordre................................ 187
Mentions d'autorisation et autres................ 188
Envoi immédiat des Polices exceptionnelles........ 189
Classement et conservation des Polices........... 190
Coût des Polices et du droit de timbre............ 191

CHAPITRE XIII.

Des avenants et des changements qui surviennent dans les assurances.

Causes principales des changements............... 192
Changements qui nécessitent une nouvelle Police ; — annotations et mentions diverses.............. 193
Changements qui se constatent par avenants....... 194
Annulations ; — résiliations ; — déclarations d'assurances.. 195
Forme des avenants............................. 196
Numéros d'ordre des avenants................... 197
On ne peut faire d'avenants collectifs............ 198
Avenants à soumettre à l'approbation de la Compagnie : — avenants interdits.................... 199
Coût des avenants ; — droit de timbre............ 200
Avertissements à donner aux assurés............. 201
Précautions à prendre........................... 202
Résiliations à opérer............................ 203

CHAPITRE XIV.

Des renouvellements, des résiliations et de la continuation par tacite reconduction.

Ce qu'on nomme renouvellement.................. 204
Police nouvelle ; — tacite reconduction........... 205
Recommandations importantes.................... 206

Articles.

Prime inférieure au Tarif : régularisation ou résilia-
tion forcée. 207
Mauvais risque : à résilier. 208
Police remplacée dans son cours ; — ristourne. 209
Forme des désistements ; — acte indispensable ; —
défense relative aux désistements. 210
Résiliations par avenants ; — disparition d'un assuré. 211
Autorisation nécessaire pour faire les résiliations. . 212

CHAPITRE XV.

Des reprises d'assurances et des réassurances.

Des reprises d'assurances ; — effet des reprises . . 213, 214
Il faut une autorisation de la Compagnie 215
Instructions à demander ; — reprises prohibées. . . 216
Différence des reprises et des assurances anticipées. 217
Des assurances anticipées sur d'autres Compagnies ;
— marche à suivre ; — désistements collectifs ; —
délai de rigueur ; — effet de la Police de la Compa-
gnie ; — clause à insérer. 218
Explication utile. 219
Reprises combinées avec des assurances supplémen-
taires. 220
Formalités à remplir après une reprise. 221
Sinistre sur une assurance reprise. 222
Des réassurances ; — surveillance à exercer ; — Avis
à donner. 223, 224

CHAPITRE XVI.

Des plaques.

But des plaques ; — leur double utilité. 226, 227
Point d'assurance sans plaque ; — effet de la contra-
vention. 228, 229
Prix des plaques. 230
Quand elles doivent être remises aux assurés. . . . 231
Compte des plaques. 232

CHAPITRE XVII.

Du recouvrement des primes.

Primes au comptant ; — prime d'une fraction d'an-
née. 233
Primes des années suivantes ; — libellé des quit-
tances. 234
Contrôle des quittances. 235
Quittances nulles. 236
Date des quittances ; — défense rigoureuse de les an-
tidater ; — danger qui en résulterait. 237
Les primes sont *portables* au domicile de l'agent et
non quérables. 238
Conséquences du défaut de paiement de la prime ; —
faculté d'option pour la Compagnie. 239
Exactitude dans les recouvrements ; — responsabilité
et danger en cas de retard. 240
Causes de non-valeurs : 1° Extinction des risques ;
2° insolvabilité de l'assuré ; 3° mauvais risque. . 241

Articles.

Résiliation amiable. 242
Résiliation par huissier ; — autorisation préalable. . 243
Indications à fournir. 244
Poursuites contre les retardataires ; — pouvoir spé-
cial. 245
Délai des poursuites ; — lettres de premier et de
deuxième avis. 246
Lettre du juge-de-paix ; — citation. 247
Incompétence du juge-de-paix ; — juridiction. . . . *id.*
Stipulation exceptionnelle. . . . . *id.*
Lettre d'huissier. 248
Choix des retardataires à poursuivre ; — primes au-
dessus de 5 francs. 249
L'agent ne doit pas se servir d'intermédiaire en jus-
tice de paix. 250
La Compagnie doit être mise au courant des pour-
suites. 251
Enregistrement obligatoire ; — droit à payer. . . . 252
Mutation de propriété. 253
Défense de recevoir les primes d'une autre agence. 254
Délai concédé à MM. les agents. — Pénalité passé ce
délai. 255

CHAPITRE XVIII.

Des sinistres.

SECTION PREMIÈRE.

Formalités préalables.

L'agent général doit se rendre sur les lieux du si-
nistre. — Démarches à faire. 256
Part du feu ; — protestation contre les démolitions
inopportunes. 257
Lettre d'avis immédiate ; — dispense d'avis. 258
Envoi de la Police sinistrée. 259
Sinistre au-dessus de 500 francs. 260
Déclaration à faire signer par l'assuré ; — son im-
portance ; — Déclarations subsidiaires. 261
Soins à donner au sauvetage des immeubles et des
meubles ; — gardiens salariés ; — inventaire à
dresser ; — paraphe des livres 262, 263
Intervention provisoire des sous-agents. 264
Lettre d'avis séparée pour chaque sinistre 265
Déclaration devant le juge-de-paix ; — état détaillé
des pertes. 266
Déclaration devant le maire ou le commissaire de po-
lice ; — dispense de ces déclarations 267
Enquête dans certains cas. 268
Résiliation immédiate ; — notification ; — avis mo-
tivé. 269
Examen des cas de nullité. 270
Instructions à demander. 271
Recours à exercer. 272
Intervention des personnes responsables. 273
Vérification nécessaire. 274
Oppositions à former. 275

Articles.

Présomptions de mauvaise foi ou de malveillance;
— action du ministère public. 276
Arrestation de l'assuré. 277
Solvabilité de l'incendiaire présumé. 278
Cas imprévus et urgents. 279
Sinistres d'une autre agence; — exception 280
Sinistres en commun avec d'autres Compagnies; —
sinistres sur reprises. 281
Sinistres à régler par les agents. 282
Transaction : — État qui doit l'accompagner; — ap-
probation réservée à la compagnie 283
Sinistres au-dessus de 500 francs. 284

SECTION DEUXIÈME.

De l'estimation des dommages.

§ Ier.

Dispositions générales.

Juste appréciation des pertes. 285
Cas de déchéance, d'arrestation ; — pertes supérieu-
res à 500 francs ; — instructions à attendre. . . 286
Expertise des pertes 287
Choix intelligent des experts; — expert de la Compie. 288
Expert pour les immeubles. 289
Expert pour le contenu des usines. 290
Expert pour un mobilier simple. 291
Expert pour les fermes. 292
Acte de nomination d'experts; — assuré ne sachant
pas signer. 293
Expert nommé d'office. 294
Tiers-expert; — appréciation de l'agent; — tiers-
expert nommé d'office. 295
Choix raisonnés. 296
Recours contre des tiers; — intervention. 297
Instructions à donner aux experts. 298
Vigilance pendant l'expertise. 299
Interpellations, protestations, réserves, etc. 300
Estimation distincte pour chaque acticle. 301
Éléments d'estimation. 302
Mission définie des experts. 303
Valeur vénale : en fait d'immeubles, en fait de meu-
bles, en fait de marchandises; — ce qu'on entend
par sauvetage ; — éventualités en dehors de l'as-
surance. 304
Il faut autant de procès-verbaux qu'il y a d'assurés
sinistrés. 305
Confection des procès-verbaux; — tableau synoptique. 306
Les experts sont dispensés des formalités judiciaires. 307
Concours des tiers-experts. 308
Honoraires des experts. 309
Sinistres en commun avec d'autres compagnies ou
sur *reprise*. 310

§ II.

De l'expertise des dommages sur maisons et bâtiments.

Renseignements à prendre par les experts. 311

Articles.

Détermination de la valeur vénale; états annexés; —
différence du vieux au neuf. 312
Dommages au-dessous de 300 fr. 313

§ III.

*De l'estimation des mobiliers, marchandises et produits
de récoltes.*

État détaillé que doit fournir l'assuré; — suspension
de l'expertise. 314
Justifications à faire par l'assuré; — refus de justi-
fications. 315
Dommages au-dessous de 300 fr. 316
Objets perdus ou volés. 317
Estimation d'objets mobiliers; — concours de l'Agent. 318
Valeur vénale des objets mobiliers. 319
État des pertes à remplir; — intervention de l'Agent. 320
Estimation du mobilier des petites industries. . . . 321
Estimation du mobilier industriel des usines; — mé-
tiers et machines; — appréciation relative. 322, 323, 324
Constatations pour les marchandises. 325
Marchandises soumises à la surveillance des douanes
ou de la régie. 326
Commerçant sans livres ni papiers. 327
Marchandises en fabrication. 328
Estimation au cours du jour. 329
Estimation des récoltes, bestiaux, troupeaux, etc. 330, 331
Mercuriale des grains, fourrages et denrées. 332
Bois et forêts. 333
Créances hypothécaires; — sol compris dans l'esti-
mation; — justification à produire. 334
Sinistres sur risques locatifs; — quatre cas se pré-
sentent; — suspension de l'expertise; — Réserve
à faire dans certains cas. 335
Vérification de la somme à assurer et du prix du
loyer; — exception à la règle proportionnelle. . . 336
Recours de voisins. 337
Roulage; — marchandises en route; — soins à
prendre. 338, 339

SECTION TROISIÈME.

*Du règlement définitif des sinistres, des frais y relatifs
et du paiement de l'indemnité.*

Envoi des pièces du sinistre; — leur nomenclature. 340
Mémoire des frais et dépenses; — bulletin de paie-
ment. 341
Conséquences d'une omission ou d'un retard. . . . 342
Tous les frais sont payés par la caisse de l'agence;
— intervention d'un Inspecteur. 343
Rapport définitif; — gratifications à accorder; —
avis motivé à donner; — opportunité de maintenir
ou de résilier la Police. 344
Paiement de l'indemnité ou pourvoi contre l'expertise. 345
Liquidation des indemnités; — perte inférieure à
l'assurance. 346
Règle proportionnelle; — son application raisonnée. 347

	Articles.
Répartition relative entre plusieurs Compagnies : Exemple	348
Rappel de l'art. 21 de la Police; — droits de la Comp.ie	349
Tout paiement doit être autorisé	350
Mode du paiement	351, 352
Quittance de l'assuré; — intervention de sa femme; — Mentions indispensables; — envoi immédiat	353
Quittance d'un créancier hypothécaire	354
Quittances pour risques locatifs, recours de voisins	355
Quittances pour roulage	356
Libération de la Compagnie	357
Assuré ne sachant pas signer; — procuration	358
Obstacles au paiement	359
Saisies arrêts ou oppositions; — responsabilité de l'Agent	360
Prescription	361

CHAPITRE XIX.

Des contestations

Marche à suivre en cas de contestations	362
En cas d'urgence, consulter un homme de loi	id

CHAPITRE XX.

De la comptabilité

Registres à tenir au courant; — Registre des Polices; — Livre de caisse; — arrêtés mensuels	363
Registre des quittances	364
Tenue du registre des Polices; — facilité du contrôle	365
Inscription des Polices; — Polices sans effet	366
Polices à effet anticipé. Exemple	367
L'inscription se fait sans blanc ni lacune	368
Mentions diverses à faire	369
Forme du livre de caisse	370
Inscription de la recette des primes	371
Comptabilité mensuelle; — Bordereaux qui la composent	372
Bordereau N° 1	373
Bordereau N° 2	374
Bordereau N° 3; — responsabilité de l'Agent	375
Bordereau N° 4	376
Bordereau N° 5; — pièces indispensables	377
Bordereau N° 6	378
Bordereau N° 7; — ne sert qu'aux agences de l'Étranger	379
Bordereau N° 8; — mélange à éviter	380
Bordereau N° 9; — rejet des dépenses non justifiées par pièces	381
Bordereau N° 10	id.
Arrêté des bordereaux; — modèles à consulter	382
Délai pour l'envoi de la comptabilité; — lettre d'avis séparée; — loi du timbre : pénalité	383
Envoi des fonds	384
Aucune retenue n'est admissible	385
Recouvrement de primes pour un collègue	386
Mois sans opérations; — avis à donner; — Bordereau négatif	387, 388

	Articles.
Comptabilité avec les sous-agents	389
Recouvrements par les sous-agents	390
Inspection	391
Écritures personnelles des Agents; — confusion à éviter	392
Sommes versées à des personnes autorisées; — reçus en double à exiger	392

CHAPITRE XXI

Mode d'envoi des lettres, pièces de comptabilité, fonds, etc

Envois par la poste	393, 394
Envois par les Messageries Nationales; — forme des paquets	395
Taxe des lettres par la poste; — soins économiques	395
Adresses des lettres : sans nom de rue	396
Adresse des paquets : nom de la rue avec n°; — cartes imprimées ad hoc	396
Lettres dans les paquets; — amende encourue	397
Versement des fonds : à la Banque; — chez le banquier de la Compagnie; — aux Messageries Nationales	398
Mode d'envoi des espèces et des papiers simultanément	399
La Compagnie ne reçoit en paiement aucun billet	400
Défense d'envoyer des billets de banque ou des mandats sur la poste	401

CHAPITRE XXII

Dispositions générales d'ordre et de surveillance.

Correspondance; — classement des lettres	402
Remise du matériel après décès, démission ou révocation d'un Agent	403
Inventaire du matériel de six mois en six mois	404
Autorisation préalable de la Compagnie pour insertions, publications	405
Sinistres importants; — avis à donner à la Compagnie	406
Défense expresse concernant les subrogations aux droits des assurés	407
L'Agent ne doit viser aucun exploit; — mention des saisies-arrêts ou oppositions	408
Surveillance générale sur les assurances de l'Agence; — recommandations aux assurés	409

INSTRUCTIONS SPÉCIALES.

CHAPITRE XXIII

	Pages.
Instructions spéciales sur l'assurance des marchandises en route expédiées par les commissionnaires de roulage; — roulage ordinaire; — roulage accéléré	83 à 89

CHAPITRE XXIV.

Instructions spéciales sur l'assurance des moulins à blé	89

CHAPITRE XXV.

Instructions spéciales sur le Tarif, et les conditions applicables aux salles de spectacle et à leurs annexes	90

MODÈLES.

Pages.

N° 1. — Pouvoir d'Agent-Général... 93
» 2. — Diplôme de commission de sous-agent... *ibid.*
» 3. — Proposition d'assurance sur risques ordinaires... 94
Proposition d'assurance sur fabriques et usines... 95
Proposition d'assurance sur filature de laine et fabrique de draps... 96
Propositions d'assurance sur fabriques de toiles imprimées et teintureries à l'usage des fabriques; — verreries et fabriques de faïence et de porcelaine; — brasseries et distilleries à l'usage des fabricants; — forges et fonderies; — papeteries; — raffineries de sucre; — fabriques de sucre de betteraves, etc., etc... *ibid.*
» 4. — Renseignements spéciaux sur filatures de coton... 97
» 5. — Renseignements sur filatures de laine et fabriques de draps... *ibid.*
» 6. — Renseignements sur fabriques de toiles imprimées et teintureries à l'usage des fabriques... *ibid.*
» 7. — Renseignements sur verreries et fabriques de faïence et de porcelaine... 98
» 8. — Renseignements sur brasseries et distilleries *ibid.*
» 9. — Renseignements sur forges et fonderies... *ibid.*
» 10. — Renseignements sur papeteries... 99
» 11. — Renseignements sur raffineries de sucre... *ibid.*
» 12. — Renseignements sur fabriques de sucre... *ibid.*
» 13. — Renseignements sur risques divers, dont l'assurance ne peut être faite que par autorisation spéciale de la Compagnie... 100
» 14. — Renseignements particuliers et confidentiels à annexer aux propositions d'assurances sur usines, fabriques et risques divers à soumettre à l'autorisation de la Compagnie... *ibid.*
» 15. — Modèle du tracé linéaire à joindre aux propositions d'assurances sur fabriques d'usines... *ibid.*
» 16. — Modèle de Police sur maisons et bâtiments. 102
» 17. — Modèles sur risques locatifs; — 4 exemples divers... 103
» 18. — Modèle de Police pour garantir du recours des voisins... 105
» 19. — Modèle de Police sur mobilier personnel et de ménage... *ibid.*
1re Police anticipée ou à effet différé... 106
» 20. — Modèle de Police sur maison, ferme, récoltes, mobilier aratoire et bestiaux; — *reprise sur une Compagnie à primes.* 107

Pages.

N° 21. — Modèles de Polices sur marchandises ordinaires et mobilier industriel, *avec déclaration d'assurance par d'autres compagnies*... 108 et 109
» 22. — Modèles de Polices sur marchandises :
1° Ordinaires et faciles à endommager... 110
2° Ordinaires et hasardeuses... 111
3° Hasardeuses et doublement hasardeuses, *avec reprise sur une compagnie mutuelle*... *ibid.*
» 23. — Modèle de Police sur filature de coton... 112
» 24. — Modèle de Police sur filature de lin, *avec ristourne et déclaration de co-assureurs*... 114
» 25. — Modèle de Police sur forges, *avec effet immédiat et effet différé*... 115
» 26. — Modèle de Police sur fabrique de sucre de betteraves... 118
» 27. — Modèle de Police sur théâtre... *ibid.*
» 28. — Modèles de Polices sur marchandises en route. Roulage ordinaire ou général. 120 et 121
Roulage accéléré ou spécial... 121 et 122
» 29. — Modèles de Polices sur bois et forêts... 123
» 30. — Modèles de Polices sur moulins à blé... 124
» 31. — Modèles de Polices sur créance hypothécaire. *Nota à consulter au deuxième modèle*... 125
» 32. — Modèles de Polices sur explosion de chaudières et de gaz... 126 et 127
» 33. — Modèles de Polices d'assurances au-dessous d'un an... 128
2° d'assurances variables dans le cours de l'année... 129
» 34. — Déclarations à faire dans les Polices de certains risques pour justifier l'application de la prime... *ibid.*
» 35. — Formules et clauses diverses à insérer dans les Polices :
1° Remplacement d'une Police par une autre Police... 130
2° Police en supplément à une autre Police de la Compagnie... *ibid.*
3° Déclaration d'assurance par une autre Compagnie... 131
4° Faculté de résilier chaque année... *ibid.*
5° Franchise d'avarie... *ibid.*
6° Tableaux et objets d'arts... *ibid.*
7° Objets de librairie... *ibid.*
8° Impressions d'étoffes... *ibid.*
9° Usines non chaulées... *ibid.*
10° Clause relative à l'éclairage au gaz... *ibid.*
11° Exclusion des fondations sur pilotis... *ibid.*

Pages.

N° 36. — Modèles d'avenants :

1° Transport des objets assurés d'un lieu dans un autre. 131

2° Mutation de propriété par suite de vente, échange, etc. 132

3° Mutation de propriété par suite de décès. *ibid.*

4° Mutation de propriété par suite de dissolution de Société ou changement de raison sociale. . . . . *ibid.*

5° Transfert au nom d'une Société. . . . *ibid.*

6° Changements dans les distributions ou localités. 133

7° Récoltes en meules rentrées dans des bâtiments de première classe. . . . . . *ibid.*

8° Déclaration d'une assurance par une autre Compagnie. . . . . *ibid.*

» 37. — Modèle de signification de résiliation d'assurance *pour cause de fin de période.* 134

» 38. — Modèle de signification de résiliation d'assurance *pour cause de non paiement de primes.* . . . . *ibid.*

» 39. — Modèles de lettres à écrire aux assurés retardataires. — Lettres de premier, de deuxième et de dernier avis. 135

» 40. — Lettre de juge de paix. . . . . *ibid.*

» 41. — Lettre d'huissier. 136

» 42. — Modèle de citation pour paiement de primes *ibid.*

» 43. — Modèle de désistement collectif. . . . . *ibid.*

» 44. — Modèle de lettre d'avis de sinistre. . . . 137

» 45. — Modèle de déclaration d'incendie à faire par l'assuré à l'Agent. 138

» 46. — Modèle d'inventaire des objets laissés à la disposition d'un assuré après sinistre. . 139

» 47. — Modèle de déclaration d'incendie à faire par l'assuré devant le juge de paix. . . . *ibid.*

» 48. — Modèle de signification de résiliation d'assurance pour cause de sinistre. 140

» 49. — Modèle de sommation à faire, après sinistre, aux locataires, voisins, etc. . . . . . . *ibid.*

» 50. — Modèle de transaction pour le remboursement de dommages après sinistre. . . . 141

» 51. — Modèle d'acte de nomination d'experts. . . *ibid.*

» 52. — Modèle de procès-verbal d'expertise. . . . 142

Pages.

N° 53. — Modèle d'un état **A**. . . . . : 144

» 54. — Modèle d'un état **B**. 145

» 55. — Modèle d'un état **C**. . . . . *ibid.*

» 56. — Modèle de tableau synoptique. 147

» 57. — Modèle de bulletin de paiement de sinistre. 148

» 58. — Modèle de quittance de paiement d'indemnité de sinistre. 149

» 59. — Modèle de la procuration notariée à donner, en cas de sinistre, par un assuré qui ne sait pas signer, pour toucher l'indemnité. *ibid.*

» 60. — Modèle du registre des Polices. 150

» 61. — Modèle du livre de caisse. 152

» 62. — Modèle du Bordereau N° 1, des assurances souscrites pendant le mois. 154

» 63. — Modèle du Bordereau N° 2, des Polices rentrées pendant le mois et dont les primes n'avaient pas été payées à leur date. 156

» 64. — Modèle du Bordereau N° 3, des primes échues encaissées pendant le mois. . . . *ibid.*

» 65. — Modèle du Bordereau N° 4, des primes échues et non recouvrées. 157

» 66. — Modèle du Bordereau N° 5, des Polices annulées, résiliées, remplacées ou expirées pendant le mois. . . . . *ibid.*

» 67. — Modèle du Bordereau N° 6 (ancien N° 8) des Polices et plaques reçues et employées pendant le mois. 158

» 68. — Modèle du Bordereau N° 7, des ports de lettres et paquets pour les agences hors de France. . . . . *ibid.*

» 69. — Modèle du Bordereau N° 8 (ancien N° 6), des remises et commissions à prélever sur les primes encaissées de première année. 159

» 70. — Modèle du Bordereau N° 9 (ancien N° 7), décompte du mois. 160

» 70 *bis.* — Modèle du Bordereau N° 10 des primes arriérées. 161

» 71. — Modèle de lettre d'avis de comptabilité mensuelle. 162

D° d'avis de comptabilité négative. . . . *ibid.*

Table des matières. 163

FIN DE LA TABLE DES MATIÈRES.

Paris. — Imp. de BLONDEAU, rue du Petit-Carreau, 20

L'AIGLE.

Compagnie anonyme

D'ASSURANCES

CONTRE L'INCENDIE,

AUTORISÉE

Par ordonnance royale du 18 mai 1843,
et par décret du 18 septembre 1849.

Les lettres doivent être adressées
à M. le Directeur de la Cie L'AIGLE,

A PARIS.

CIRCULAIRE N° 1.

ENVOI

des

Instructions Générales.

Paris, le 1er Août 1853.

Le Directeur

A MM. LES AGENTS GÉNÉRAUX DE LA Cie L'AIGLE.

MESSIEURS,

Les nouvelles **INSTRUCTIONS GÉNÉRALES** que je vous adresse, renferment tous les enseignements, toutes les prescriptions qui se rattachent à vos fonctions; elles sont, en un mot, le code qui devra désormais vous servir de guide pour gérer le mandat que la Compagnie vous a confié. Je vous en remets un exemplaire, et j'y joins un récépissé tout préparé que je vous prie de me renvoyer daté et signé.

Ces instructions vous font connaître les avantages que présente la COMPAGNIE **L'AIGLE**; les objets qu'elle assure et ceux qu'elle n'assure pas; vos devoirs et vos attributions vis-à-vis de la Compagnie; comment votre agence doit être organisée; la forme des propositions et des Polices, et les vérifications qui doivent les précéder; la nature et la division des risques; l'application des primes; la manière de tenir vos registres et celle de dresser votre comptabilité. Elles vous indiquent, en outre, les formalités à remplir en cas de sinistres, la forme des actes et les procès-verbaux qui y sont relatifs et l'examen de toutes les questions qui en découlent. Enfin, elles vous apprennent à connaître tout ce qu'il y a d'impérieux pour vous dans l'obligation de suivre la rentrée des primes, d'exécuter la loi du timbre, et à quelle *responsabilité* vous exposent la négligence et le retard dans ces circonstances.

Tous les livres et imprimés dont vous êtes nanti continueront à vous servir, sauf les modifications que je vous indique ci-après:

Le registre des polices est tenu comme par le passé; mais il doit être arrêté à la fin de chaque mois, conformément au modèle n° 60, afin d'établir la situation nette des Polices en vigueur, des valeurs assurées et des primes.

L'ancien bordereau n° 6 est aujourd'hui le bordereau n° 8, et l'ancien bordereau n° 8 porte le n° 6. Le bordereau n° 7 actuel (pour ports de lettres et paquets) ne sert qu'aux agences à l'étranger, et l'ancien bordereau n° 7 prend actuellement le n° 9. Vous n'aurez donc qu'à transposer les numéros de ces bordereaux.

Le bordereau n° 10, nouvellement créé, indique, mois par mois, l'état des primes arriérées. Il est essentiel de le rédiger avec le plus grand soin et de le joindre à chaque comptabilité.

Ces instructions ne changent en rien la marche de nos affaires; elles ont uniquement pour but de vous indiquer les principes qui doivent vous diriger et de vous donner les moyens d'opérer régulièrement.

La table des matières est disposée de telle sorte, que les recherches vous seront faciles, et que vous pourrez être immédiatement éclairé sur toutes les questions qui se présenteront.

Je ne saurais trop vous engager à vous reporter en toute circonstance à ces INSTRUCTIONS, à vous bien pénétrer de leur esprit et de leur but, et je vous recommande surtout, afin d'établir de l'harmonie dans vos rapports avec la Direction, de ne rédiger *aucun acte*, *aucune pièce*, sans en avoir le MODÈLE sous les yeux.

Recevez, Monsieur, l'assurance de ma parfaite considération.

THOMAS d'Alvarès.

Vu l'Administrateur,

Cte DE GIVODAN.

Paris. — Imp. de BLONDEAU, rue du Petit-Carreau, 26